普通高等教育铁道部规划教材

铁路供变电技术

黄彦全　主　编
金柏泉　主　审

中国铁道出版社
2012年·北京

内 容 简 介

本书较全面地介绍了交流与直流电力牵引供变电技术基本理论、电气设备及电气系统基本工作原理，并详细介绍了供变电工程设计的基本方法、设备选型的基本计算方法、设备运行和维护的基本知识。全书分六章，内容包括：绪论，高压电器、开关设备的工作原理，电气主接线与高压配电装置，牵引变电所控制、信号和监测电路，牵引变电所设计，接地等内容。全书除了对供变电技术一般技术进行分析介绍外，侧重于牵引变电所的相关内容。

本书可作为高等学校电气工程及其自动化（铁道牵引电气化与自动化）专业教材，也可作为工业自动化、轨道交通、电力系统及其自动化等专业的参考教材，同时供从事铁道牵引电气化、轨道交通电气化、电力系统及其自动化等部门从事设计、运营管理和维护的有关技术人员参考。

图书在版编目(CIP)数据

铁路供变电技术/黄彦全主编. —北京：中国铁道出版社，2012.10
普通高等教育铁道部规划教材
ISBN 978-7-113-13746-5

Ⅰ.①铁… Ⅱ.①黄… Ⅲ.①电气化铁道—供电—技术—高等学校—教材②电气化铁道—牵引变电所—技术—高等学校—教材 Ⅳ.①U223.5②U224.1

中国版本图书馆 CIP 数据核字(2011)第 214884 号

书　　名：铁路供变电技术
作　　者：黄彦全　主　编

策　　划：阚济存
责任编辑：阚济存　**编辑部电话：**010-51873133　**电子信箱：**td51873133@163.com
编辑助理：杜丽君
封面设计：崔丽芳
责任校对：孙　玫
责任印制：李　佳

出版发行：中国铁道出版社（100054，北京市西城区右安门西街 8 号）
网　　址：http://www.51eds.com
印　　刷：北京新魏印刷厂
版　　次：2012 年 10 月第 1 版　　2012 年 10 月第 1 次印刷
开　　本：787mm×1092mm　1/16　印张：10.75　字数：264 千
印　　数：1～3 000 册
书　　号：ISBN 978-7-113-13746-5
定　　价：24.00 元

前　言

本书是普通高等教育铁道部规划教材，是由铁道部教材开发领导小组组织编写，并经铁道部相关业务部门审定，适用于高等院校铁路特色专业教学以及铁路专业技术人员使用。本书为铁路牵引供电系列教材之一。

供变电技术是工科院校电气工程专业的一门专业课，为从事供变电工程设计、施工、运营维护的技术人员自身知识结构体系中的重要组成部分。为更新供变电技术教材内容，以适应近年来电气化铁路建设发展的需要，特组织相关教师和工程技术专家编写了这本《铁路供变电技术》教材。

本教材的编写，力求做到深入浅出、通俗易懂、理论结合实际，在强调基本原理、基本方法和基本计算的基础上，适当引进近年来供变电技术研究及应用的新成果，在满足课程教学需要的前提下，兼顾学生阅读和自学的需求。在内容的编排上，力求做到化繁为简、先原则后细节、先静态后动态，引导读者循序渐进地了解和掌握相关知识要点。在内容的组织上，力求把基本概念、基本原理和基本方法贯穿其中，注重知识体系的全面性和完整性。

本教材共六章，主要内容为：供变电交、直流高压电气设备的工作原理及技术参数；常见变电所主接线形式及其工作原理；供变电工程设计及配电装置；变电所常规控制、信号、检测电路及操作电源；交、直流牵引变电所设计及设备选型计算方法；牵引供电系统接地系统工作原理及设计。全书除了对供变电技术一般技术进行分析介绍外，侧重于牵引变电所的相关内容。

本书由西南交通大学黄彦全主编，刘承志副主编；铁道部运输局金柏泉主审。本教材各章节的分工为：第一章、第二章、第三章第四节和第十节、附录由西南交通大学黄彦全编写；第三章第一节到第三节由西南交通大学刘承志编写；第三章第五节到第九节由铁道第一勘测设计院李晋编写；第四章由西南交通大学郭蕾编写；第五章由西南交通大学刘淑萍编写；第六章由北京交通大学吴命利编写。

本教材的编写，参考了国内众多的优秀教材、广大工程技术人员对供变电技术的研究及应用成果，得到了很多学术专家、同行的关怀和支持，在此编者一并向他们表示衷心的感谢。

由于时间仓促，加之作者水平有限，错漏之处在所难免，望广大读者批评指正。

编　者

2011 年 12 月

目　录

第一章　绪　　论……………………………………………………………… 1

第一节　变电基础知识……………………………………………………………… 1
第二节　电力牵引及其发展………………………………………………………… 1
第三节　牵引供电系统基本组成…………………………………………………… 2
第四节　供变电工程技术的发展…………………………………………………… 4
思考题……………………………………………………………………………… 5

第二章　高压电器、开关设备的工作原理 …………………………………… 6

第一节　高压电器的作用及分类…………………………………………………… 6
第二节　交、直流电弧的形成及熄弧原理和方法 ……………………………… 6
第三节　高压断路器的基本参数 ………………………………………………… 12
第四节　高压断路器的操动机构 ………………………………………………… 18
第五节　高压隔离开关 …………………………………………………………… 22
第六节　高压熔断器和负荷开关 ………………………………………………… 22
第七节　高压互感器 ……………………………………………………………… 23
思考题 ……………………………………………………………………………… 31

第三章　电气主接线与高压配电装置 ………………………………………… 32

第一节　概　　述 ………………………………………………………………… 32
第二节　电气主接线的基本形式 ………………………………………………… 33
第三节　牵引变电所电气主接线 ………………………………………………… 38
第四节　直流牵引变电所主接线构成、特点及其运行…………………………… 45
第五节　主接线的可靠性分析 …………………………………………………… 48
第六节　主接线的技术经济分析比较 …………………………………………… 51
第七节　配电装置类型及对其基本要求………………………………………… 59
第八节　户内配电装置 …………………………………………………………… 60
第九节　户外配电装置 …………………………………………………………… 65
第十节　预装式变电所 …………………………………………………………… 72
思考题 ……………………………………………………………………………… 73

第四章　牵引变电所控制、信号和监测电路…………………………………… 74

第一节　二次系统概述 …………………………………………………………… 74
第二节　高压开关的控制、信号回路……………………………………………… 83

第三节　中央信号系统 …… 87
第四节　测量系统与绝缘监测电路 …… 88
第五节　综合自动化系统简介 …… 95
第六节　交、直流自用电源与操作电源 …… 98
思考题 …… 102

第五章　牵引变电所设计 …… 103

第一节　电气设备的发热与电动力 …… 103
第二节　电气设备选择 …… 109
第三节　母线、电缆和支持绝缘子的选择 …… 112
第四节　开关设备的选择 …… 118
第五节　仪用互感器的选择 …… 121
思考题 …… 128

第六章　接　　地 …… 129

第一节　接地基本原理 …… 129
第二节　钢轨电位及其抑制措施 …… 138
第三节　铁路综合接地 …… 142
第四节　接 地 测 量 …… 145
思考题 …… 150

附　　录 …… 151

参考文献 …… 163

第一章 绪论

供变电工程，涉及电量参数的调节和电能的分配，涉及对各种高压电器设备的控制、保护和监视以及供电系统的安全和操作便捷。供变电工程的基本工作原理、操作和控制方式、设备选择的基本方法、设计原理等都是在进行供变电工程设计、施工、运营和维护工作中需要了解的基本知识。

第一节 变电基础知识

电能自发电厂生产出来后，需要传输到用户所在地进行使用。在电能的传输和分配过程中，为了尽量减少能量损失和便于输送，需要设置相应的设备，集中地完成对电能的变换和分配，如升压、降压、分配功能；为确保高压电气设备的运行安全、快速区分故障形式和隔离故障设备，还需要配置对高压电气设备或系统进行保护、控制和监视的设备，这些设备可分为高压电气设备、控制保护设备、交直流电源和远程监控设备等四部分，上述设备统称为变电设备并共同构成变电系统，在实际应用中称为供变电工程。

供变电工程的主要功能有：

(1)变压，即通过变压器对电气参数进行变换。

(2)配电单元的划分与设置。

(3)电气参数的采集与处理。

(4)通过设备投切改变运行方式或隔离故障设备。

(5)保护，通过继电保护系统(装置)完成对高压电气设备的保护。

(6)控制，通过控制系统(装置)完成开关分/合操作、调节设备的控制等。

(7)监视，通过监控系统(装置)完成对开关设备状态的监视、对变电所运行状态变量的监视、对变电所运行环境参数的监视等。

(8)过压保护，通过变电所防雷系统，防止大气过电压、操作过电压对高压设备的损害。

第二节 电力牵引及其发展

电力牵引是一种高效先进的牵引方式。我国早期铁路运输采用的是蒸汽动力牵引方式，为早期的铁路运输发展做出了重要贡献。但由于其能源利用效率低、牵引功率无法满足日益增长的对铁路运输运能的需求，蒸汽动力牵引逐渐被内燃牵引方式所取代。

随着电力系统的发展，电网覆盖的范围也越来越广，为实现电力牵引创造了外部条件。电力牵引具有牵引功率大、能量转换效率高的特点，逐渐成为铁路运输的主要牵引动力形式，作为一种沿途无污染排放的运输形式，电力牵引在我国低碳经济的发展过程中必将显现出巨大的影响力。

电力牵引制式主要有:直流制、低频单相交流制和工频单相交流制。我国电气化铁路采用的是工频单相交流制,地下铁道、城市轨道交通运输采用工频交流制或直流制,工矿企业运输系统一般采用的是直流制。低频单相交流制在欧洲部分国家的牵引供电系统中得到一定的应用。

电力牵引制式应用的发展与电力系统的发展息息相关。在电力系统发展初期,直流制是牵引供电采用的制式,直流牵引在牵引调速上具有一定的优势,但受牵引电机功率、电压以及电腐蚀防治等方面原因的限制,应用范围受到了影响。工频单相交流制是一种得到了广泛应用的牵引供电制式。

牵引供电系统的主要供电方式有:直接供电(直供)方式、直供加回流线方式、吸流变压器供电(BT)方式、自耦变压器供电(AT)方式和同轴电缆供电方式等。这些供电方式在牵引供电系统技术发展过程中相继采用,随着供变电技术的不断发展和高速、重载运输及防干扰等要求越来越高,部分供电方式已不再采用。

目前我国电气化铁路主要采用的供电方式是直供加回流线方式和自耦变压器(AT)供电方式。

第三节　牵引供电系统基本组成

供变电工程是牵引供电系统的重要组成部分,图 1-1 为牵引供电系统示意图。

电能从电力系统传输到牵引变电所,经过变压器降压和配电系统分配,把电能输送到牵引网上,电力机车通过受电弓从接触网上获取电能,通过电传动系统把电能转化为机械能,驱动列车运动。

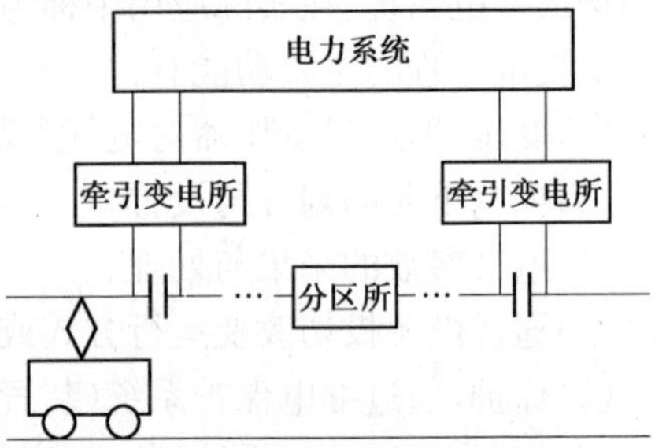

图 1-1　牵引供电系统示意图

传统的牵引变电所一般从电力系统中的 110 kV 电压等级获取电能,随着高速电气化铁路的建设,当前牵引供电系统主要从 220 kV 甚至 330 kV 电压等级输电系统中获取电能。

如果牵引供电方式为 AT 方式,输出到接触网系统上的电压为 2×27.5 kV 或 55 kV,如果牵引供电方式为直供加回流供电方式,则输出到接触网系统上的电压为 27.5 kV。通常情况下,AT 供电方式下两座牵引变电所之间距离为 80 km 左右,其他供电方式下两座牵引变电所之间距离为 40～50 km。

地铁或轻轨交通的供电制式为直流制或工频交流制,我国地铁或轻轨交通供电系统常采用的有直流 750 V、直流 1 500 V 或交流 1 500 V 的电压等级。

一、交流牵引变电所

交流牵引变电所是牵引供电系统中的重要环节,在交流牵引变电所中,来自电力系统的电能通过降压、变相进而完成电能的分配,图 1-2 为交流牵引变电所的典型接线图。

不同供电方式的牵引变电所接线的主要差别在于牵引变压器。

二、分 区 所

复线电气化铁路供电系统中，在两座交流牵引变电所之间，设置一座分区所，分区所的主要功能为：正常工况下，实现接触网末端并联运行以提高接触网末端电压水平；在相邻牵引变电所故障情况下，实现对相邻供电臂的越区供电。图 1-3 为分区所的典型接线图。

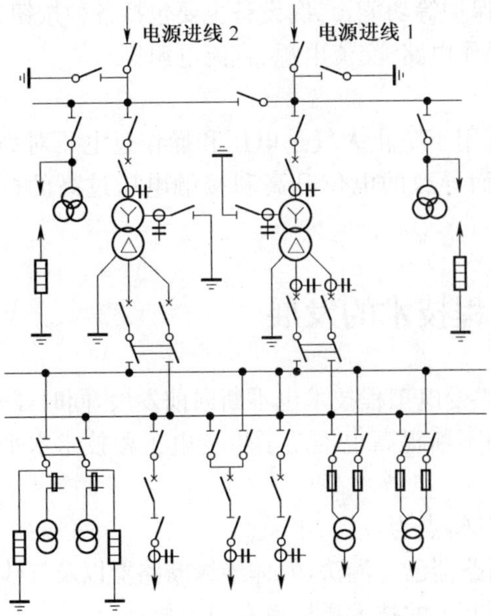

图 1-2　交流牵引变电所的典型接线图

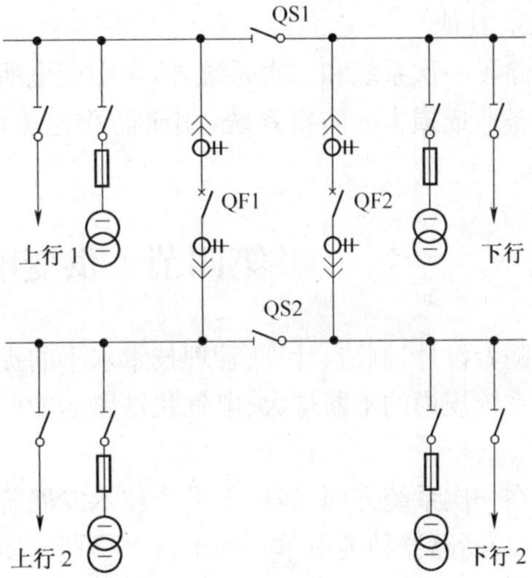

图 1-3　分区所的典型接线图

三、开 闭 所

牵引供电系统除了为机车提供牵引动力外，还为铁路枢纽、站场、编组站、整备场等负荷供电，需要多回馈线供电，如直接由牵引变电所供电，势必降低牵引供电系统的可靠性，因此，一般由牵引变电所把电能输送到开闭所，由开闭所分别向各负荷馈电。实际上，开闭所是起配电作用的供变电工程。

四、AT　所

在 AT 供电系统的两座牵引变电所之间，每间隔一定距离（约 10～15 km）设置一座 AT 所。自耦变压器的存在，把整个牵引供电系统划分为若干个小网格，降低了牵引电流对电气化铁路沿线的通信干扰，同时改善了牵引供电系统的技术指标。

五、直流牵引变电所

电能从电力系统区域变电所传输到降压变电所，再由降压变电所向地铁、城轨交通沿线的直流牵引变电所供电，直流牵引变电所把电能降压后经整流器把交流电能变换为直流电能，向直流牵引网供电。

无论是交流牵引变电所，还是直流牵引变电所，其组成均分为一次系统和二次系统。一次系统由高压电气设备组成，二次系统由辅助服务设备组成。

1. 一次系统

由一次设备组成用于完成电能变换、输送、分配等功能的系统。一次设备可以定义为高电压侧的电气设备，主要包括变压器、断路器、隔离开关、负荷开关、输电线路、母线、绝缘子、避雷器、电压互感器、电流互感器、高压熔断器等。

2. 二次系统

二次系统主要完成对一次设备的控制、监视、保护等功能，二次设备主要包括各种按钮、操作把手、导线、熔断器、继电保护装置、监视仪表、操作电路、交流电源、直流电源等。

3. 其他

除了一次系统和二次系统外，牵引变电所还有用于防止大气过电压和操作过电压对高电压设备造成损害的防雷系统，用于防止电流泄放而导致的电位升高和接触电压过高的接地系统。

第四节　供变电工程技术的发展

随着设计、制造、计算、管理技术水平的提高，供变电工程技术也不断向前发展，同时，随着电力系统规模的不断扩大、电气化铁路运能要求的不断提高也推动了供变电工程技术水平的提高。

在一次系统方面，经历了多个技术发展阶段，其特点为：

(1)断路器种类由单一到丰富。早期的多油断路器已经淘汰，气体绝缘断路器以及气体绝缘组合电器逐渐得到推广，断路器、隔离开关、负荷开关的技术指标也有很大提高。

(2)绝缘材料性能和技术水平有很大提高，绝缘子、母线绝缘、高压电器的内绝缘和外绝缘等绝缘性能都有较大改善。

(3)早期断路器的分/合闸电路要求直流电源有很高的放电倍率，而现有的断路器分/合闸操作通过加装储能机构，降低了对直流电源容量的依赖，高性能的开关操作机构(如永磁操作机构)也逐步得到应用。

(4)在供变电工程设计方面，随着对电气化铁路牵引供电系统研究的不断深入，绝缘配合、配电装置布置、防雷接地系统的优化、轨道电位和接触电压限制等技术广泛应用于供变电工程，取得了较好的成效。

在二次系统方面，也经历了不同的发展阶段，其特点为：

(1)早期的二次系统为布线逻辑系统，由各种电磁型继电器、机械仪表、按钮、操作把手和金属导线等共同组成系统，随着计算机技术、控制技术和通信技术的发展，二次系统逐渐发展为以网络技术、计算机技术为核心的综合自动化系统，以网络技术为载体、实现数字化信息交换、共享，在功能、智能、可靠性方面的技术指标大大提高。

(2)各种监测技术在高压电器状态监测中得到了广泛应用，如容性设备的绝缘监测、连接件的电接触性能监测、变压器油色谱分析等。

在防雷接地方面，以避雷针构成对大气过电压防护系统，以避雷器构成对感应过电压和操作过电压的防护系统。随着机车功率的不断增加，牵引供电系统在电力系统接入点的短路容量也不断增大，同时，由于轨道结构的变化、信号系统设备的改变，轨道电位和接触电压的分布规律有较大变化，对接地技术提出了更高的要求，当前，综合接地技术得到了较大范围的应用。

本课程教学的主要任务和目的在于通过课堂讲授、课外练习、课程设计、实验及实践教学环节，使学生掌握供变电设备和工程的基本工作原理、供变电系统的基本设计和计算方法、设备选型的基本原理和计算方法，熟悉二次系统的基本工作原理、设计方法，掌握供变电工程技术的发展趋势，为今后从事供变电工程方面的设计、运营管理及科学研究打下必要的理论基础。

思考题

1. 牵引供电系统由哪些部分组成？各部分功能是什么？
2. 牵引供变电工程有哪些类型？各种供变电工程的作用是什么？
3. 我国电气化铁路牵引供电的制式是什么？
4. 供变电设备中，哪些属于一次设备？哪些属于二次设备？各种设备的主要功能是什么？

第二章 高压电器、开关设备的工作原理

在供变电工程中，存在大量不同类型和规格的高压设备，这些高压设备的工作原理与供变电工程的功能、工作原理、运行方式、控制方式、保护方式等密切相关，是进行供变电工程设计、运行和维护工作的基础。

第一节 高压电器的作用及分类

高压电气设备通常也称为一次设备，主要包括各种高压开关设备、导线、互感器、避雷器、高压熔断器等。

高压电器分类主要有三种。

(1)根据安装和运行场所的不同，可分为户内型和户外型。户内型设备指安装和运行于建筑物之内的设备，户外型设备指安装和运行于建筑物之外的设备。由于气温、湿度、空气中尘土含量、检修条件等工作条件的不同，户内型设备与户外型设备存在一定的差别。

(2)根据电能制式的不同，可分为直流电器和交流电器。

(3)根据用途不同，可分为开关电器、限制电器、变换电器、组合电器。

开关电器的功能是切断和开合电路，主要包括：断路器，用于开/合正常电路或故障电路，是变电站等进行倒闸操作的主要设备；隔离开关，用于高压设备与带电部分的隔离，方便工作人员对高压设备进行检修；负荷开关，用于开/合电路的一种开关，断路器可以开/合故障电流，负荷开关只能开/合负荷电流；熔断器，熔断器兼有开关设备和保护设备的功能，当流过熔断器的电流超过允许值时，断开电路。

限制电器的功能是限制电路中的电流或电压，主要包括电抗器和避雷器，电抗器用于限制其所串联电路电流值使其不超过某一数值，同时可作为补偿容性电流的设备，而避雷器用于限制电路可能出现的过电压现象(大气过电压和操作过电压)。

变换电器的功能是把高压、大电流信号转变为低压、小电流信号，这些变换电器主要有电压互感器和电流互感器。

第二节 交、直流电弧的形成及熄弧原理和方法

一、电弧的产生及物理过程

用开关切断电流通过的设备时，在开关的动静触头分离的瞬间，在动静触头之间常常出现电弧，这种出现了电弧的间隙也称为弧隙，随着动静触头的分离，电弧逐渐拉长直至熄灭。在动静触头之间存在电弧时，电路尚未断开，只有电弧熄灭后，电路才算是真正地被切断。

电弧的产生、发展过程较为复杂，受很多不确定性因素的影响，为有助于了解开关电器设

备的工作原理，把电弧的产生和发展简单划分为以下几个过程：

1. 电弧的产生

在动静触头刚分离时，触头间隙很小，触头之间的电场强度很高，当电场强度超过一定数值时，阴极触头的自由电子将在强电场的作用下从阴极发射出来成为触头间隙之间的自由电子，触头间隙中的自由电子在电场力作用下加速向阳极运动，在运动途中，有可能与介质中的中性粒子(原子或分子)发生碰撞，如果运动的电子具有足够的动能，即有可能使中性粒子游离为正离子和自由电子，新产生的电子将和原有电子一起在电场力作用下加速向阳极运动，而正离子在电场力的作用下加速向阴极运动，在自由电子的运动过程中，有可能出现多次碰撞。

连续的碰撞游离，使得触头间隙中充满了电子和正离子，电子自阴极向阳极运动、正离子自阳极向阴极运动，相当于在触头间隙中存在着电流，这就形成了触头间的电弧，碰撞游离过程如图 2-1 所示。

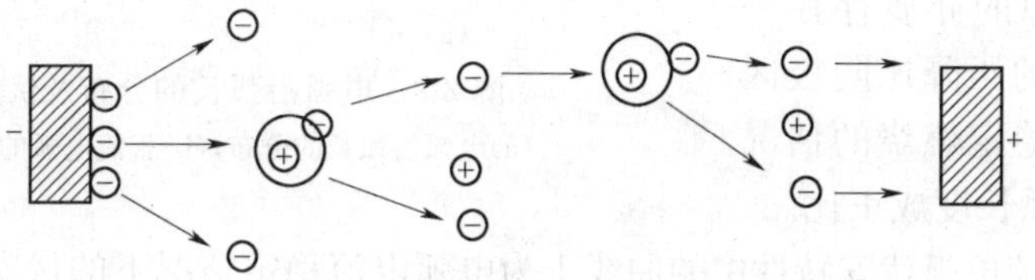

图 2-1　碰撞游离过程示意图

2. 电弧的发展

电弧电流具有电流密度大、低电压降的特点，电弧形成后，电弧温度极高，同时伴随着有强光的出现，高温会使得触头间隙的中性粒子中电子的自由能增加，易于脱离原子核的束缚而逸出成为自由电子，同时在高速电子与低速的中性粒子之间发生的碰撞也更容易把电子从中性粒子中碰撞出来；电弧的强光也会使中性粒子中的电子逸出而成为自由电子；高温电弧也使得触头表面发生烧蚀而产生金属蒸汽，高温、强光和金属蒸汽使得电弧得到了发展。

3. 电弧的稳定

电弧发展到一定程度后，达到了稳定燃烧的条件。在电弧发展过程中，也存在一些抑制电弧发展的因素，推动电弧发展的过程，称为游离，而抑制电弧发展的过程，称为去游离。

电子在从阴极向阳极运动的过程中，可能与中性粒子发生碰撞而导致碰撞游离，也可能被低速的正离子俘获而使正离子转化为中性粒子，这种电子与正离子结合成为中性粒子的情况称为复合，复合将降低触头间隙中的带电粒子浓度。

电弧中充满了电子、正离子，其质量极小，由于电弧柱内温度很高，而周围的介质温度则相对低一些，因此，电弧柱中的带电粒子将向电弧柱周围介质扩散。

4. 电弧的熄灭

游离的主要方式是碰撞、热发射和光发射，去游离的主要方式是复合和扩散。当去游离过程大于游离过程时，电弧电流将继续增大达到新的平衡；反之，电弧电流将继续减小达到新的平衡，甚至出现电弧熄灭的情况。

复合过程只有在离子运动速度较低时才能完成，电弧温度是影响离子运动速度的因素之一，电弧温度越高，离子运动也越快，反之则较慢，因此，降低电弧温度是促成去游离的有效手段。

二、直流电弧的特性及熄灭

发生于直流电路中的电弧称为直流电弧，稳定燃烧的直流电弧特性可用沿弧长的电压分布及伏安特性来表示，如图 2-2 所示。

图 2-2(a)中沿弧压降分为三部分：阴极区压降、弧柱压降和阳极区压降，阴极区和阳极区的长度都很短，而弧柱的长度随着间隙的变化差别较大。阴极区聚集了大量的正离子，其电位存在急剧的变化，阴极压降基本上为常数，与电极材料及电极间隙的介质存在一定的关系，阳极区的压降比阴极区的压降低，在电弧稳定燃烧的情况下，弧柱压降与电弧长度成正比。

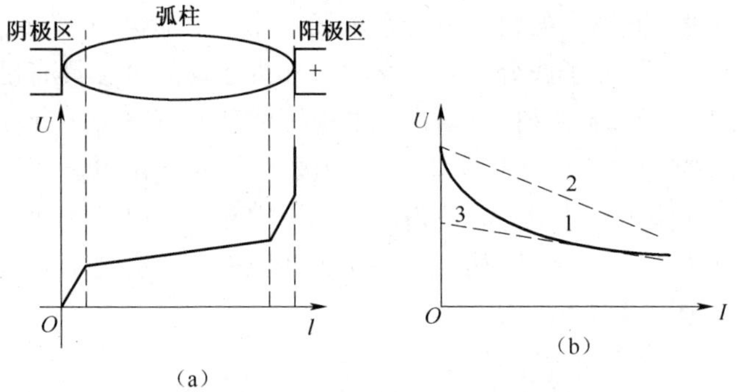

图 2-2　电弧沿弧长的分布及伏安特性

(a)电弧沿弧长的分布；(b)直流电弧的伏安特性

图 2-2(b)中直流电弧伏安特性中的曲线 1 为电弧电流稳定情况下的伏安特性，称为静态特性，曲线 2 和曲线 3 则是电弧的动态伏安特性，当电流突然增大时，游离作用滞后于电流的变化，其伏安特性为曲线 2，当电流突然减小，去游离作用滞后于电流的变化，其伏安特性为曲线 3。

只有几毫米长的电弧称为短弧，长达几厘米以上的电弧称为长弧。短电弧压降主要由阴极区压降和阳极区压降组成，电弧压降基本上为常数，当施加在电极两端的电压小于电弧压降时，电弧的燃烧就无法维持以致熄灭。长弧压降主要决定于弧柱压降，为了使外部施加在电弧上的电压低于电弧压降，常用的措施是把长电弧用物理的方法分割为若干的短电弧。

电弧与电路紧密联系在一起，电路参数直接影响电弧的产生、发展、熄灭过程，当开关开断的是由电阻和电感串联的电路时，如图 2-3 所示，其电压方程为

$$U=iR+L\frac{\mathrm{d}i}{\mathrm{d}t}+u_{\mathrm{arc}} \tag{2-1}$$

式(2-1)可以改写为

$$L\frac{\mathrm{d}i}{\mathrm{d}t}=U-iR-u_{\mathrm{arc}} \tag{2-2}$$

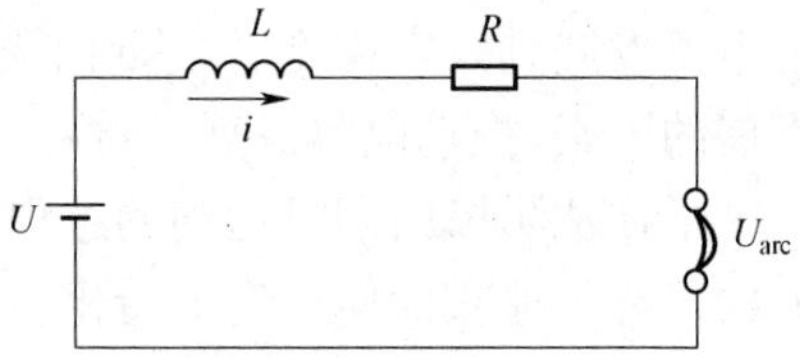

图 2-3　直流电弧开断等效电路

由式(2-2)可以看出，当电弧稳定燃烧时，其电流没有变化，即$\frac{\mathrm{d}i}{\mathrm{d}t}=0$，因此式(2-1)变为

$$U=iR+u_{\mathrm{arc}} \tag{2-3}$$

显然，维持电弧稳定燃烧的条件就是电极外部施加的电压为电阻上压降与电弧压降之和。一般来说，电路中的电阻是常数，可以认为在电弧燃烧的过程中没有变化，因此，影响电弧熄灭的主要因素有施加在电极上的电源电压和电弧压降的变化。

当$U>iR+u_{\mathrm{arc}}$时，电弧电流增大，直至达到新的平衡，当$U<iR+u_{\mathrm{arc}}$，电弧电流减小，直至达到新的平衡甚至导致电弧熄灭。根据条件$U<iR+u_{\mathrm{arc}}$，熄灭直流电弧的一般方法有：

(1)冷却电弧或拉长电弧

冷却电弧或拉长电弧，都会使电弧压降增加，从而使电弧电流逐渐减小。除了加快动静触

头分离的速度外，利用外力改变电路的路径，达到拉长电弧的目的，在拉长电弧的同时，还可以冷却电弧，达到增强去游离的作用。

(2)增大电路电阻

在熄弧过程中，在电路中串入电阻，增大电阻上的压降，从而降低电弧压降，使之逐步熄弧。

(3)把长电弧分割成短电弧

短电弧的压降主要为阴极压降和阳极压降之和，在同样的几何距离下，把长电弧分割为若干段短电弧，将使电弧压降增加，从而达到电弧压降大于外部电源电压的目的，使电弧熄灭。

三、交流电弧的特性及熄灭

交流电弧与直流电弧存在一定差别，原因是施加在电极两端的电压是交变的，因此电弧的电流也随时间的变化而变化，由于交流电弧电流变化快，弧柱的热惯性起了很大作用，因此交流电弧的伏安特性都是动态特性。

在电弧燃烧过程方面，交流电弧每半个周波将过零一次，在交流电弧电流过零时，电弧将暂时熄灭。在电弧暂时熄灭后，弧隙的介质强度将逐渐恢复，因此，交流电弧能否可靠熄灭的关键是弧隙介质强度恢复速度是否足够快，以防止电弧重燃。

随着电弧电流过零点的到来，电弧电流逐渐减少，弧隙温度也在逐步下降，弧隙的游离过程减弱，弧隙电阻增大。当电流过零时，输入弧隙的能量为零，而弧隙的散热过程依然在进行，导致其温度继续下降，但弧隙温度从高温下降到正常温度仍需要一定的时间。

由于电弧熄灭后，弧隙在一定时间内依然存在一定的带电粒子，因此介质的击穿场强将低于首次击穿的场强，随着时间的推移，弧隙的带电粒子逐渐稀少，介质的临界击穿场强也逐渐提高。当施加在断路器的外部电压上升后，弧隙的电场强度逐步增强。在电流过零时，电弧将熄灭，一方面是弧隙的介质强度逐渐恢复，由于动静触头之间的运动，动静触头之间的距离也在变长，另一方面，施加在动静触头之间的电压在上升。

当动静触头的运动速度快，介质强度恢复速度快于触头之间电场强度的上升速度时，电弧在电流过零熄灭后将无法重燃，反之将出现动静触头之间电弧重燃的现象。

影响介质强度恢复的因素有很多。

(1)近阴极效应

介质强度的恢复是一个复杂的过程，电流过零前，在弧隙存在大量的带电粒子，电流过零后，由于动静触头之间的极性发生了变化，带电粒子的运动速度和运动方向在变化了的电场作用下也会发生变化，电子的质量小，在改变了的电场作用下，其运动方向将向新的阳极运动，而带正电的离子则由于惯性较大，将在新的阴极附近形成一个正电荷区域，导致新阴极附近区域的电场强度降低，因此，需要外加一定的电压提升该区域的电场强度后才可能从新阴极发射出新的电子，这种阴极附近区域聚集正电荷而导致介质强度增强的现象称为近阴极效应。

在电流过零后，弧隙在一个很短的时间内，能出现 150～250 V 的介质强度，具体数值与弧隙温度有一定的关系，温度低，该介质强度低，反之则高，这种因近阴极效应而出现的介质强度，称为起始介质强度。

(2)弧隙的冷却

介质强度的恢复与弧隙的冷却及电弧电流大小有关，电弧电流越大，弧隙温度也就越高，而弧隙温度越高，越不利于介质强度的恢复，良好的弧隙冷却条件可使弧隙温度迅速下降，从而加快介质强度的恢复。

(3)介质的特性

介质强度的恢复还与介质特性有关,绝缘强度高的介质、提高绝缘气体的压力、利用真空作为绝缘介质等,都可以有效地提高电流过零后弧隙的介质强度。

(4)其他

断路器触头的分离速度也可以影响到介质强度的恢复,分离速度越快。介质强度的恢复越快。

在介质强度恢复的同时,弧隙电压也在发生变化。如果弧隙电压恢复速度高于弧隙介质强度恢复速度,则电弧在其电流过零后不再重燃,反之则发生电弧重燃。弧隙电压的恢复速度主要与电路参数、负荷性质有关。

受电路参数和断路器参数的影响,在电压恢复过程中,首先出现在弧隙两端的电压具有过渡过程的特性,存在着非周期分量和高频振荡分量,持续时间约几十微秒到几毫秒之间,这种电压称为瞬变恢复电压。在瞬变电压衰耗后,弧隙两端的电压由外部工频电源决定,称为工频恢复电压。图 2-4 为分析断路器弧隙电压恢复过程的等值电路,图中 R 为系统等值电阻,L 为系统等值电感,C 为系统等值对地电容,r 为断路器触头之间等值电阻。

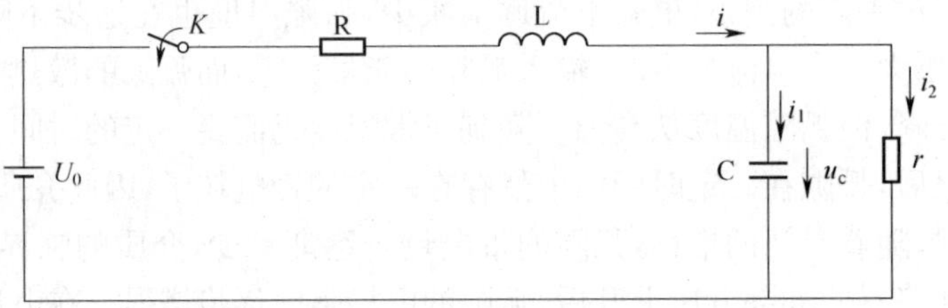

图 2-4　电力系统发生短路时的等值电路

由于电压恢复过程可以在很短的时间内完成,因此,可认为在电压恢复期间等值电路的电源电压不变,即电源电压为 U_0 时,直流电路的暂态过程,分析弧隙恢复电压即等值电容两端电压的变化过程,当开关 K 闭合时,有

$$Ri+L\frac{\mathrm{d}i}{\mathrm{d}t}+u_c=U_0 \tag{2-4}$$

又因为

$$i=i_1+i_2=C\frac{\mathrm{d}u_c}{\mathrm{d}t}+\frac{u_c}{r} \tag{2-5}$$

所以有

$$LC\frac{\mathrm{d}^2u_c}{\mathrm{d}t^2}+\left(RC+\frac{L}{r}\right)\frac{\mathrm{d}u_c}{\mathrm{d}t}+\left(\frac{R}{r}+1\right)u_c=U_0 \tag{2-6}$$

式(2-6)的通解为

$$u_c=\frac{U_0r}{R+r}+C_1\mathrm{e}^{\alpha_1t}+C_2\mathrm{e}^{\alpha_2t} \tag{2-7}$$

式中,C_1 和 C_2 为积分常数,$\alpha_{1,2}=-\frac{1}{2}\left(\frac{R}{L}+\frac{1}{rC}\right)\pm\sqrt{\frac{1}{4}\left(\frac{R}{L}-\frac{1}{rC}\right)^2-\frac{1}{LC}}$。

① $\frac{1}{4}\left(\frac{R}{L}-\frac{1}{rC}\right)^2>\frac{1}{LC}$

当 $t=0$ 时,$i=0$,电容电压等于弧隙电压,即 $u_c=-u_{arc0}$。因此,弧隙的恢复电压为

$$u_c=\frac{U_0r}{R+r}+\frac{1}{\alpha_1-\alpha_2}(\alpha_2\mathrm{e}^{\alpha_1t}-\alpha_1\mathrm{e}^{\alpha_2t})\left(u_{arc0}+\frac{U_0r}{R+r}\right) \tag{2-8}$$

一般情况下，$R\ll r$，$|\alpha_1|\ll|\alpha_2|$，$|\alpha_1 e^{\alpha_2 t}|\ll|\alpha_2 e^{\alpha_1 t}|R\ll r$，$|\alpha_1|\ll|\alpha_2|$，$|\alpha_1 e^{\alpha_2 t}|\ll|\alpha_2 e^{\alpha_1 t}|$，因此式(2-8)可简化为

$$u_c=U_0-(u_{arc0}+U_0)e^{\alpha_1 t} \tag{2-9}$$

在电弧熄灭时，由于 $u_{arc0}\ll U_0|u_{arc0}|\ll|U_0|$，因此式(2-9)可进一步简化为

$$u_c=U_0(1-e^{\alpha_1 t}) \tag{2-10}$$

忽略电阻 R，则有

$$\alpha_1=-\frac{1}{2rC}+\frac{1}{2rC}\sqrt{\left(1-\frac{4r^2C}{L}\right)} \tag{2-11}$$

当 $r<\frac{1}{4}\sqrt{\frac{L}{C}}$ 时，式(2-11)可进一步简化为

$$\alpha_1=-\frac{1}{2rC}+\frac{1}{2rC}\left(1-\frac{1}{2}\frac{4r^2C}{L}\right)=-\frac{r}{L} \tag{2-12}$$

因此，在电流过零时的恢复电压上升率为

$$\left.\frac{du_c}{dt}\right|_{t=0}=\frac{r}{L}U_0 \tag{2-13}$$

由式(2-13)可知，电阻 r 对于恢复电压上升速度有重要影响。

② $\frac{1}{4}\left(\frac{R}{L}-\frac{1}{rC}\right)^2<\frac{1}{LC}$

同样地，有

$$u_c=\frac{U_0 r}{R+r}+\left(u_{arc0}+\frac{U_0 r}{R+r}\right)+\left(\frac{\beta}{\omega_0}\sin\omega_0 t-\cos\omega_0 t\right)e^{\beta t} \tag{2-14}$$

式中，$\omega_0=\sqrt{\frac{1}{LC}-\frac{1}{4}\left(\frac{R}{L}-\frac{1}{rC}\right)^2}$ 为电路固有振荡频率，

$\beta=-\frac{1}{2}\left(\frac{R}{L}+\frac{1}{rC}\right)$ 为衰减系数。

考虑到 $R\ll r$ 和 $U_{arc0}\ll U_0$，则式(2-14)可简化为

$$u_c=U_0\left[1+\left(\frac{\beta}{\omega_0}\sin\omega_0 t-\cos\omega_0 t\right)e^{\beta t}\right] \tag{2-15}$$

对于一般交流电路，$\frac{1}{4}\left(\frac{R}{L}\right)^2\ll\frac{1}{LC}$，因此有 $\frac{\beta}{\omega_0}\approx 0$ 和 $\omega_0=\frac{1}{\sqrt{LC}}$，从而

$$u_c=U_0(1-\cos\omega_0 t)e^{\beta t} \tag{2-16}$$

略去衰减系统的作用，即 $\beta=0$，因此式(2-16)可改写为

$$u_c=U_0(1-\cos\omega_0 t) \tag{2-17}$$

显然，式(2-17)代表的是一个周期性振荡过程，恢复电压的最大值可达到 $2U_0$。

除了电路参数和断路器参数对恢复电压有影响外，负荷性质对恢复电压也存在一定影响。

当断路器切断的是阻性负载时，在电流过零时，施加在断路器上的外部电源电压也在过零，这将导致弧隙电压恢复速度较低。

当断路器切断的是容性负荷或感性负荷时，在电流过零时，将是外部电压处于最大值的时刻，这将使弧隙电压恢复速度较高，易引起电弧重燃。

四、高压断路器常用的熄弧方法

交流断路器能否把其中的电弧熄灭，取决于电流过零时介质强度的恢复速度和电极间隙

电压恢复速度，加强去游离或降低电极间隙电压的恢复速度，都可以促使电弧的熄灭。为了熄灭电弧，通常在开关电器中设灭弧装置，在开关电器中常用的主要灭弧方法有以下几种：

(1)吹弧

利用气体或油吹动电弧，是广泛应用于各种开关电器的灭弧方法。

温度对电弧的燃烧具有重要影响，温度越高，越容易发生热游离，反之，则不利于发生热游离。同时，弧隙介质强度的恢复速度也与温度息息相关，电弧温度降低速度越快，弧隙介质强度的恢复越快。利用气体或液体吹动电弧，可以起到降低电弧温度、拉长电弧的作用。

吹弧的方式有多种，图 2-5 为横吹电弧和纵吹电弧的示意图，其中图 2-5(a)为横吹方式，图 2-5(b)为纵吹方式。

吹弧的能量可以分两类，一类是利用外部能量(外能)产生的动力吹弧，另一类是利用自身能量(自能)产生的动力吹弧。外能吹弧的典型方式是利用压缩空气、电磁力进行吹弧，自能吹弧的典型方式是 SF_6 断路器中电弧的高温对气体加热产生的高气压实现吹弧。

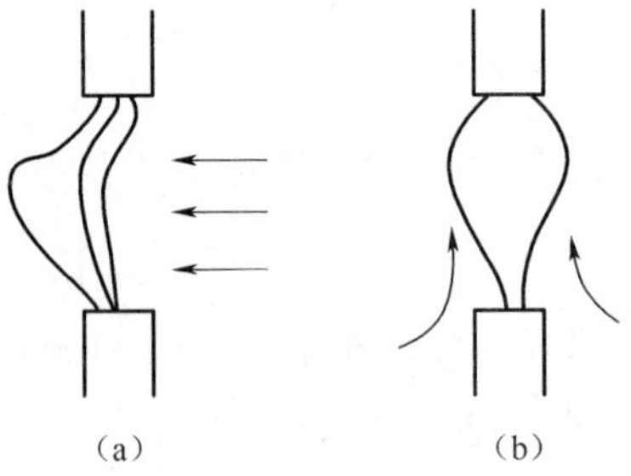

图 2-5　吹弧方式

(2)采用多断口熄弧

高压断路器通常制作成两个或多个串联断口的结构，把电弧分割为多段短电弧，以利于熄灭电弧。110 kV 及以上电压等级的断路器，常常将相同的灭弧室串联起来，应用于更高电压等级的断路器，如把具有双断口的 110 kV 断路器串联后即成为具有四个断口的 220 kV 断路器。

(3)利用短弧熄弧

在电流过零时，在阴极附近将出现 150～250 V 的介质强度，如果将电弧切割为多段短弧，则在电流过零时，将出现多个 150～250 V 介质强度的区域，这使得阴极的介质强度总值大于施加在触头上的电压，导致电弧的重燃难以实现。

(4)利用固体介质狭缝熄弧

狭缝灭弧装置多应用于低压开关电器中，利用石棉水泥或陶土材料制成灭弧片，利用磁吹线圈产生的磁场对电弧作用产生的点动力，把电弧拉入到由灭弧片组成的缝隙中，一方面是把电弧拉长，另一方面利用灭弧片对电弧进行冷却，使电弧熄灭。

第三节　高压断路器的基本参数

高压断路器的基本技术参数涉及多个方面，主要有开断/关合电路方面的参数、绝缘试验方面的参数和环境的适应参数。

一、开断/关合电路参数

高压断路器的基本参数是其特性和工作性能的表征，断路器的基本参数有以下几种。

(1)额定电压

额定电压是保证断路器长期正常工作的电压，通常以线电压表示。额定电压是影响断路器绝缘尺寸、结构尺寸的主要参数，也是决定断路器熄弧的重要条件。额定电压可用符号 U_n

表示。

除了额定电压，还规定了断路器的最高工作电压，最高工作电压决定了断路器的绝缘试验电压。

在进行断路器设备选择时，通常需要了解其额定电压。

(2)额定电流

额定电流是断路器允许长期通过的最大电流，主要决定于断路器通过该电流时所导致的温升。额定电流可用符号 I_n 表示。

(3)额定开断电流

在额定电压作用下断路器能正常开断的最大短路电流，是表征断路器开断能力的重要参数，这一参数称为额定开断电流。额定开断电流可用符号 I_{brn} 表示。

(4)额定开断容量

断路器的开断能力与开断电流有关，也与额定电压有关，当施加在断路器回路的电压下降时，断路器可以开断比其额定开断电流大的电流。因此，也可以用额定断流容量来表征断路器的开断能力，对于三相电流，其额定开断容量 S_{brn} 为：

$$S_{brn}=\sqrt{3}U_nI_{brn} \tag{2-18}$$

(5)热稳定电流

热稳定电流为断路器承受短路电流热效应能力的参数，当该电流通过断路器时，在规定时间内，温度不应超过相关标准规定的允许发热温度，且断路器能进行正常的操作，热稳定电流通常用符号 I_{tht} 表示，下标中的 t 为规定的时间，在产品样本中可以有 1 s、3 s、4 s 或 5 s 中的其中一种，以 4 s 规定为常见参数。

(6)动稳定电流

动稳定电流指的是断路器承受短路电流而不致损坏的能力，额定动稳定电流通常用符号 i_{pk} 表示，额定动稳定电流与热稳定电流之间存在约 2.5 倍的比例关系。

(7)分闸时间

从断路器的动静触头开始分离到电弧熄灭的时间称为断路器的全分闸时间，该时间由两部分组成：固有分闸时间和熄弧时间。固有分闸时间为断路器接到分闸命令到其触头完全运动到位这一段时间，熄弧时间则为从触头运动到位至电弧熄灭的时间。

(8)合闸时间

合闸时间为从断路器接到合闸命令至触头完全闭合的时间。

(9)自动重合闸性能

架空输电线路发生的短路故障很多是瞬时性故障，即在切断线路电源后，故障也自然消失。因此，针对输电线路的继电保护通常配置了自动重合闸功能，即在线路故障发生后，由保护跳闸断开线路电源经过短暂的延时时间后，由自动重合闸装置发出合闸命令，自动地把断路器合闸以恢复对输电线路的送电，断路器执行了自动重合闸装置发出的命令而接通电路后，如果故障没有消失，则断路器必须再次分闸，这种情况称为“重合闸失败”。有些情况下，在重合闸失败后，经过一定的延时，由操作人员再次合闸送电，称为“强送电”。如果强送电时，故障依然没有消失，则断路器将再次跳闸。

以上动作过程称为断路器的一个操作循环，通常可以记为：

$$\mathrm{CO}\rightarrow t_1\rightarrow \mathrm{CO}\rightarrow t_2\rightarrow \mathrm{CO} \tag{2-19}$$

式中，t_1 为重合闸装置延时动作时间，通常取 0.3 s；t_2 为重合闸失败到强送之间的时间间隔，通常取 180 s。

断路器重合闸失败后，其开断短路电流的能力将降低。

二、绝缘试验方面参数

断路器绝缘试验参数主要涉及断路器内绝缘和外绝缘。对于高压电器，除了额定电压外，还应考虑最大工作电压和最小工作电压。

进行高压断路器的绝缘性能试验时，主要考虑其冲击耐压水平和工频耐压水平。

(1)冲击耐压

冲击耐压是检验高压电器承受大气过电压水平的主要参数，是指对高压电器某些部分施加具有一定波形限制和最大值限制的冲击电压，以检验高压电器在该试验电压作用下是否存在绝缘击穿现象。对于断路器，一般把试验电压施加于断口之间、导体与大地之间，前者称为断口耐压水平，后者称为相对地耐压水平。

(2)工频耐压

工频耐压是检验高压电器承受操作过电压水平的主要参数，是指对高压电器某些部分施加具有一定有效值限制的工频电压，持续时间 1 min，检验高压电器在该试验电压作用下是否存在绝缘击穿现象。对于断路器，工频耐压试验的对象在断口之间、导体对地两种情况下不同。

三、环境参数

断路器的分/合电路的参数、绝缘性能以及长期工作所能承受的电流等都与环境参数有关。影响断路器的主要环境参数是海拔高度和环境温度。

(1)海拔高度

海拔高度主要是影响断路器的外绝缘性能。一般情况下，高压电器的绝缘设计考虑的是其工作海拔高度为 3 000 m 以下，随着海拔高度的增加，高压电器的绝缘性能将按一定规律下降。

随着海拔高度增加，气温的降低有利于提高绝缘强度，但同时空气密度和湿度也随之降低，最终导致以空气为绝缘介质的耐压水平降低，这就要求对高压电器的试验电压进行修正。

GB 311.1—1997 第 3.4 条规定“对用于海拔高于 1 000 m，但不超过 4 000 m 处的设备的外绝缘及干式变压器的绝缘，海拔每升高 100 m，绝缘强度约降低 1%，在海拔不高于 1 000 m 的地点试验时，其试验电压应按本标准规定的额定耐受电压乘以海拔校正因数 K_a”。

$$K_a=\frac{1}{1.1-H\times10^{-4}} \tag{2-20}$$

式中 H——海拔高度，m。

(2)环境温度

环境温度对断路器绝缘性能、操作性能、工作状态有重要影响。

温度对于断路器的载流量有重要影响，一般需要根据断路器工作场所的气象条件对载流量进行修正。

温度对断路器操作机构动作性能也有影响，如在低温条件下，液压操动机构液压油黏度的变化可能导致断路器操作困难,影响分/合闸速度。

低温可能导致气体断路器的绝缘气体液化,这与采用的气体种类、气体压力等因素有关。

(3)其他

环境的污浊程度、湿度、风速以及地震烈度等也是选择高压电器时需要考虑的重要因素。

四、高压断路器

常用的断路器有:油断路器、真空断路器、气体断路器等。这些断路器的灭弧介质和工作原理存在一定的差别。

1. 油断路器

油断路器以矿物油作为灭弧和绝缘介质。油断路器分少油断路器和多油断路器两类,多油断路器由于体积庞大、占地面积宽、不便于运输和安装,在新建工程中已经淘汰。根据装设地点不同,少油断路器分为户内式和户外式,20 kV 及以下少油断路器多采用户内式。油断路器由五个部分组成:导电回路、绝缘部分、灭弧装置、操动系统和附属部件。

在高温电弧的作用下,油分解为油气混合物,体积膨胀,在特定的容器内产生很高的压力,当触头动作到一定位置后,高压油气流通过吹弧通道或吹弧口吹向电弧,使电弧在电流过零时熄灭,这种以电弧自身能量熄弧的方式称为自能式灭弧。灭弧室有很多种结构形式,例如电压在 110 kV 及以上的户外少油断路器,其灭弧室采用串联积木式结构。灭弧方法有横吹、纵吹和压油吹弧等。

(1)纵吹灭弧室

图 2-6 为 35 kV 少油断路器的纵吹灭弧室。灭弧室由 6 块灭弧片组成,各灭弧片之间隔开一定距离形成油囊。灭弧室上部为静触头,动触头向下运动,在触头分开后,其间隙产生电弧,使油蒸发并分解出大量的气体,随着动触头向下运动,高压油气流通过灭弧片中间的圆孔向上对电弧进行纵吹,待动、静触头之间距离足够长时,电弧即熄灭。

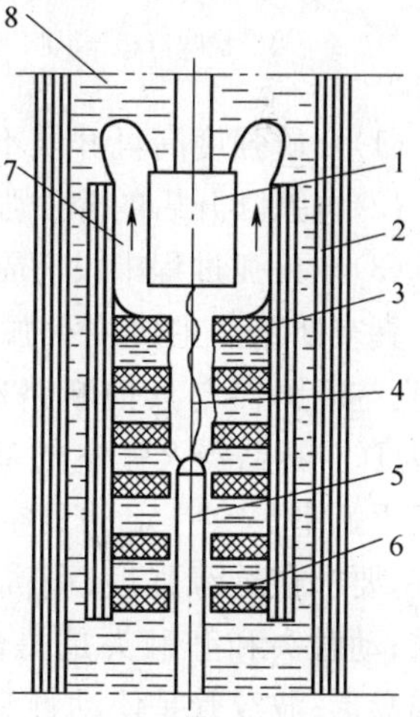

图 2-6 纵吹灭弧室

1—静触头;2—外绝缘筒;3—内绝缘筒;4—电弧;5—导电杆;6—灭弧片;7—气流方向;8—变压器油

(2)横吹灭弧室

横吹灭弧室结构原理图如图 2-7 所示。断路器在关合位置时,横吹口被导电杆堵住,当开关分断时,动触头向下运动,间隙产生电弧,在横吹口未打开之前,电弧在封闭空间中燃烧,在横吹口打开后,油气流开始横吹电弧,待动、静触头分离到一定距离后,电弧熄灭。

(3)环吹灭弧室

环吹灭弧室结构原理图如图 2-8 所示。在开关分断时,动触头向下运动,动、静触头之间产生电弧,动触头顶端的绝缘部分把环形喷口的中间圆孔堵住,油气流向环形喷口运动,吹向电弧使电弧熄灭。

2. 真空断路器

真空断路器以真空作为灭弧和绝缘介质。真空断路器的主要特点有:

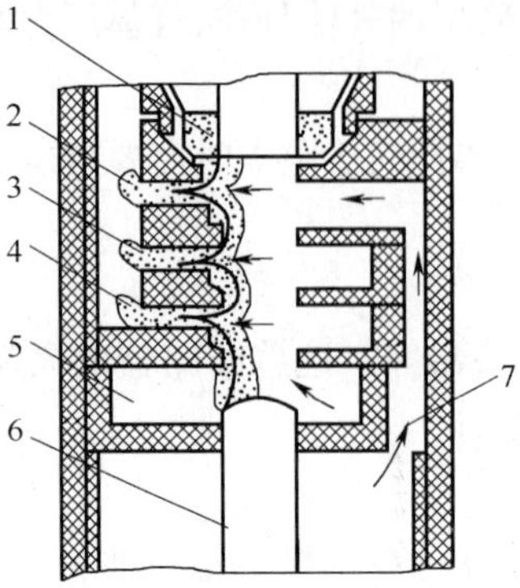

图 2-7 横吹灭弧室

1— 静触头；2—第一横吹口；3—第二横吹口；4—第三横吹口；5—纵吹室；6—导电杆；7—油流

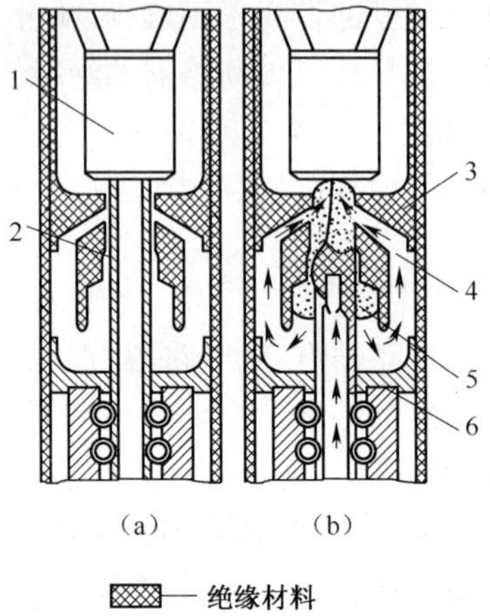

图 2-8 环吹灭弧室

(a)触头闭合；(b)触头分开

1— 静触头；2—管状动触头；3—绝缘端头；4—环形喷口；5—高压力气泡；6—中间隔板

(1)介质强度高且介质不存在老化问题。

(2)电弧断开后的介质强度恢复快，使用寿命长。

(3)在灭弧过程中没有副产品产生。

真空断路器主要由灭弧装置和操动机构两部分组成，真空断路器与其他断路器的差别是真空灭弧室，图2-9为真空断路器灭弧室的基本结构。外壳是用于承受由于灭弧室具有一定的真空度而导致的外界作用力的部件，要求在绝缘强度、耐高温和密封性上能满足技术要求；动触头和静触头是关合和开断电路的元件，一般为圆盘形；波纹管是使动触头在一定范围内运动而不使真空空间的压强发生变化；屏蔽罩是用来吸附真空中电弧产生的金属蒸汽分子。

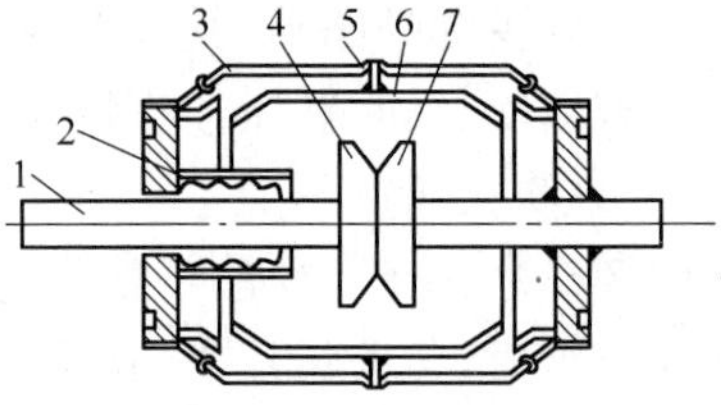

图 2-9 真空断路器灭弧室基本结构

1— 动导电杆；2—波纹管；3—外壳；4—动触头；5—可阀环；6—屏蔽罩；7—静触头

真空断路器的真空度要达到 1.31×10^{-2} Pa 以上，真空电弧有两种类型：扩散型和聚集型。

真空电弧是由金属蒸汽构成的导电离子体，由于触头表面温度极高，可达金属材料的沸点，使得阴极大量蒸发出金属蒸汽并向阳极扩散。10 kA 及以下电流开断，为小电流真空电弧，属于扩散性电弧，真空断路器开断小电流时，会在电流还没过零时提前熄弧，出现截流现象。截流现象是当电弧电流下降到一定数值后，由于弧柱扩散速度过快，阴极附近蒸汽压力和温度骤降，使技术质点的蒸发不能维持弧柱扩散的动态平衡，使电弧骤然熄灭。截流现象有以下特点：

(1)截流电流值与金属材料特性和电流磁场有关，金属饱和蒸气压力越高，截流越困难，截流电流就越小。

(2)截流过程发展迅速，约 10^{-8} s完成。

(3)开断电流超过几个千安时不会出现截流现象。

(4)触头运动越快，截流值越大。

(5) 截流电流值大小与回路条件关系不大。

(6)小电感电流被截断时会出现截流过电压。

真空断路器被广泛应用于电气化铁路供变电工程中。

3. 气体断路器

气体断路器指的是以压缩气体作为绝缘和灭弧介质的断路器，这些压缩气体可以是 SF_6，也可以是 CF_4、N_2O、N_2、CO_2 或上述材料构成的混合气体，与固体和液体绝缘材料不同，气体绝缘材料不存在老化问题，且在击穿后具有完全自恢复特性。

气体断路器的典型代表是 SF_6 断路器，SF_6 的绝缘性能非常好，与其压力存在一定的关系，在标准大气压下其放电电压为空气的 2.5～3 倍，当 SF_6 压力达到 3 个标准大气压时，其工频绝缘强度相当于变压器油。在常温下，SF_6 气体的稳定性很好，高温下，SF_6 分解为硫原子和氟原子，硫原子进一步电离为正离子，从硫原子分离出来的自由电子容易被氟原子俘获成为负离子。在电弧电流过零时，弧隙中残留的电子容易被 SF_6 吸附成为负离子，由于其质量大、运动速度低，从而具有较高的绝缘恢复速度。

SF_6 气体有优异的绝缘特性并且灭弧性能强，但也存在一些问题：(1) SF_6 气体在均匀电场中绝缘性能优异，但在非均匀电场下，绝缘性能将大幅下降；(2) SF_6 气体中含有杂质时，其间隙闪络电压降下降；(3) SF_6 中的含水量过高对绝缘性能有较大影响，且易产生有毒物质。

SF_6 断路器灭弧室的机构有变开距压气式和定开距压气式两种。

(1)变开距压气式灭弧室

变开距灭弧室灭弧的过程示意图如图 2-10 所示，该种灭弧室结构是从少油断路器的设计体系发展而来，其灭弧室的结构与少油断路器相似，触头系统有工作触头、弧触头和中间触头，灭弧室的可动部分由动触头、喷嘴和压气缸组成。

为使分闸过程中压气室的气体集中吹向喷嘴，而在合闸过程中不至使压气室中形成真空，设置了逆止阀。合闸时，逆止阀打开，使压气室与活塞内腔相通，SF_6 气体从活塞的小孔充入压气室。分闸时，逆止阀堵住小孔，让 SF_6 气流集中向喷嘴吹弧。

合闸位置如图 2-10(a)所示。分闸时，可动部分向右运动，压气室内的 SF_6 气体被压缩并提高压力，如图 2-10(b)所示，工作触头首先分离，然后弧触头分离产生电弧，同时也产生气流向弧嘴吹弧，如图 2-10(c)所示，熄弧后的分闸位置，如图 2-10(d)所示。

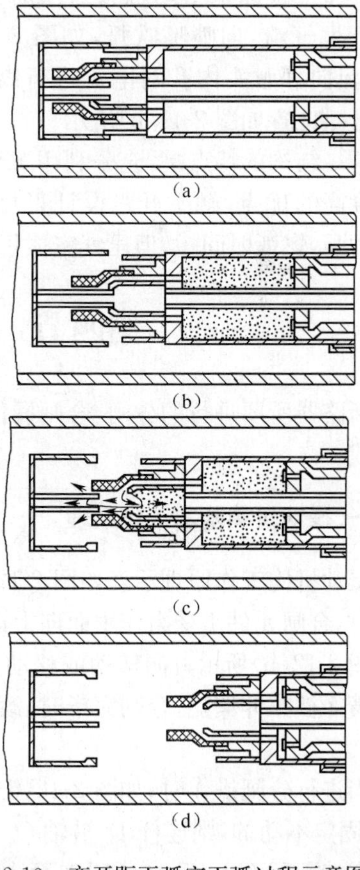

图 2-10　变开距灭弧室灭弧过程示意图

(a)合闸位置；(b)压气过程；(c)吹弧过程；(d)分闸位置

从动作过程看，触头的开距在分闸过程中是变化的，因此有变开距之称。这一结构的特点是：触头开距在分闸过程中不断增大，最终的开距比较大，因此断口电压可以做的较高，起始介质强度恢复速度较快，喷嘴与触头分开，喷嘴的形状不受限制，可以设计得比较合理，有利于改善吹弧效果，提高开断能力，但绝缘喷嘴容易被电弧烧损。

(2)定开距压气式灭弧室

定开距灭弧室灭弧过程的示意图如图 2-11 所示。断路器的触头由两个带喷嘴的空心静触头和动触头组成，弧隙由两个静触头保持固定的开距，以此称为定开距。图 2-11(a)断路器合闸位置，分闸时由拉杆带动可动部分向右运动，压气室内的 SF_6 气体被压缩，如图 2-11(b)所示，当动触头离开静触头时，便产生电弧，同时，将原来由动触头封闭的压气室打开而产生气流，向喷嘴吹弧，如图 2-11(c)所示，气流向静触头内孔对电流进行纵吹，熄弧后的开断位置如图 2-11(d)所示。

这一结构的特点是：充分利用 SF_6 气体介质强度高的优点，触头开距设计得比较小，熄弧能力强，燃弧时间短，但压气室体积较大。

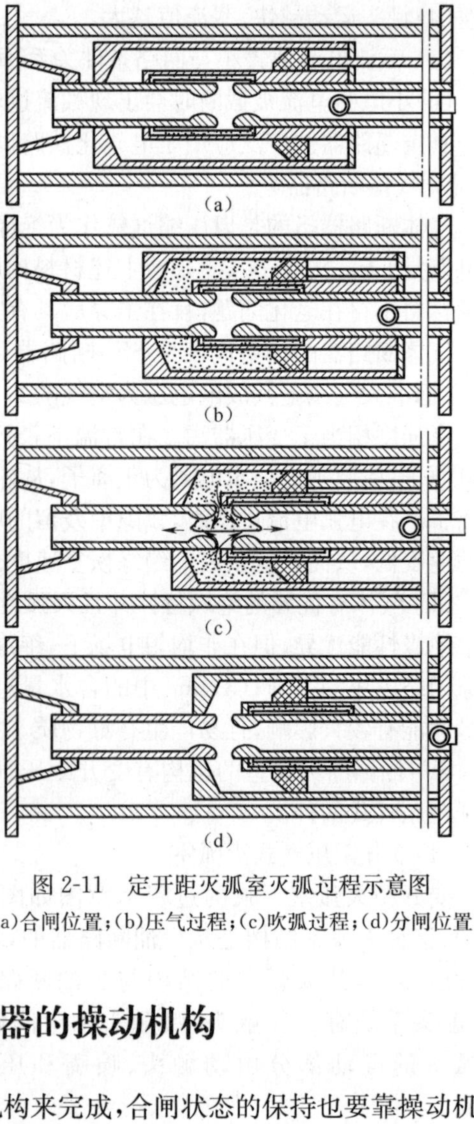

图 2-11　定开距灭弧室灭弧过程示意图

(a)合闸位置；(b)压气过程；(c)吹弧过程；(d)分闸位置

第四节　高压断路器的操动机构

断路器所要进行的分闸、合闸操作要靠操动机构来完成，合闸状态的保持也要靠操动机构来完成。

一、操动机构基本工作原理

操动机构工作原理示意如图 2-12 所示。图 2-12(a)表示断路器在分闸状态。当进行合闸操作时，合闸元件 1 受力作用而向上运动，顶撞滚子 2 一起向上运动，此时，所有的拐臂、连杆都按图 2-12(b)所示方向转动或移动，使触头闭合，如图 2-12(c)所示，在合闸操作过程中，分闸弹簧 8 被拉伸储能，合闸完毕时，滚子 2 被支持掣子 17 顶住，而轴 O_6 由连杆 13、14 和 15 保持。

当进行分闸操作时，如图 2-12(d)所示，由分闸元件 18 给出动力，向上撞击轴 O_7，由于轴 O_2 是固定不动的，则连杆 13 沿轴 O_2 反时针旋转，同时通过连杆 13 将滚子 2 向右移，使滚子脱离支持掣子而下落，在分闸弹簧力的作用下，触头分离，操动机构又还原到图 2-12(a)的状态。

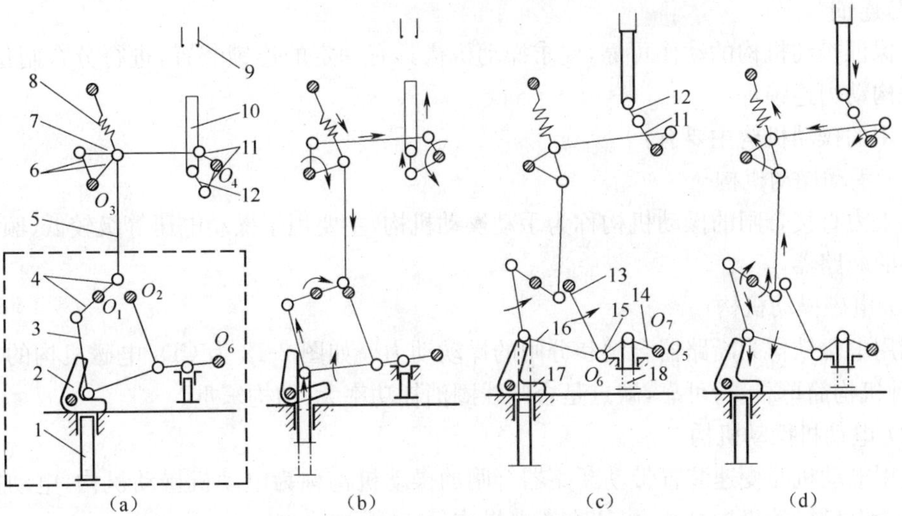

图 2-12　操动机构工作原理图

(a) 分闸状态；(b)合闸过程；(c)合闸位置；(d)分闸过程

1—合闸元件；2—滚子；3、5、7、12～16—连杆；4、6、11—拐臂；

8—分闸弹簧；9—静触头；10—动触头；17—支持掣子；18—分闸元件

二、对操动机构的要求及常用操动机构

操动机构工作性能的优劣，对高压断路器工作性能、可靠性等具有重要影响，对操动机构有如下要求。

(1)合闸

操动机构的动力来源有多种：液压、气压和弹簧储能等。操动机构要确保外部动力在一定变化范围内有足够的动力可靠地关合正常和故障电路。

(2)保持合闸

合闸是一个持续时间很短的过程，在合闸操作动力消失后，断路器应仍能保持在合闸位置。

(3)分闸

要求操动机构不仅能够电动分闸，特殊情况下应能手动分闸，且断路器的分闸速度与操作人员动作的快慢及分闸命令持续时间的长短无关。

(4)自由脱扣

断路器在合闸过程中，如接到分闸命令，操动机构应取消合闸命令转而执行分闸命令，称为自由脱扣。

(5)防跳跃

断路器关合到故障状态时将自动分闸，如果合闸命令尚未取消，在断路器分闸到位后必将再次合闸，从而出现断路器连续多次分闸、合闸，这种现象称为“跳跃”，操动机构必须具有防止断路器“跳跃”的能力。

(6)复位

断路器分闸后，操动机构中各个部件应能自动地恢复到准备合闸的位置。

(7)连锁

为保证操动机构的动作可靠,要求操动机构具有一定的连锁装置,进行分合闸位置连锁、操动机构动力连锁等。

常用的操动机构主要有:

(1) 手动操动机构

靠人力直接合闸的操动机构称为手动操动机构,主要用于操动电压等级较低、额定开断电流很小的断路器。

(2) 电磁操动机构

利用电磁铁作为断路器合闸和分闸的操动动力。如图 2-12 为 CD_2 电磁机构的工作原理图,这种机构简单、运行可靠,缺点是合闸线圈消耗功率大、结构笨重。

(3) 电动机操动机构

利用电动机经变速装置带动断路器合闸的操动机构称为电动机操动机构,电动操动机构的结构较电磁操动机构复杂,可用交流电操作。

(4) 弹簧操动机构

利用已储能的弹簧为动力对断路器进行合闸和分闸的操动机构称为弹簧操动机构,弹簧储能通常由电动机通过减速装置来完成,必要时也可利用人力来完成储能。

(5) 气动操动机构

利用压缩空气作为动力的操动机构称为气动操动机构。

(6) 液压操动机构

液压操动机构利用液压油作为动力传递的介质,图 2-13 为 CY3 型液压操动机构的液压系统图。

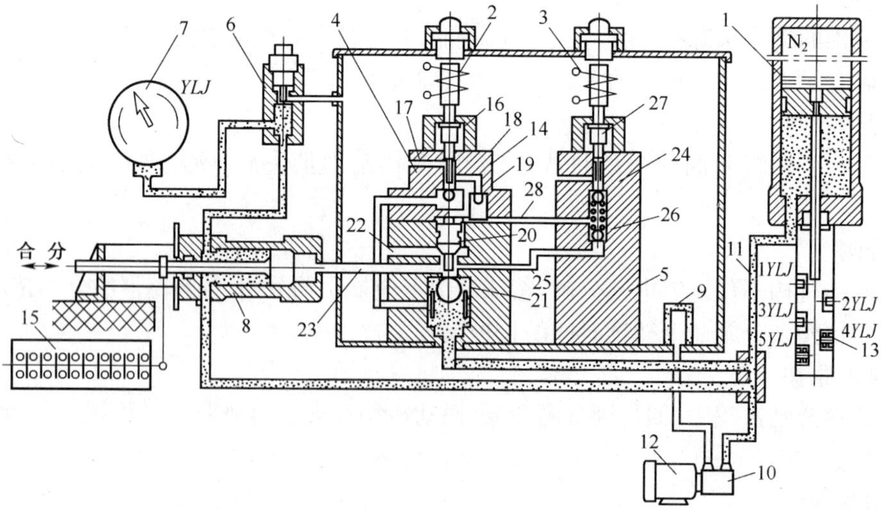

图 2-13 CY3 型液压操动机构的液压系统图

1—储压筒;2—合闸线圈;3—分闸线圈;4—合闸阀;5—分闸阀;6—放油阀;7—电触点压力表;8—工作缸;9—滤油器;10—油泵;12—电动机;13—微动开关;14—合闸阀第一级球阀;15—工作缸辅助触点;16—合闸顶杆;11、17、18、22、23、25、28—通道;19—钢球;20—活塞;21—合闸阀第二级钢球;24—分闸阀钢球;26—自保持钢球;27—分闸阀顶杆

(7) 永磁操动机构

永磁操动机构有方形和圆形两种，根据机构终端位置的保持方式不同分为单稳态和双稳态两类，图 2-14 所示双稳态永磁操动机构工作原理示意图。

在分闸状态时，动铁芯位于机构的上方，紧挨上磁极，永磁体所产生的磁通在机构上部的磁阻很小而在机构的下部则较大，因此，动铁芯被吸在上磁极上。同样地，在合闸状态时，动铁芯位于机构的下方，紧挨下磁极，永磁体所产生的磁通在机构下部的磁阻很小而在机构的上部则较大，因此，动铁芯被吸在下磁极上。

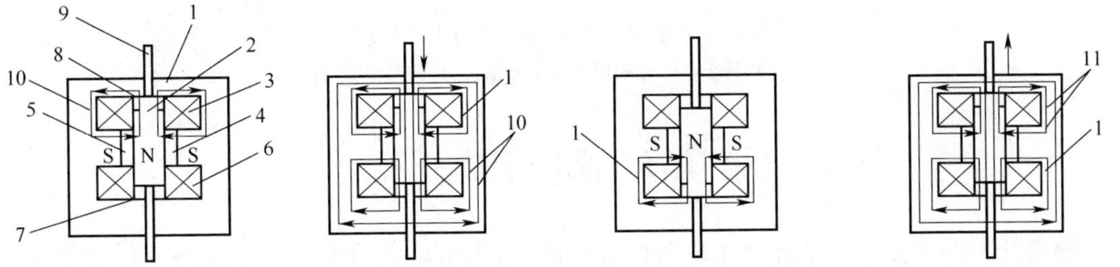

(a)　(b)　(c)　(d)

图 2-14　双稳态永磁操动机构工作原理

(a)分闸状态；(b)合闸过程；(c)合闸状态；(d)分闸过程

1— 永磁体磁场；2—动铁芯；3—分闸线圈；4、5—永磁体；6—合闸线圈；7—下极体；8—上极体；9—驱动杆；10—合闸励磁磁场；11—分闸励磁磁场

当断路器处于合闸状态而要进行分闸操作时，在分闸线圈中通以直流电流，由分闸线圈产生的磁通在上磁极处与永磁体产生的磁通为同方向，而在下磁极处与永磁体产生的磁通为反方向，从而作用于动铁芯上的磁力发生了变化，随着分闸线圈直流电流的增大，该变化了的磁力足以克服动铁芯的机械阻力及重力，动铁芯向上运动，这将改变动铁芯与上磁极、下磁极的间隙，从而改变上磁极、下磁极磁路的磁阻，加速动铁芯的向上运动，使断路器分闸。

断路器的合闸过程与其分闸过程相似。动铁芯处于上下磁极中部时，如果分闸线圈和合闸线圈中均无电流，动铁芯与上下磁极的间隙相等，受到下磁极向下的吸力和上磁极向上的吸力相等，将处于一个平衡状态。如果动铁芯的上下间隙有微小的变化，这将打破动铁芯位置的平衡。

当动铁芯处于分闸位置时，动铁芯与上磁极的间隙远小于动铁芯与下磁极的间隙，即使分闸线圈中没有电流，动铁芯也将被紧紧吸合于上磁极处，从而保持断路器的分闸位置。同样地，当动铁芯处于合闸位置时，即使合闸线圈中没有电流，动铁芯也将被紧紧吸合于下磁极处而保持合闸位置。只有在分闸线圈或合闸线圈中通过直流电流，才能改变动铁芯位置。

与双稳态永磁操作机构不同，单稳态操动机构进行分闸操作时需借助弹簧储能操动。单稳态永磁操动机构工作原理如图 2-15 所示，当断路器处于合闸位置时，动铁芯保持在上端，如图 2-15(a)所示，进行分闸时，下端的分闸线圈中流过直流电流，对动铁芯产生向下的力，使动铁芯受到向上的力减小，当向上的力小于弹簧向下的拉力时，动铁芯向下运动，实现断路器的分闸，如图 2-15(b)所示，断路器的分闸位置靠永磁体的磁力保持，如图 2-15(c)所示，当进行合闸时，合闸线圈中流过直流电流，该电流产生的磁场使动铁芯向上运动，实现断路器的合闸，同时完成弹簧的储能，为断路器的分闸操作做好准备，如图 2-15(d)所示。

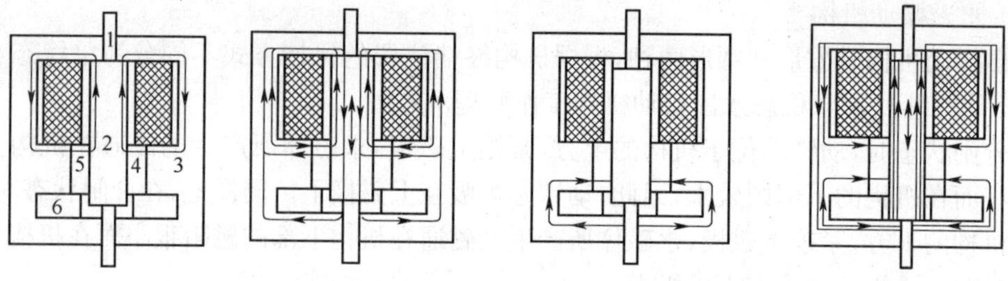

(a) (b) (c) (d)

图 2-15 单稳态永磁操动机构工作原理
(a)合闸状态;(b)分闸过程;(c)分闸状态;(d)合闸过程

第五节 高压隔离开关

隔离开关的主要功能是在高压电器设备检修时,为带电部分与非带电部分之间提供足够大且明显可见的空气绝缘间隙。此外,隔离开关在某些情况下也可用作电路的分/合闸操作。

与断路器不一样,隔离开关没有灭弧装置,因此,隔离开关不能用于开断负荷电流和短路电流。运行经验表明:隔离开关可用于开闭电压互感器、避雷器、已确认无故障和负荷的母线,也可用于开断励磁电流不超过 2 A 的空载变压器和电容电流不超过 5 A 的空载线路。

根据安装地点不同,隔离开关分为户内型和户外型两种,图 2-16 为部分隔离开关外形示意图。

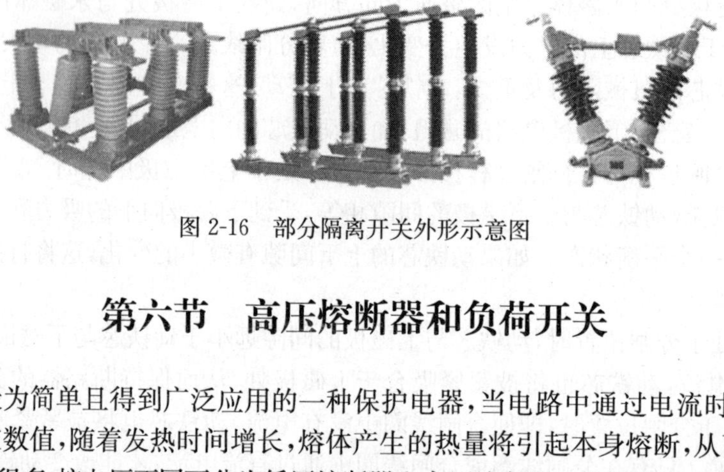

图 2-16 部分隔离开关外形示意图

第六节 高压熔断器和负荷开关

熔断器是最为简单且得到广泛应用的一种保护电器,当电路中通过电流时,熔体发热,如果电流大于一定数值,随着发热时间增长,熔体产生的热量将引起本身熔断,从而切断电路。

熔断器种类很多,按电压不同可分为低压熔断器和高压熔断器。按装设地点不同可分为户内式和户外式。按结构可分为螺旋式、插片式和管式。按是否有限流作用可分为限流式和无限流式。

熔断器基本结构由熔件、外壳和支持熔件的触头组成,如图 2-17 和图 2-18 所示分别为熔断器结构及其安秒特性示意图。

熔体熔断时间随流过熔体的电流变化而变化,这种关系称为熔断器的安秒特性,熔体截面不同,其安秒特性也不同。熔断器的额定电流与熔体的额定电流是两个不同的值,熔断器的额定电流是指熔断器截流部分和接触部分设计所依据的电流值,而熔体的额定电流指的是熔体本身设计时依据的电流值。

如图 2-18 所示，熔体的最小熔断电流 I_{min} 比其额定电流 I_n 大，通过 I_{min} 而导致熔体熔断的时间非常长，接近于无穷大。在选择熔体时，要求熔体的最小熔断电流应大于被保护设备的最大长期工作电流。当被保护设备存在短时工作电流较大的工况时（如电机起动），如 I_1，当该电流持续时间 $t>t_1$ 时，则要选择较大截面的熔体，以保证 $t_2>t$。

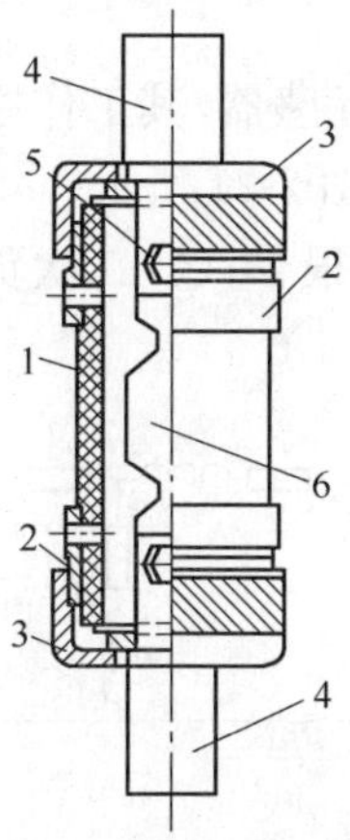

图 2-17　熔断器结构

1—外壳；2—管夹；3—帽盖；4—触头；5—螺钉；6—熔体

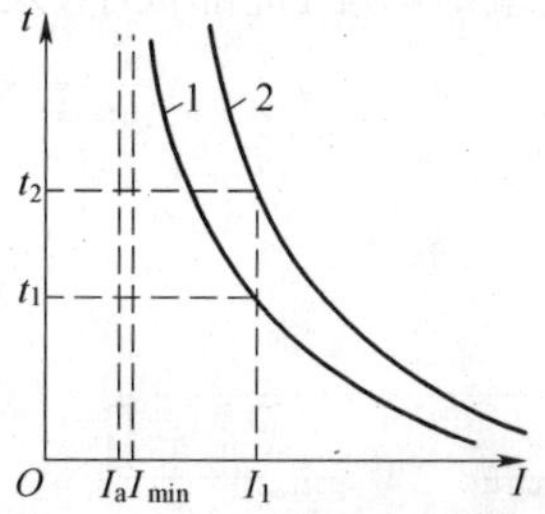

图 2-18　熔断器安秒特性示意图

1—熔体截面较小；2—熔体截面较大

图 2-17 为管式户内低压熔断器的结构图，其外壳是纤维管，当管内的熔体熔断后，产生电弧并把纤维管气化分解出大量气体，因熔管是密闭的，管内压力剧增，使去游离作用加强，在电弧电流尚未达到峰值前即可熄灭电弧。

有些熔断器的熔体周围填充了石英砂，当熔体熔断时，电弧在石英砂中的狭缝里燃烧，电弧与周围填料紧密接触受到冷却而熄灭。

高压负荷开关用于关合和开断供变电工程正常负荷电流，具有一定的关合和开断故障电流的能力，常与熔断器配合使用，如图 2-19 所示负荷开关和熔断器组成的组合电器。负荷开关只需开断不大的负荷电流，其灭弧装置要比断路器的灭弧装置简单。

图 2-19　负荷开关

按灭弧原理和介质不同，负荷开关有以下几类：(1)固体产气式负荷开关；(2)压气式负荷开关，气体可以是空气或 SF_6 气体；(3)油浸式负荷开关；(4)真空负荷开关。

第七节　高压互感器

高压互感器是高压电流互感器和高压电压互感器的统称，是电气测量、保护的信号源，其作用有：(1)使测量仪表、继电保护与高压电气设备有很好的隔离，以确保工作人员和设备的安全；(2)使测量仪表、继电保护能避免承受伴随高压电路发生短路故障而出现的大电流的危害；(3)使测量仪表、继电保护标准化和小型化。

高压电流互感器的次边额定电流通常有 5 A 或 1 A 规格，高压电压互感器的次边额定电压通常为 100 V 或 $100/\sqrt{3}$ V。

电流互感器和电压互感器也使用在电压设备上，其目的是为了采用标准仪表和继电器，并简化接线。为确保设备和工作人员的安全，互感器的二次绕组必须单点接地。

一、电流互感器

1. 电磁式电流互感器的工作原理

电磁式电流互感器是在电力系统中得到广泛应用的电流互感器，其工作原理与变压器工作原理相似，其原理接线如图 2-20 所示，等值电路和相量图如图 2-21 所示。

电流互感器的特点有：(1)一次绕组串联在电路中，其匝数很少；(2)二次负荷串联在互感器的二次绕组中，其阻抗都很小，几乎接近于短路。

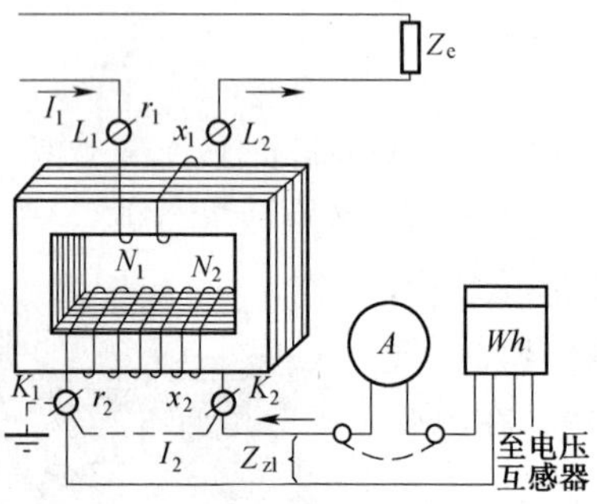

图 2-20 电流互感器工作原理接线图

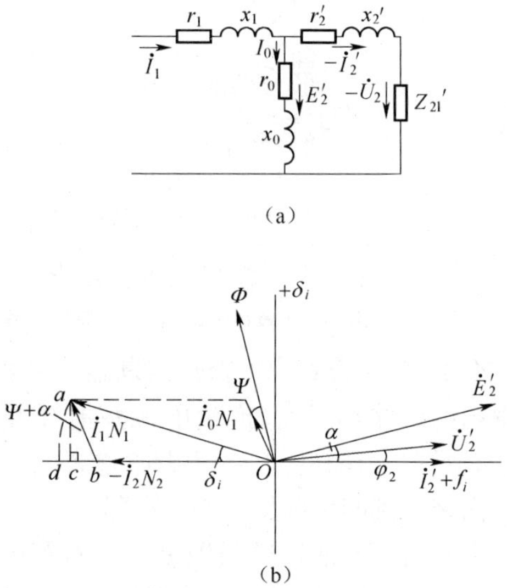

图 2-21 电流互感器等值电路和相量图

(a)等值电路；(b)相量图

电流互感器一、二次绕组额定电流之比称为电流互感器的额定电流比

$$k_n = \frac{I_{1n}}{I_{2n}} \tag{2-21}$$

理想情况是二次绕组输出电流与一次绕组输入电流之比为一个常数。

2. 电流互感器的准确度

根据磁势平衡原理，有

$$\dot{I}_1 N_1 + \dot{I}_2 N_2 = \dot{I}_0 N_1 \tag{2-22}$$

电流互感器一次绕组匝数少，二次绕组匝数多，当电流互感器的负荷阻抗过大或二次绕组开路时，为满足磁路的磁势平衡，必将在二次绕组上产生高电压，因此，电流互感器的二次绕组负荷阻抗不能过大，更不允许开路。为确保检修人员和二次设备的安全，互感器二次绕组必须有一点与大地连接。

由于电流互感器本身存在励磁损耗、磁饱和的影响，使得一次电流与二次电流之比不再为一个常数，即存在着电流值的误差和角度的误差。

电流误差，为二次电流测量值乘以额定变比后所得到的一次电流近似值与一次电流实际值之差，以百分数表示为：

$$\Delta I=\frac{k_n I_2-I_1}{I_1}\times 100\% \tag{2-23}$$

角度误差则是把二次电流相量旋转 180°后与一次电流相量之间的夹角 δ_i，并规定旋转 180°后二次电流相量超前于一次电流相量时，角度误差为正值，否则为负值。

复合误差是在稳态情况下，电流互感器二次电流瞬时值乘以额定电流比与一次电流瞬时值之差的有效值相对于 I_1 的百分数，即：

$$\varepsilon_c\% = \frac{100}{I_1}\sqrt{\frac{1}{T}\int_0^T (k_n i_2 - i_2)^2 \mathrm{d}t} \tag{2-24}$$

显然，式(2-24)所定义的复合误差考虑了电流互感器传变电流过程中的非线性特性。

电流互感器的误差受多种因素影响，与其构造、铁芯材料、一次电流、二次负荷阻抗及功率因数等有关。

电流互感器用准确度来表征其误差，表 2-1 和表 2-2 分别为测量用电流互感器准确度和保护用电流互感器准确度对应的电流幅值、角度误差的规定。

表 2-1 测量用电流互感器的最大允许电流幅值误差和相角误差

级别	I_1/I_{1n} (%)	ΔI_{max} (±%)	δ_{max} (±′)	二次负荷条件
0.1	10	0.4	15	二次负荷在额定二次负荷 Z_{2n}的 25%～100%，功率因数 0.8
	20	0.2	8	
	100～120	0.1	5	
0.2	10	0.5	30	
	20	0.35	15	
	100～120	0.2	10	
0.5	10	1.0	90	
	20	0.75	50	
	100～120	0.5	40	
1.0	10	2.0	180	
	20	1.5	100	
	100～120	1.0	80	
3.0/5.0	50～120	3.0/5.0	不规定	

通常把 0.1 级和 0.2 级电流互感器作为精密测量或标准电流互感器，0.5 级电流互感器用作计量仪表或考核用功率表计的测量接口，1.0 级用于一般的测量表计，3.0 级和 5.0 级用于监视仪表或高压开关电器操作机构中的过电流脱扣器线圈。由表 2-1 也可看出，二次负荷的大小对电流互感器的误差存在一定的影响，当二次负荷过小或过大时，电流互感器的误差将增大。

保护用电流互感器的准确度分为 5P 和 10P 两种。在工程实践中，也存在表明电流倍数的情况，如 5P10 表示该电流互感器绕组电流为额定电流的 10 倍时，精确等级为 5 级。

表 2-2 保护用电流互感器的最大允许电流幅值误差和相角误差

级别	ΔI_{max} (±%)	δ_{max} (±)	ε_c (%)	二次负荷条件
5	1	60	5	负荷的功率因数为 0.8，为确定符合误差，功率因数可在 0.8～1.0 之间
10	3	—	10	

从图 2-21(b)可以看出，当δ很小时，有

$$I_2N_2-I_1N_1\approx ob-od=-bd\approx -bc$$

因此电流互感器的幅值误差和相位误差分别为

$$\Delta I\approx\frac{bc}{I_1N_1}\times 100=\frac{I_0N_1}{I_1N_1}\cos(\dot{I}_0,\dot{I}_2)\times 100 \quad (\%) \tag{2-25}$$

$$\delta_i\approx\sin\delta_i=\frac{ac}{oa}=\frac{I_0N_1}{I_1N_1}\sin(\dot{I}_0,\dot{I}_2)\times 3\,440 \quad (') \tag{2-26}$$

根据电磁感应定律，电流互感器二次绕组的感应电势为

$$E_2=4.44BSfN_2 \tag{2-27}$$

式中 B——铁芯磁感应强度，W/m^2；

S——铁芯截面，m^2；

f——工频，50Hz。

二次回路电压降等于二次绕组感应电势，同时，在误差不大的情况下，可认为 $I_2\approx I_1/k_n$，因此有

$$E_2=I_2(Z_2+Z_{21})\approx\frac{I_1}{k_n}(Z_2+Z_{21}) \tag{2-28}$$

式中 Z_2——二次绕组内阻抗，Ω；

Z_{21}——二次绕组负荷阻抗，Ω。

由式(2-27)和式(2-28)得到

$$B\approx\frac{I_1N_1(Z_2+Z_{21})}{222N_2^2S} \tag{2-29}$$

因此，电流互感器的误差为

$$\frac{I_0N_1}{I_1N_1}=\frac{Hl_{av}}{I_1N_1}=\frac{Bl_{av}}{I_1N_1\mu}\approx\frac{(Z_2+Z_{21})l_{av}}{222N_2^2S\mu} \tag{2-30}$$

式中 μ——铁芯磁导率，H/m；

l_{av}——铁芯磁路平均长度，m。

将式(2-30)代入式(2-25)和(2-26)，有

$$\Delta I\approx-\frac{(Z_2+Z_{21})l_{av}}{222N_2^2S\mu}\sin(\psi+\alpha)\times 100 \quad (\%) \tag{2-31}$$

$$\delta_i\approx\frac{(Z_2+Z_{21})l_{av}}{222N_2^2S\mu}\cos(\varphi+\alpha)3\,440 \quad (') \tag{2-32}$$

由式(2-31)和(2-32)可以看出影响电流互感器的主要因素有：一次电流、二次负荷阻抗及功率因数、铁芯材料、铁芯平均磁路长度和截面、二次线圈匝数和内阻抗。

3. 电流互感器的分类和结构

电流互感器结构种类有多种，按一次绕组匝数不同分为：单匝式、多匝式等，其中的单匝式又有贯穿式、套管式、母线式，而多匝式又有“8”字形和串级式等；按绝缘结构不同又可以分为：干式、浇注式、油浸式等；按安装地点不同分为户外式和户内式。

在工程应用中，常常需要不同的电流互感器，如图 2-22 所示，如测量用电流互感器、计量用电流互感器、保护用电流互感器，因此往往在一台电流互感器中配置多组二次绕组。

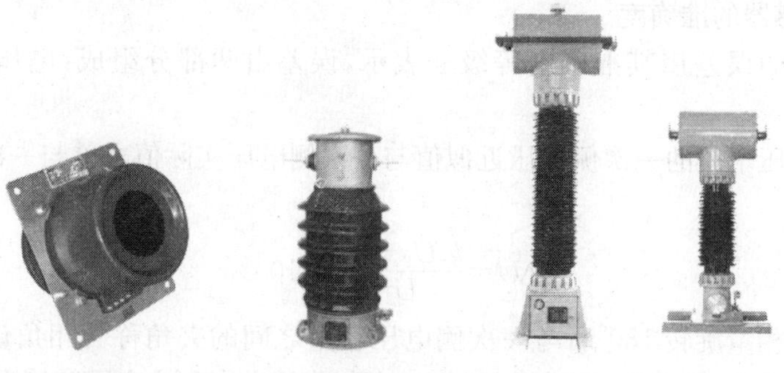

图 2-22　部分电流互感器

二、电压互感器

按工作原理不同，电压互感器分为电磁式电压互感器和电容分压式电压互感器。

1. 电磁式电压互感器

(1)工作原理

电磁式电压互感器的工作原理和变压器相同。电压互感器原理如图 2-23 所示。其等值电路和相量图如图2-24所示。

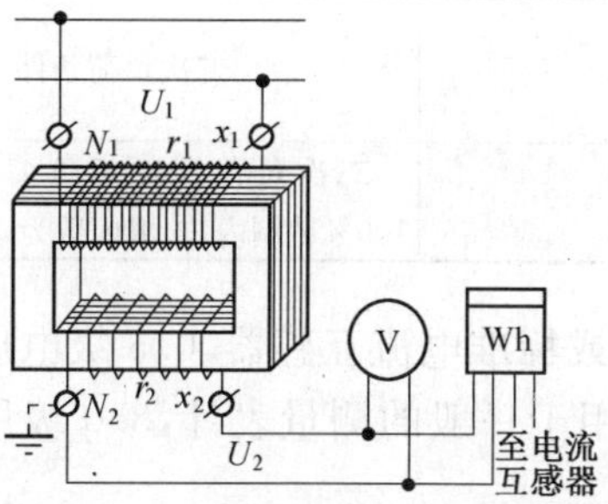

图 2-23　电压互感器原理接线图

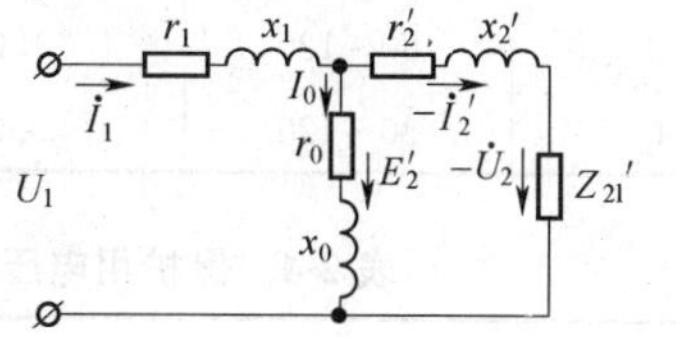

(a)

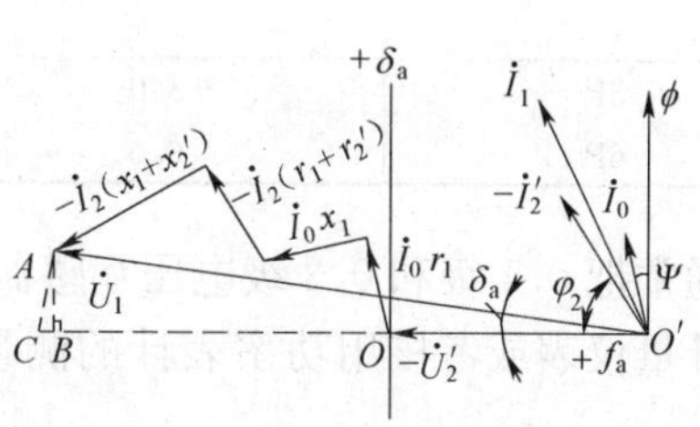

(b)

图 2-24　电压互感器

(a)等值电路；(b)相量图

电压互感器一、二次线圈额定电压之比，称为电压互感器的额定互感比

$$k_n=\frac{U_{1n}}{U_{2n}} \tag{2-33}$$

电压互感器的一次额定电压时电网的额定电压，已经标准化，二次电压则统一定为 100 V (或 $100/\sqrt{3}$ V)。

电压互感器一次绕组匝数多，二次绕组匝数少，当电压互感器的负荷阻抗过小或二次绕组短路时，必将在二次绕组上产生过电流，因此，电流互感器的二次绕组负荷阻抗不能过小，更不允许短路。为确保检修人员和二次设备的安全，互感器二次绕组必须有一点与大地连接。

(2)电压互感器的准确度

电压互感器的误差用其准确度等级来表示,误差由两部分组成:电压幅值误差和相角误差。

以二次侧电压求得的一次侧电压近似值与一次侧电压实际值之差与一次侧实际电压之比表示:

$$\Delta U=\frac{k_n U_2-U_1}{U_1}\times 100\% \tag{2-34}$$

二次侧电压相量旋转 180°后与一次侧电压相量之间的夹角称为相角误差。电压互感器的误差主要受到结构、绕组阻抗、铁芯材料、二次负荷的大小和功率因数等因素的影响。

表 2-3 和表 2-4 分别为测量用电压互感器准确度和保护用电压互感器准确度对应的电流幅值、角度误差的规定。

表 2-3　测量用电压互感器的最大允许电压幅值误差和相角误差

级别	U_1/U_{1n} (%)	ΔU_{max} (±%)	δ_{umax} (±′)	二次负荷条件
0.1	80～120	0.1	5	二次负荷在额定负荷的 25%～100%范围内,功率因数为 0.8
0.2	80～120	0.2	10	
0.5	80～120	0.5	20	
1.0	80～120	1.0	40	
3.0	80～120	3.0	不规定	

表 2-4　保护用电压互感器的最大允许电流幅值误差和相角误差

级别	ΔU_{max} (%)	δ_{umax} (′)	二次负荷条件
3P	3.0	120	二次负荷在额定负荷的 25%～100%范围内,功率因数为 0.8
6P	6.0	240	

通常把 0.1 级和 0.2 级电压互感器作为精密测量或标准电流互感器,0.5 级电压互感器用作计量仪表或考核用功率表计的测量接口,1.0 级用于一般的测量表计,3.0 级用于监视仪表。

(3)电压互感器的分类和结构

电磁式电压互感器根据绕组数量来分有双绕组和三绕组两类;根据相数来分有单相和三相两类;根据安装地点分为户内和户外两类;根据结构不同有普通结构和串级结构两种;根据绝缘和冷却方式不同有干式、油浸式、浇注式、瓷箱式等。图 2-25 为部分电压互感器外形图。

与电流互感器不同,电压互感器的接线形式较多,根据用途不同,选择不同的接线形式,如图 2-26 所示。图 2-26(a)为单相电压互感器,用于只需要测量某一线电压的场合;图 2-26(b)为利用两台单相电压互感器接成不完全三角形,广泛应用于只需要连接两个线电压的仪表,如三相瓦特表、三相瓦时计等;图 2-26(c)为三台单相电压互感器连接成星形,用于需要测量相电压和线电压的场合,必要时可以把辅助绕组连接成开口三角形;图 2-26(d)为三相三芯式电压互感器的接线,互感器中有补偿绕组,用于降低角差,用于测量相间电压;图 2-26(e)为三相五柱式电压互感器接线,可用于测量线电压、相对地电压和零序电压。

图 2-25　部分电压互感器

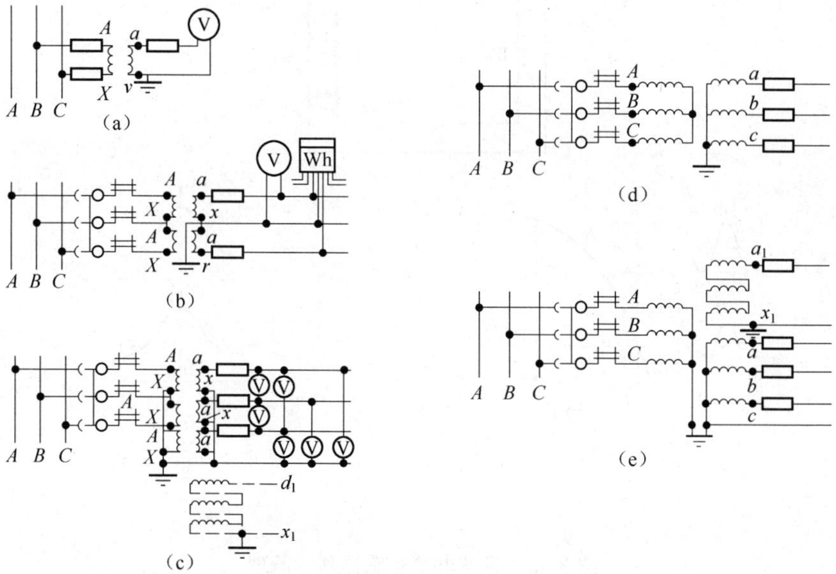

图 2-26　电压互感器的各种连接图

2. 电容式电压互感器

电容式电压互感器在技术和经济上具有优势，我国在 110 kV 及以上电压等级系统中优先采用电容式电压互感器。与电磁式电压互感器相比，电容式电压互感器具有以下优点：(1)除具有互感器的作用外，分压电容还可以作为高频载波通信的耦合电容；(2)冲击绝缘强度高；(3)制造简单，重量轻，体积小，成本低；(4)占地面积小。电容式电压互感器缺点是暂态特性和误差特性比电磁式互感器差，输出容量小。

图 2-27 为电容式电压互感器原理图，其工作原理可归纳为：耦合电容器分压、中间变压器降压、电抗器补偿、阻尼器保护。

若电抗器的电感值满足 $L=1/[4\pi^2 f^2(C_1+C_2)]$ 的条件，即电感与电容发生工频谐振，互感器的输出阻抗最小，使输出电压受负载变化的影响减小，由于电容式电压互感器的这种特点，电力系统频率的波动对电容式电压互感器的输出误差存在一定影响。

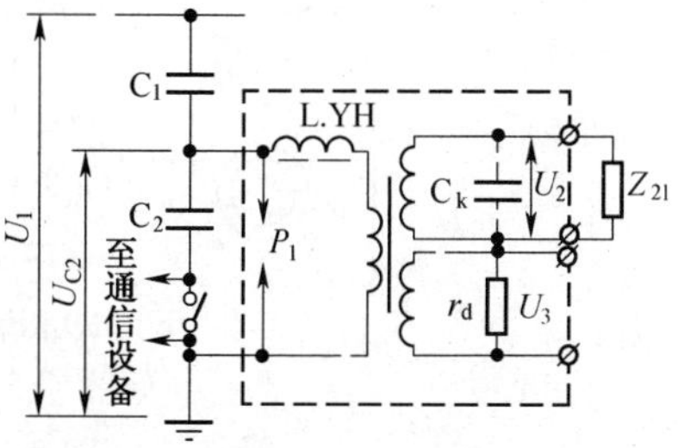

图 2-27　电容式电压互感器原理图

三、直流互感器

地铁供电系统采用的是直流供电方式。在直流供电系统中，电压信号、电流信号的测量和检测需要通过直流互感器进行。

1. 直流电流互感器

直流电流互感器工作原理类似于磁放大器，如图 2-28 所示。被测量的直流电流通过互感器的一次线圈，导致铁芯单向磁化，从而改变其工作点的微分导磁率，直流电流越大，导磁率越小，从而改变同一铁芯上另一施加了交流恒压源交流线圈的感抗，使该线圈的电流幅值随着直流电流的改变而成比例地发生变化。

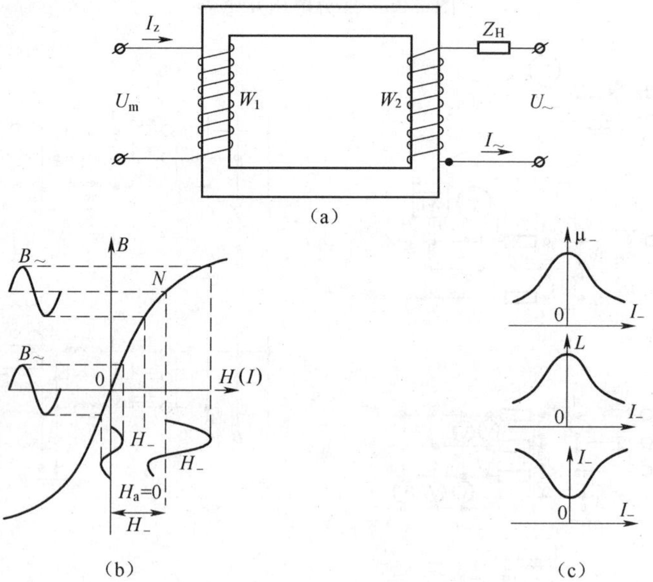

图 2-28　直流电流互感器基本原理

2. 直流电压互感器

直流电压互感器主要有两种类型：磁放大型直流电压互感器和电子式直流电压互感器。如图 2-29 所示直流电压互感器的工作原理。

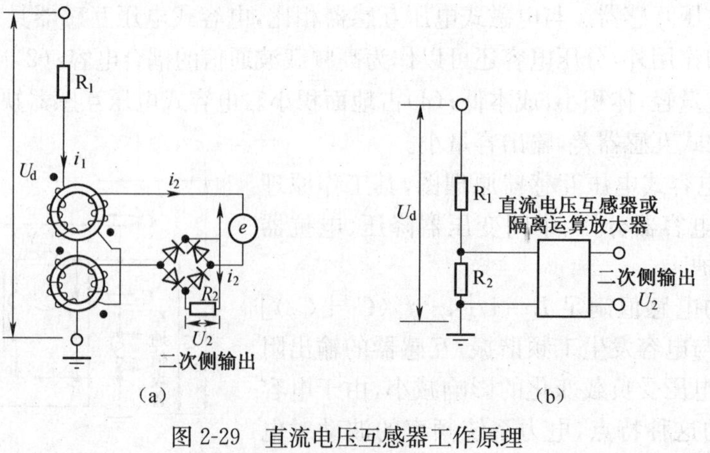

图 2-29　直流电压互感器工作原理

(a)磁放大器型；(b)电子式

图 2-29(a)为磁放大器型直流电压互感器原理接线图，互感器一次线圈中通过与直流电压 U_d 成正比的电流 i_1，与 i_1 成正比的二次电流在电阻 R_2 上产生电压 U_2，U_2 与 U_d 成正比。

图 2-29(b)为电子式直流电压互感器原理接线图，直流电压 U_d 经过电阻 R_1 和 R_2 分压，施加在隔离放大器或直流电压互感器上，由二次侧输出与 U_d 成正比的电压 U_2。

思考题

1. 直流电弧和交流电弧各有什么特点？什么叫游离作用？什么叫去游离作用？举例说明。
2. 熄灭电弧的基本条件是什么？
3. 断路器、隔离开关、负荷开关存在什么差别？
4. 少油断路器有哪些灭弧方式？
5. 真空断路器具有哪些特点？扩散型和聚集型真空电弧各有什么特点？
6. 截流现象是什么？描述截流过电压现象。
7. SF_6 绝缘介质与空气绝缘介质相比，具有什么特点？
8. 对操动机构有哪些基本要求？
9. 直流断路器灭弧的主要技术措施有哪些？简述其工作原理。
10. 高压熔断器的作用是什么？高压熔断器的技术参数有哪些？高压熔断器熔管和熔体参数是否一致？
11. 电流互感器、电压互感器变比的规定有哪些？对电流互感器和电压互感器二次绕组在接线上各有什么规定？
12. 电流互感器、电压互感器各有哪些结构和接线形式？各自用途是什么？
13. 用于保护的电流互感器精确度等级的含义是什么？

第三章 电气主接线与高压配电装置

电气主接线和高压配电装置是各种供变电工程的主体部分。本章以它们的设计和运行分析为重点，对主接线的基本要求、主接线基本形式和牵引变电所典型主接线特点进行了阐述和举例分析，从技术经济和可靠性分析等方面，介绍了主接线选择和评定时应考虑的问题。对高压配电装置(0.75 kV～220 kV 电压)，主要阐述确定屋内、屋外装置最小安全距离的依据、各种配电装置的构成与特点以及配电装置的基本选型和设计布置原则。

第一节 概　　述

牵引变电所(含开闭所)的电气主接线是指由变压器、高压电器和连接导线所组成的接受和分配电能的电路。用规定的设备文字符号和图形符号以及连线表示，根据它们的作用和运行操作次序，按一定要求连接的单相或三相接线图，称为电气主接线图。

电气主接线图上标明了各主要设备的规格、数量，反映各高压设备的连接方式和各电气回路间的相互关系，从而反映了牵引变电所的基本结构和功能，是供变电工程设计、施工、运行操作和维护的基本依据。电气主接线图表明与高压电网连接方式、电能输送和分配的关系以及变电所一次设备的运行方式，是供变电工程控制系统设计的重要依据，也是值班人员进行各种电路切换操作及维护的依据，电气主接线的确定对变电所电气设备选择、配电装置布置、继电保护配置和计算、自动装置和控制方式选择等都有重大影响。此外，电气主接线对牵引供电系统运行的可靠性、电能质量、运行灵活性和经济性起着决定性作用。

一、电气主接线的基本要求

(1)可靠性要求

电气主接线应满足电力牵引负荷、运输用动力、信号负荷安全可靠供电以及电能质量的要求。牵引负荷和部分动力负荷(如主要照明、信号电源等)为一级负荷，供电中断将造成运输堵塞，甚至造成人员伤亡、设备损坏，导致社会生产、生活秩序的混乱。因此，一般采用双回输电线或环形电源供电方式，保证在电路转换、设备检修和事故处理等情况下供电的可靠性和连续性。总之，由事故造成中断供电的机会越少、影响范围越小、停电时间越短，主接线的安全可靠性就越高。对于其他动力负荷和地区负荷，则应根据用户的重要程度级别和具体情况的分析，考虑相应的接线形式和可靠性要求。

(2)灵活性要求

电气主接线应具备必要的运行灵活性，使检修维护安全方便。运行灵活性是指在系统故障或变电所设备故障和检修时，能适应调度的要求，达到灵活、简便、迅速地切换运行方式，保证故障的影响范围最小。应优化电气主接线设计，全面考虑变电所的整体(一次、二次系统)设计，避免采用过于复杂或过于简单的接线方式，过于复杂的接线方式对保证操作转换不利，且增加了误操作几率；过于简单的接线方式，往往不能满足改变运行方式情况下可靠供电的要求，增加中断供电时间。当前，随着备用电源自投等自动装置和监控自动化系统的发展和应用，为提高主接线的运行灵活性、可靠性提供了有利条件。

(3)经济性要求

工程建设必须考虑经济性，在确保达到可靠性和电能质量等各项技术指标的前提下尽量减少工程投资和运行、维修等费用。经济性受汇流母线的结构类型与组数、主变压器容量、结构形式和数量、高压断路器配电单元数量、配电装置结构类型和占地面积等因素的影响。但经济性常常与可靠性之间存在矛盾，减少工程投资，不可避免将降低系统的可靠性和灵活性，为此，在工程建设中，应尽量做到技术、经济的统一，在满足供电可靠、运行灵活的前提下，尽量减少投资和运行费用。例如：经充分论证，可采取按远期规划设计主接线规模、分期实施投资，达到最好经济和技术目标。

(4)扩充性和简单性要求

电气主接线应力求简单明了，并有发展和扩展余地。首先，主接线整体和各回路结构应力求简捷清晰、便于操作运行；同时，随着铁路运量的增长，应为牵引变电所增容、增加馈线和其他内容的改建扩建预留电气接口和场地条件。

二、电气主接线设计应遵循的主要原则与步骤

(1)以批准的设计任务书为依据，以国家经济建设的方针政策和有关部委的技术政策为指导，以相应的技术规范和规程为准则，结合工程具体特点和实际调查掌握的各种基础资料(如电源进线方式、电力系统资料、气象条件、变电所位址等)进行综合分析和方案研究。

(2)主接线设计与牵引供电系统供电方案、电力系统与电力牵引供电方案密切相关，包括牵引网供电方式、变电所选址、主变压器接线方式和容量、牵引网电压水平及补偿措施、无功补偿、谐波治理等重大综合技术问题，应通过供电计算进行全面的综合技术经济比较，确定牵引变电所的主要技术参数和各种技术要求。

(3)根据以上各种技术参数和资料，结合供电计算结果、牵引变电所高压进线及与系统联系方式、进线继电保护方式、自动装置与二次监控系统类型、自用电系统、电气化铁路当前运量和发展规划远景等因素，做出综合分析和方案比选，设计出合理的电气主接线方案。

(4)大量新技术应用于高速铁路、现代地铁和轻轨交通、重要干线铁路，对牵引变电所主接线结构和可靠性等方面存在影响。如采用微机监控自动化系统后，由于控制功能的完善和自动化水平的提高，可缩短控制操作和事故处理时间，相对提高了主接线可靠性；电力电子技术在整流—逆变机组、开关电路、串并联电容补偿装置等牵引系统主设备中的应用，对主接线电路结构产生影响。这些新技术应作为电气主接线设计的重要补充，根据情况的不同加以分析研究。

第二节　电气主接线的基本形式

电气主接线从电源系统接受电能，并通过出线或馈电线路分配电能，当进、出(馈)线数量较多(一般多于4回路)时，常设置汇流母线(简称母线)作为中间环节，用以联系电源进线和出

线，为转换运行方式提供方便，其他可采用无母线接线形式，采用不同形式的汇流母线即构成不同的接线形式。在长期运行实践中，总结归纳出以下几种基本的电气接线形式，适用于不同电压等级的供变电工程。

讨论电气主接线的工作原理和倒闸操作时，将涉及断路器和隔离开关的合闸和分闸。隔离开关是用于高压设备停电检修时隔离带电部分和待检修设备的元件，须确认回路中没有负荷电流或故障电流时才能进行分/合闸操作。

一、单母线接线

如图 3-1 所示，该接线设一条母线，电源回路和用电回路通过断路器、隔离开关与母线连接。图中以单线图代表三相。

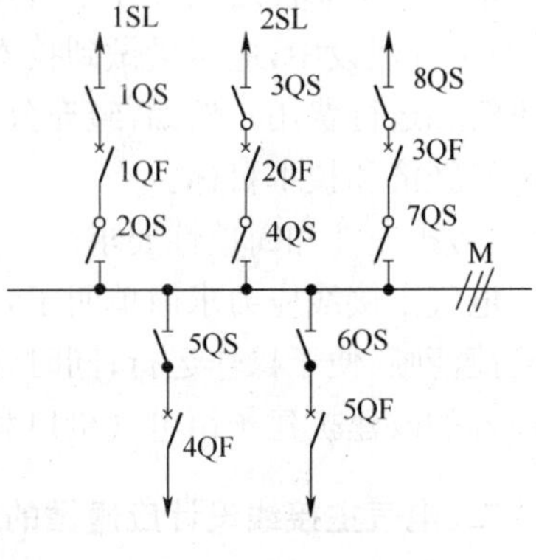

图 3-1　单母线接线图

QF—断路器；QS—隔离开关；M—母线

单母线接线的特点是：①接线简单、设备少、配电装置费用低、经济性好；②每回路由断路器切断负荷电流和故障电流；检修断路器时，可分开两侧隔离开关使断路器与电压隔离，保证检修人员的安全；任一用电回路可从任一电源回路取得电能，不致因运行方式的不同而造成相互影响，从而满足供电可靠性要求；③检修母线、与母线连接的隔离开关时，必须全所停电；母线发生故障时，将使全部电源回路断开而造成全所停电；④检修任一回线路及其断路器时，仅该回路停电，其他回路供电不受影响。

电源进线的工作方式有 2 种：①电源两回进线互为备用，一回投入运行，另一回备用；②两电源进线同时投入运行，此方式较少采用。

(1)运行期间具体倒闸操作程序

如 2SL 投入运行(此时 2QF、3QS、4QS 闭合)，1SL 备用(1QF、1QS、2QS 打开)；当 2SL 故障，保护动作使得 2QF 跳闸，或 2QF 需要检修，手动使 2QF 分闸；为保证用电回路不停止供电，备用电源进线 1SL 投入运行，合闸顺序是：1QS 合→2QS 合→1QF 合。

(2)设备检修具体倒闸操作程序

如需对正在运行中的 1QF 进行检修，则 1SL 需退出运行，2SL 需投入运行，倒闸操作：1QF 分→1QS 分→2QS 分→3QS 合→4QS 合→2QF 合。2QF 需要检修的倒闸操作过程类似。

如需对用电回路 4QF 进行检修，此回馈线停电，倒闸操作：4QF 分→5QS 分。5QF 需要检修的倒闸操作过程类似。

如需对母线 M 进行检修，M 需退出运行，倒闸操作：1QF、2QF、3QF、4QF、5QF 分→2QS、4QS、7QS、5QS、6QS 分。

这种接线方式的缺点是：母线故障和检修需要对全所停电。适用于对可靠性要求不高的 10～35 kV 地区负荷。

为克服单母线接线的不足，通常用断路器或隔离开关将母线分段，以减少母线检修对供电范围的影响，同时增加旁路母线及相应设备，使检修断路器时不致停电。

1. 单母线分段的接线

单母线分段接线图如图 3-2 所示。分段断路器 MQF(或分段隔离开关 FQS)正常时闭合，使两段母线并列运行。

这样当母线 1M(或 2M)出现故障，保护启动将 MQF 分闸，使故障母线 1M(或 2M)退出运行，非故障母线 2M(或 1M)可正常运行。如果采用分段隔离开关作为分段开关，则在故障使保护跳开电源后，分开分段开关，把非故障母线上电源进线的断路器合上，可实现对连接在非故障母线上馈线的供电。

如需对母线 1M 检修时，倒闸操作：1QF、2QF、5QF 分→MQF(或 FQS)分→2QS、4QS、9QS 分，母线 1M 退出运行。对母线 2M 检修时的倒闸操作同理。

这样，停电范围可缩小一半；仅使故障段母线连接的电源线路与馈电回路停电。用隔离开关 FQS 分段的接线可靠性要稍差些，母线故障时将短时全部停电，打开分段隔离开关 FQS 后，非故障段母线即可恢复供电。

单母线分段的接线，广泛应用于 10～35 kV 地区负荷和 110 kV 电源进线回路较少的 110 kV 接线系统。

2. 具有旁路母线的单母线接线

单母线分段接线在一定程度上提高供变电工程运行的可靠性与灵活性，但线路断路器检修或损坏时将使该回路停电。当馈电回路较多时，合理使用备用元件解决断路器检修的备用问题，是提高主接线可靠性的重要技术措施。

为此，增设一组旁路母线 PM 和一台公共备用的旁路断路器 PQF，组成具有旁路母线的单母线接线即可达到这一目的，其电路如图 3-3 所示。

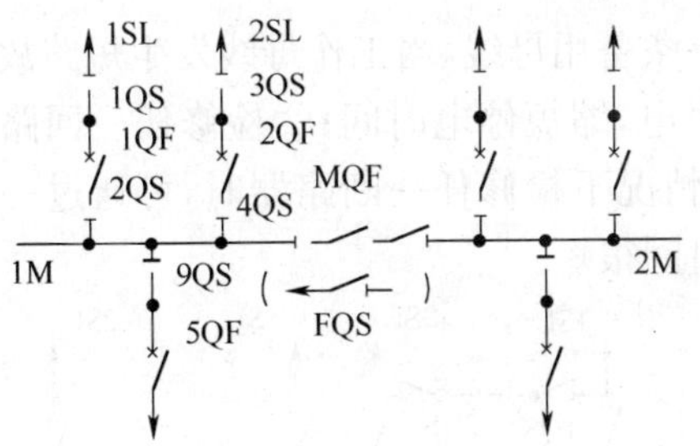

图 3-2　单母线分段接线图

MQF—分段断路器；FQS—分段隔离开关

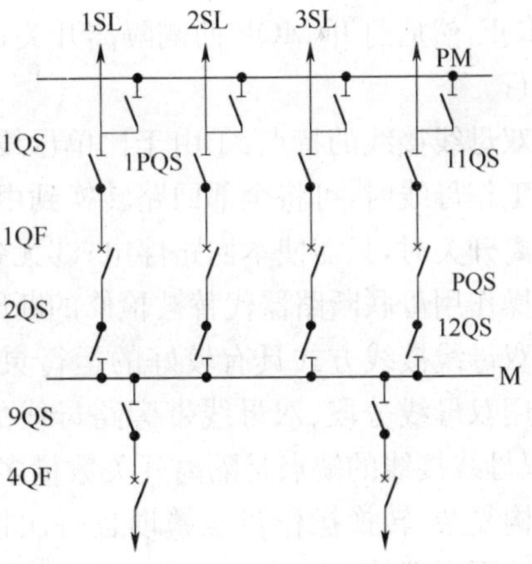

图 3-3　带旁路母线的单母线接线图

图 3-3 中 M 为工作母线，正常工作时旁路断路器 PQF 断开，11QS、12QS 断开，旁路母线与各回路相连的旁路隔离开关 PQS 均分开。

当任一线路断路器例如 1QF 需要检修时，用旁路断路器代替 1QF，具体倒闸操作程序为：11QS、12QS 合→PQF 合(如遇 PM 故障，保护启动将 PQF 断开)→1PQS 合→1QF 分→1QS、2QS 分，1QF 退出运行；这样便完成了由 PQF 代替 1QF 的转换而使线路 1SL 不停电。

具有旁路母线的接线解决了断路器的公共备用和检修备用，在调试、更换断路器及内装式电流互感器、继电保护整定时都可不必停电。这种接线广泛地应用于牵引负荷和 35 kV 以上电压等级变电所中，特别是负荷较重要、线路断路器多、检修断路器不允许停电的场合；其主要缺点是增加了一套旁路母线和相应的设备以及为此而增加配电装置的占地面积。

二、双母线接线

双母线接线如图 3-4 所示，设有两条母线，即工作母线 1M 和备用母线 2M。两套母线通过母联断路器(MQF)连接起来，每回电源线路和馈电线路经断路器后用两台隔离开关分别与两条母线连接。正常运行时，仅母线 1M 工作，所有与 1M 连接的隔离开关闭合，而与 2M 连接的所有隔离开关断开，母联断路器 MQF 打开。

当工作母线 1M 出现故障时，保护跳开所有与 1M 连接的断路器，电源和馈线均要倒闸到 2M 母线上以恢复供电，倒闸程序为：①将与 1M 连接的所有电源线路和馈电线路的隔离开关断开；②将与 2M 连接的所有电源线路和馈电线路的隔离开关闭合；③将与 2M 连接的所有电源线路和馈电线路的断路器合闸。

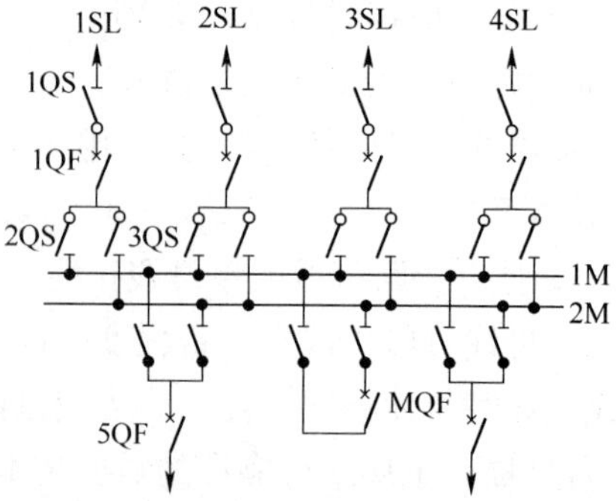

图 3-4 双母线接线图

当需要检修工作母线 1M 时，倒闸程序为：①合上 MQF 两侧隔离开关以及所有连接 2M 的馈电线路的隔离开关；②闭合所有连接 2M 电源线路的隔离开关；③合上母联断路器 MQF；④打开连接 1M 的所有电源线路的隔离开关；⑤打开母联断路器 MQF，然后打开 MQF 两侧隔离开关；⑤打开连接 1M 的所有馈电线路的隔离开关；1M 退出运行。

双母线接线的特点：①由于比单母线接线增加一条备用母线，当工作母线发生短路故障或检修工作母线时，可将全部回路转换到由备用母线供电，缩短停电时间；②检修任一回路的母线隔离开关时，只需使本回路停电；③无备用断路器情况下检修任一断路器时，可通过一定的转换操作用母联断路器代替被检修的断路器，停电时间很短。

双母线接线方式具有较好的运行灵活性，可以采用双母线分段、双母线带旁路母线的接线形式；双母线接线的缺点是隔离开关数量多，配电装置结构复杂，转换操作步骤繁琐且一次投资费用和占地面积都较大。

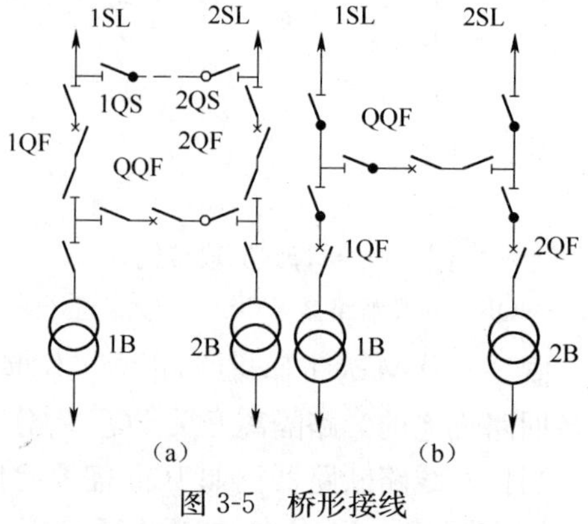

图 3-5 桥形接线

(a)内桥形；(b)外桥形

三、桥形接线

两回电源进线和两回馈线是桥形接线的典型应用场合，如图 3-5 所示，这种接线适用于存在穿越功率的情况(即在两回电源进线之间存在功率交换)。

桥形接线按中间横向桥接母线的位置不同而分为内桥形接线[图 3-5(a)]和外桥形接线

[图 3-5(b)]两种，内桥型接线的桥接母线连接在靠变压器侧，而外桥形接线则连接在靠线路侧，桥接母线上的断路器 QQF 在正常状态下处于合闸位置。

内桥接线的线路断路器 1QF、2QF 分别连接在两回电源线路上，为线路退出工作或投入运行提供方便。当某回线路发生短路故障时，仅故障线路的断路器跳闸，不影响变电所的供电。当某一主变压器故障时，与故障变压器连接的两台断路器 1QF 和 QQF 都必须断开，从而使接线在短时内按线路变压器组方式运行，通过桥路的功率将暂时中断，用隔离开关将故障变压器隔离后方可恢复穿越功率的通路。

外桥接线中，变压器发生故障或需要退出运行时，不会造成穿越功率的中断。当线路故障时，将使与该线路连接的变压器短时中断运行，经转换操作后恢复工作。外桥接线适用于电源线路较短、负荷不恒定、变压器切换频繁（例如两台主变压器中一台要经常断开或投入）的场合。

内桥接线中，任一线路故障或检修时将不影响变压器的并列工作。由于线路故障远比变压器故障要多，内桥接线在牵引变电所接线中获得了较广泛的应用。但桥路断路器（QQF）的检修或故障将造成环网断开，为弥补这一不足，可在线路断路器外侧安装一组跨条[图 3-5(a)中的虚线所示]，正常工作时用隔离开关将跨条断开，安装两组隔离开关的目的是便于它们轮流停电检修。

桥形接线能满足牵引变电所的可靠性，具有一定的运行灵活性，且使用电器少，建造费用低，在结构上便于发展为单母线或具有旁路母线的单母线接线。即在初期按桥形接线，将来有可能增加电源线路回数时再扩展为其他接线形式，其过渡接线如图 3-6 所示。

四、T 形接线

对于某些中间式（或终端式）牵引变电所，如两电源进线之间不存在穿越功率，且进线较短，可采用从电源线路分支连接的方式（又称 T 形连接），考虑运行的灵活性，可在两电源线路间保留带有隔离开关的跨条，形成如图 3-7 所示的简单接线（也称双 T 形接线）。

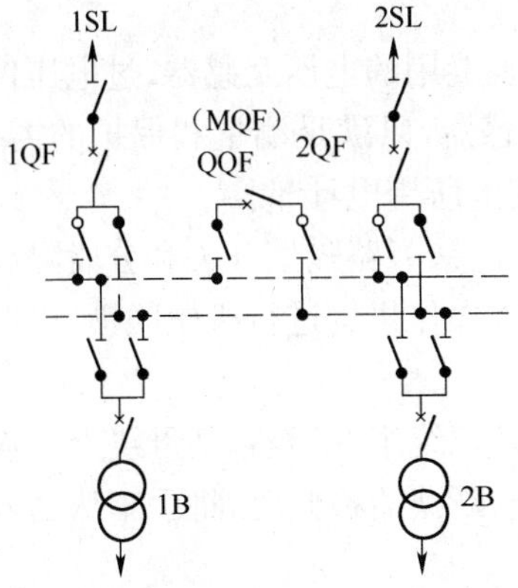

图 3-6　桥形接线发展为单母线分段的接线形式

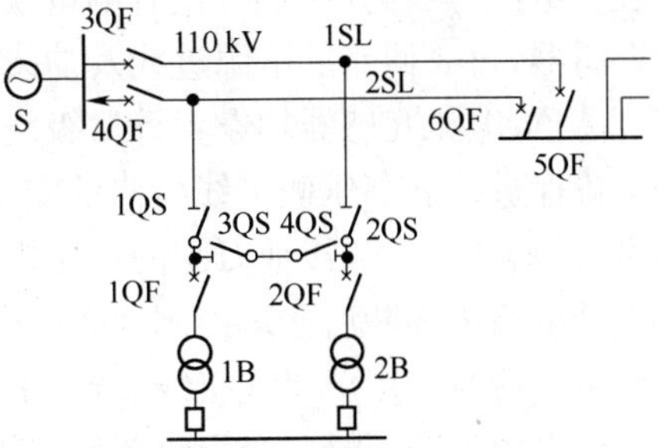

图 3-7　T 形接线电路图

与桥形接线相比，T 形接线需用高压电器少，配电装置结构简单，分支线路进线不设继电保护，电源线路故障时，由输电线路电源侧继电保护动作切除故障。双回输电线路分支连接变电所的数目应有限制，分支线数过多，对可靠性的影响相对增大，并给线路继电保护的整定造成困难。

牵引变电所常见的运行方式是一主一备，即设两台容量相同的牵引变压器，正常运行时，一台牵引变压器投入运行，另一台牵引变压器作为备用，在切除运行中的故障牵引变压器后，备用的牵引变压器通过人工倒闸或自动装置的控制投入运行。特殊情况下可采用两台牵引变压器并联运行，考虑到一台牵引变压器退出运行后，另一台牵引变压器要带全部的牵引负荷，将会给牵引变压器容量选择带来困难，由于电气化铁路用电采用两部制电价，对电力系统而言，两台牵引变压器的并联运行将造成牵引变电所占用的系统容量倍增，导致容量电费支出增加一倍。

第三节　牵引变电所电气主接线

上节所介绍电气主接线的各种形式广泛应用于各种供变电工程中，其中部分接线形式在电气化铁路牵引供电系统中得到了应用，本节将介绍电气化铁路牵引变电所及其他供电装置广泛应用的几种典型接线，建立牵引供变电工程的整体概念。

一、电源进线侧电气主接线

如图 3-8 所示中心牵引变电所典型电气主接线图。这种牵引变电所实际上有两个职能：一是给牵引负荷及地区负荷供电；二是通过高压母线给邻近其他牵引变电所和地区变电所提供电源。高压侧多采用 110 kV 电压等级，随着电气化铁路的发展，高速、重载铁路多采用 220 kV 或 330 kV 电压等级的情况。由于线路断路器数目较多，为使检修时不致停电，在高压侧多采用带旁路母线的单母线分段接线，其中分段断路器兼作旁路断路器。

主变为两台相同容量的双绕组变压器，如果存在地区负荷，也可采用三绕组变压器，两台主变压器分别接到高压侧母线的两个分段上，主变压器牵引侧绕组的公共相接地并和钢轨相连，地区负荷一般用 10 kV 电压等级供电，地区负荷容量较小时，也可设单独的三相变压器向地区负荷供电。

在各电压等级的母线上，设有测量仪表与继电保护装置用的电压互感器、过电压保护用的阀形避雷器，每一回路的电源进线及馈线均设有电流互感器，以满足测量和保护的需要，进线电流互感器、电压互感器均设置计量级绕组，用于牵引变电所用电计量。

为确保进线和高压侧母线检修的安全性，进线隔离开关、旁路隔离开关和分段隔离开关可采用带接地刀闸形式，接地刀闸的操作机构要与隔离开关操作机构进行机械联锁，以保证在隔离开关从电路中隔断后接地刀闸才能闭合。

牵引负荷侧采用单母线接线，若牵引变压器采用的是双绕组变压器，则母线上可连接一台（或两台）自用电变压器。牵引负荷侧采用手车式断路器，断路器检修时，将手车从插入式触头中拔出，以隔断电路，代替隔离开关的作用。

正常状态下，两段工作母线 1M、2M 并列运行，分段兼旁路断路器 PQF 合闸，隔离开关 2QS 合闸，隔离开关 3QS 打开，这时旁路母线 PM 带电。两段工作母线中的任一段，例如 1M 故障时，母线继电保护动作，将 1M 母线分段所连接的线路断路器和主变压器断路器 1QF、2QF、7QF 和分段断路器 PQF 分闸，通过已打开的隔离开关 3QS 把故障段母线 1M 隔断，另一段母线 2M 及

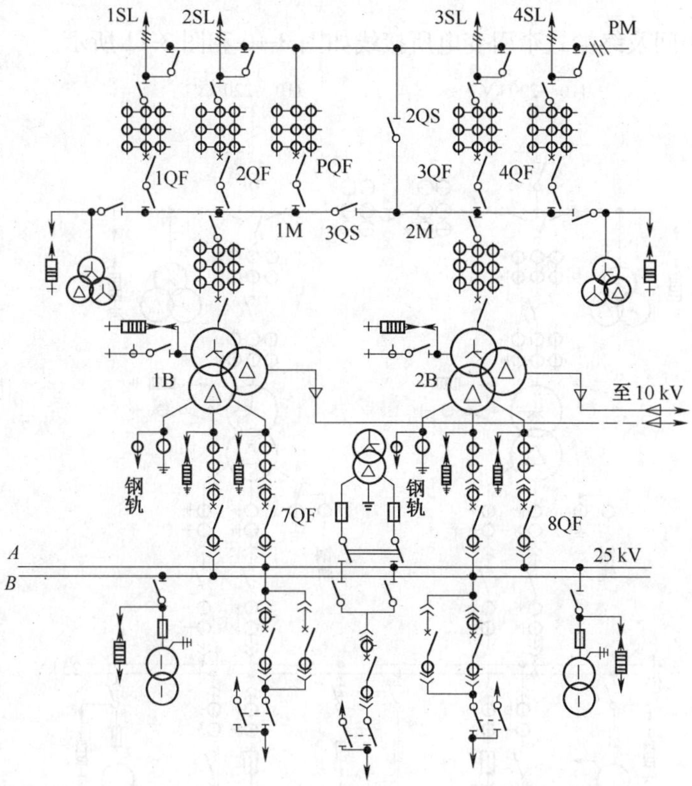

图 3-8　中心牵引变电所电气主接线

其所连接的线路和主变压器 2B 保持正常运行(2B 由备用变压器自投装置投入)。

任一线路断路器需要进行不停电检修,可用分段兼旁路断路器 PQF 代替被抢修的线路断路器工作。在电路处于正常运行状态下,分段断路器 PQF 及两侧隔离开关 1QS、2QS 处于合位,3QS 处于分位,如若对线路断路器 2QF 检修,则用 PQF 代替 2QF 的转换操作程序,如图3-9所示:①3QS 合,使 PQF 与 3QS 并联;②PQF 开,通过 3QS 将两段工作母线并列运行;③2QS 分,线路 2SL 的旁路隔离开关合;③将分段兼旁路断路器的继电保护转换为线路保护,合上 PQF,断开 2QF,再打开 2QF 两侧的隔离开关,则 2QF 退出工作。

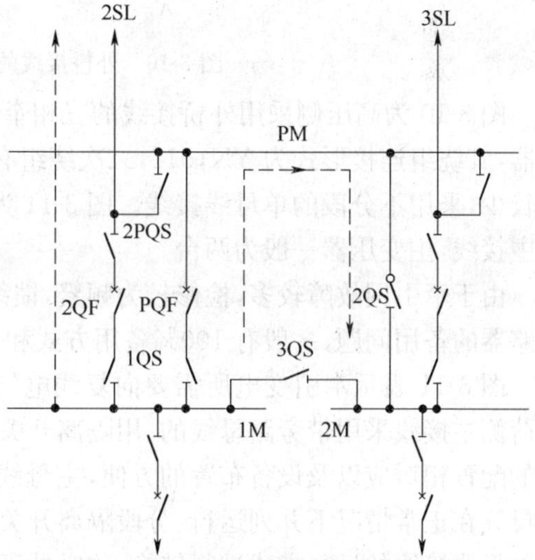

图 3-9　由旁路断路器代替线路断路器工作

二、中间及终端式牵引变电所主接线

牵引负荷是一类负荷,因此要求牵引变电所的电源进线为两回。高压侧主接线为:当存在穿越功率时,采用桥形接线,如果不存在穿越功率,则采用双 T 接线。牵引侧主接线为:单母线或单母线分段。

两种典型的中间及终端式牵引变电所接线如图 3-10 和图 3-11 所示。

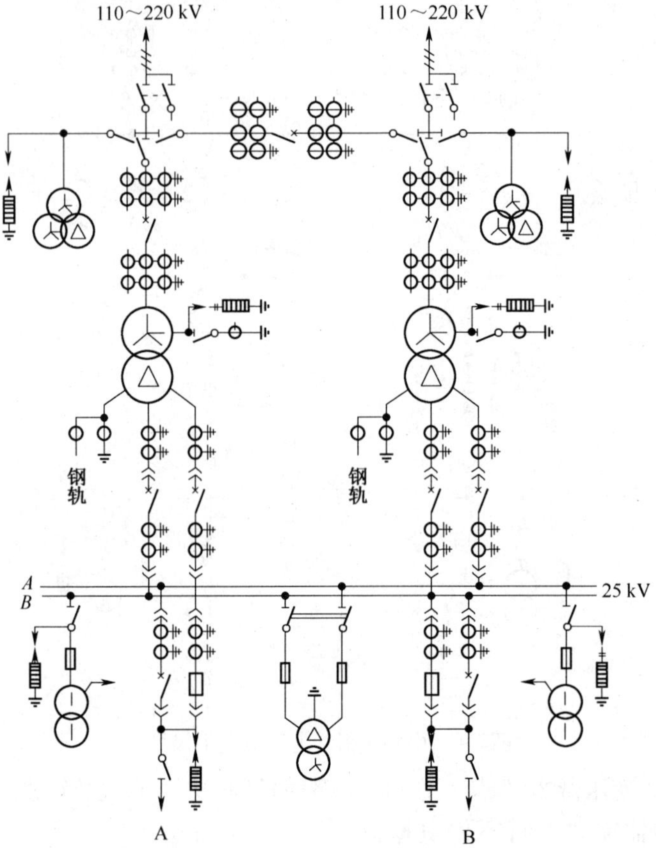

图 3-10　外桥接线的三相牵引变电所主接线

图 3-10 为高压侧采用外桥接线的三相牵引变电所主接线，设有两台并联运行的三相主变压器，其绕组连接形式为 YN，d11，二次绕组有一相接地并与钢轨连接。牵引负荷侧因馈线数目较少，采用不分段的单母线接线。图 3-11 为高压侧采用简单接线（双 T 形）的三相牵引变电所主接线，主变压器一般为两台。

由于牵引网故障较多，检修较为频繁，馈线断路器的分/合闸次数较多，因此需要考虑馈线断路器的备用问题，一般有 100％备用方式和 50％备用方式两种。

图 3-11 表示牵引变电所需要向复线电气化铁路供电，复线牵引网的馈线数目多，故牵引负荷侧主接线采用带旁路母线的、用隔离开关分段的、单母线接线方式。考虑到与馈线配电间隔的配置相对应以及设备布置的方便，主母线 A_1、A_2 和 B_1、B_2 与旁路母线系分相布置，分段主母线在正常情况下并列运行、分段隔离开关合闸。当某段主母线检修或故障时需按第二节中单母线接线的运行方式进行转换，这时处于故障或检修的主母线段上的馈线停电，由正常工作主母线段的馈线临时向同一供电臂的上、下行方向接触网同时供电。主母线上下两个分段隔离开关的作用是便于隔离开关本身轮流检修时隔断电路。每个分段主母线都设有单相电压互感器和避雷器，以便某分段主母线检修或故障停电时，不致中断工作。自用电变压器一台接于牵引负荷母线上作为工作电源，另一台由单独的 10 kV 地方电源线路供电，作为备用电源。

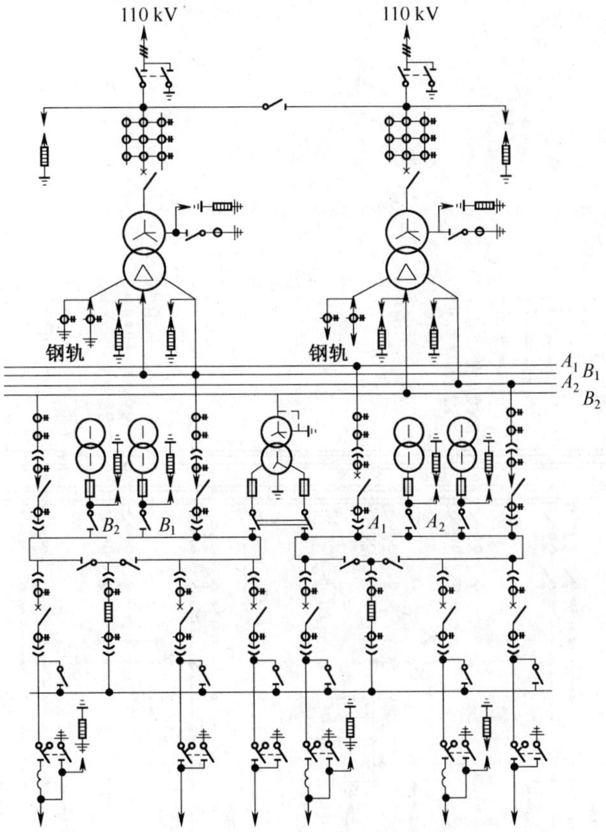

图 3-11　简单接线的三相复线牵引变电所主接线

牵引变压器种类很多，在进行牵引变电所主接线设计时，需要考虑具体的变压器接线形式，例如：牵引变压器为 Scott 接线，则自用变压器采用逆 Scott 接线。

三、AT（自耦变压器）供电系统牵引变电所主接线

AT 供电系统牵引变电所可采用三相—二相（平衡）变压器为主变压器，也可采用 V/V 接线变压器为主变压器，用于完成降压和变相功能，以 2×25 kV 电压向 AT 牵引网供电。与直供方式相比，由于供电电压的提高，AT 供电方式供电距离增加，是高速、重载和繁忙干线电气化铁路常用的供电方式，适用于中间或终端式 AT 供电系统牵引变电所。图 3-12 中采用线路/变压器组接线形式，正常运行时一组工作，一组备用，工作主变压器或电源进线故障时，整个备用线路/变压器组自动转换取代原来工作的线路/变压器组。

图 3-12 的 AT 牵引变电所主接线采用 Scott 三相/二相式主变压器，次边两相电压 U'_α、U'_β间相位移为 $\pi/2$，且 $U'_\beta = U_\alpha e^{-j\pi/2}$。$U'_\alpha$相（Scott 变压器的高边绕组 T）引出线 T_T、F_T 连接到相应一组汇流母线后，通过左侧的两组接触网正馈线 T 和负馈线 F（回流线）向复线牵引网左侧供电区的上、下行线路供电，U'_β相（变压器底边绕组 M）引出线 T_M、F_M 则连接另一组相应母线，通过右侧两组 T、F 正、负馈线向右侧供电区上、下行 AT 牵引网供电。牵引侧两组二相母线（T_T、F_T 和 T_M、F_M）都采用设有二台双极隔离开关分段的单母线系统（设两组隔离开关是为了检修方便）。因 Scott 接线变压器的次边绕组不能获得与地电位连接的中性点 N，故在每

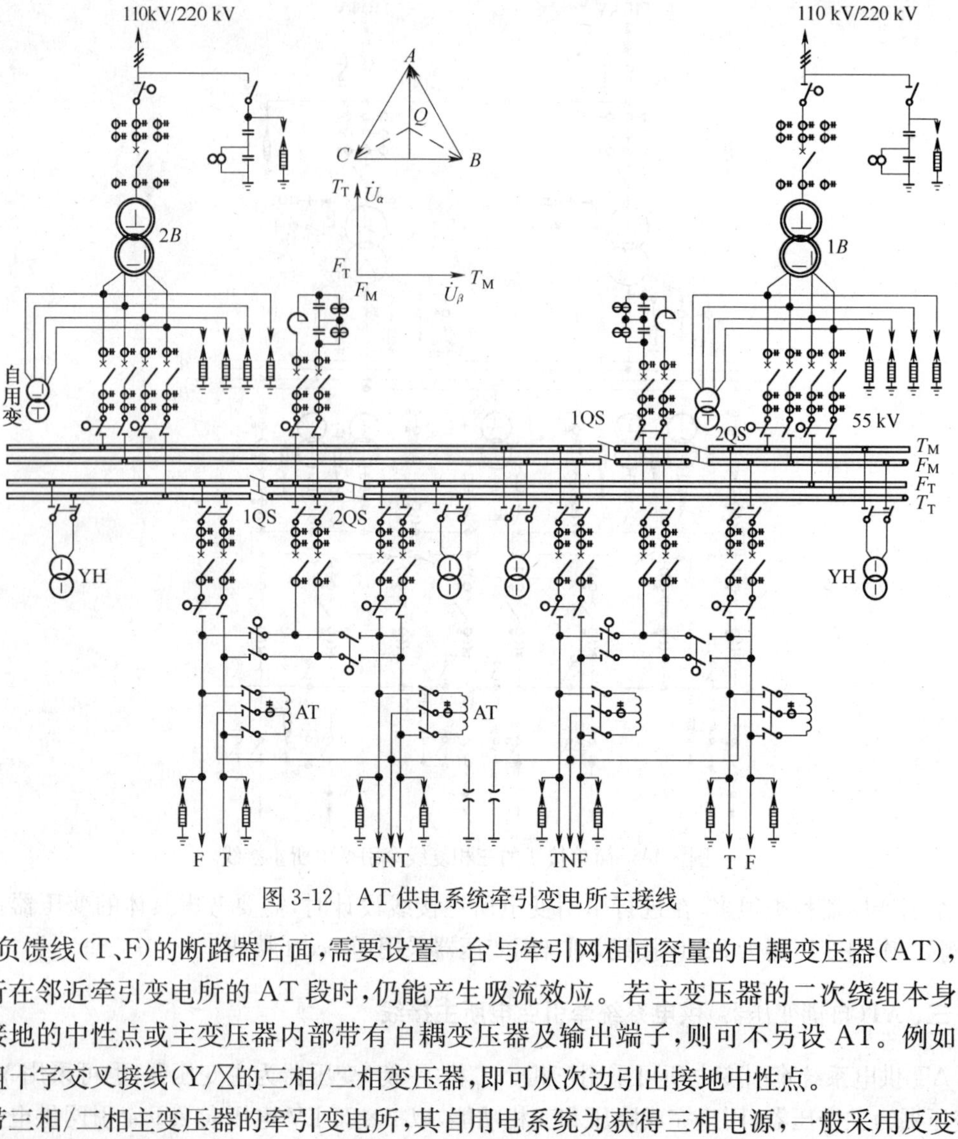

图 3-12　AT 供电系统牵引变电所主接线

路正、负馈线(T、F)的断路器后面，需要设置一台与牵引网相同容量的自耦变压器(AT)，使列车运行在邻近牵引变电所的 AT 段时，仍能产生吸流效应。若主变压器的二次绕组本身具有可以接地的中性点或主变压器内部带有自耦变压器及输出端子，则可不另设 AT。例如三相三绕组十字交叉接线(Y/⊠的三相/二相变压器，即可从次边引出接地中性点。

带三相/二相主变压器的牵引变电所，其自用电系统为获得三相电源，一般采用反变换的 Scott 接线自用电变压器(二相/三相反交换)连接在主变压器的二次侧，并且，每组母线还连接有无功补偿并联电容器组。

四、负荷侧电气接线

牵引负荷是牵引变电所的基本负荷，上述电气主接线基本形式多数对牵引负荷侧电气接线也是适用的。但应根据牵引负荷及牵引供电系统的下列特点，针对性地在电气接线上采取有效措施，以保证供电可靠性和运行灵活性。

(1)接触网无备用，且故障概率比一般架空输电线路更高，因此牵引负荷侧电气接线对馈线断路器的类型与备用方式要求比一般电力负荷更高。

(2)牵引侧电气接线与牵引变压器的类型、接线方式以及主变压器的备用方式有关，采用移动式变压器作备用时，与移动变压器接入电路的方式有关。

(3)与馈线数目、电气化铁路年运量、单线或复线以及变电所附近铁路其他设施(如大型枢纽站、电力机车段和地区负荷等)的供电要求有关。

对于牵引侧母线,由于线路简单,引至馈线配电间隔为单相母线,实践表明较少发生故障,必须检修母线、母线上隔离开关时,可由邻近变电所越区供电以代替被检修的母线或母线分段。

为解决馈线断路器的备用问题,牵引负荷侧电气接线有下列几种形式:①每路馈线设有固定备用断路器的单母线接线,如图 3-13 所示。考虑手车式气体断路器(或真空式)产品接触插头的互换性较差,不设移动备用,断路器需要检修时,即由固定备用断路器代替,此方式在馈线数量较少时采用,操作转换方便,但投资较大。②每两路馈线设一公共固定备用断路器 BQF,通过隔离开关的转换,BQF 可代替任一馈线断路器,并实现按单母线分段运行,如图 3-14 所示,此方式的缺点是隔离开关的转换太繁琐。③采用单母线分段带旁路母线的接线,考虑到馈线断路器检修时备用要求,或者由于电力系统不允许由两回电源线供电的变压器在牵引负荷侧并联运行,母线分段隔离开关经常处于断开位置。故需在每个分段母线上各设一台旁路断路器 1BQF、2BQF,分别作为每段母线上连接的馈线断路器的备用,如图 3-15 所示,其工作原理与图 3-3 相似。这种接线适用于馈线数目较多的复线或靠近大型枢纽站向几个方向电气化铁路供电的单线牵引变电所。

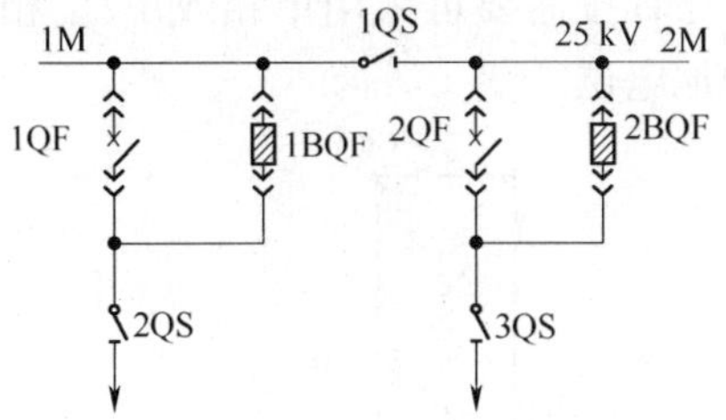

图 3-13　具有备用断路器的单母线接线

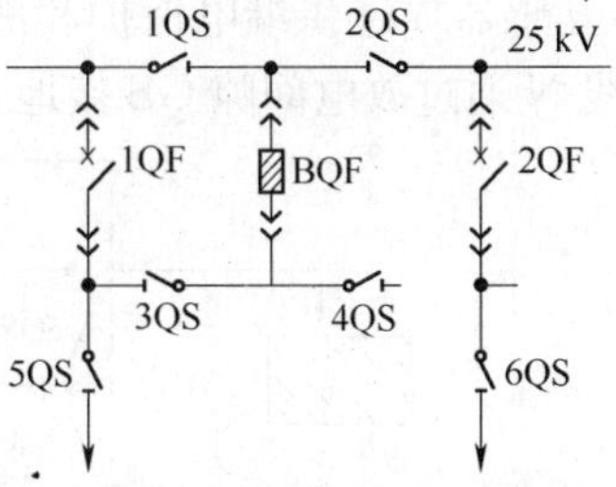

图 3-14　具有公用备用断路器的接线

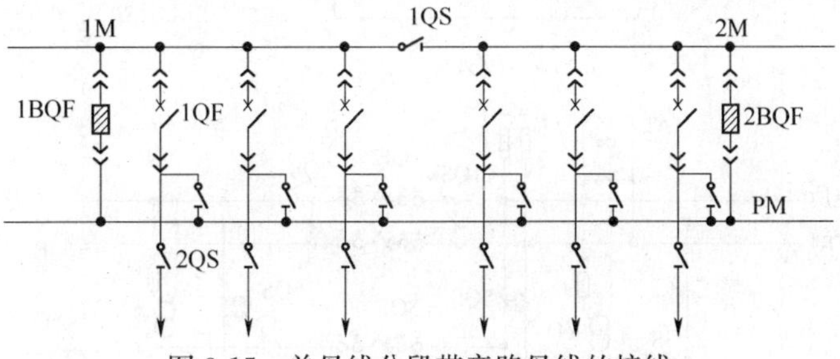

图 3-15　单母线分段带旁路母线的接线

牵引变压器的备用方式有移动备用和固定备用两种。前者是供电段管辖的几个牵引变电所设置一台或数台可移动的公共备用变压器,供运行中的牵引变压器检修或故障时备用;后者是在每座牵引变电所安装固定的备用变压器,正常情况下一台工作、一台备用(通常称为固定全备用)。从技术和经济的角度分析,对于三相牵引变压器采用固定全备用的方式都是有利的,特殊情况下需作具体研究。对于单相或 V 形接线的牵引变电所,一般增加一台固定备用变压器,在牵引负荷侧电气接线只需增加一路电源进线及断路器与配电间隔,比较简单;而采用移动备用变压器对牵引侧电气接线将产生较大的影响。其具体接线可参考有关的设计手册,此处不再赘述。

五、开闭所主接线

开闭所主接线分为以下两种类型：

(1)在电气化铁路枢纽地区，客运站、编组站和电力机车机务段等铁路设施较集中，站线较长且股道较多，接触网结构和配置相对复杂，电力机车整备作业繁忙，牵引网故障概率大，为保证枢纽供电的可靠性，一般应设置开闭所，由相邻两牵引变电所的牵引馈线向开闭所供电。开闭所一般采用单母线分段带旁路母线的接线方式，通过开闭所的多路馈线和断路器，向站场、电机车段等牵引网供电。其自用电电源可从地区 10 kV 线路获取。

(2)对 AT 供电系统，由于供电距离增长，供电区运行的列车数量相应增多(一般为大运量和繁忙干线)，在正常运行中为了增加接触网检修的灵活性，缩小停电范围，在牵引变电所和分区所之间设置开闭所，图 3-16 为复线开闭所主接线的一种，其中(b)图是用三线表示的。图中设有三组真空断路器和多组隔离开关，正常工作时 1QF、2QF 合闸。其两侧的 1QS～4QS 均闭合，断路器 3QF 及其两侧用作电路转换的 6QS、7QS 均合闸，而 5QS、8QS 断开，上、下行牵引网任一线路故障，例如上行线 1 至变电所间牵引网发生故障，则 1QF、3QF 在继电保护作用下自动跳闸，非故障牵引网和开闭所至分区所间上、下行牵引网继续工作，使事故停电范围得以减小。3QF 合闸时也可通过由 5QS、8QS 合闸，6QS、7QS 断开，转换为另一种跨接方式。图中电压互感器 YH 供继电保护和测量仪表用，自用变 B 按需要可采用单相或单/三相变压器，中性线 N 通过放电间隙 GS 接地，以降低故障时的地电位。

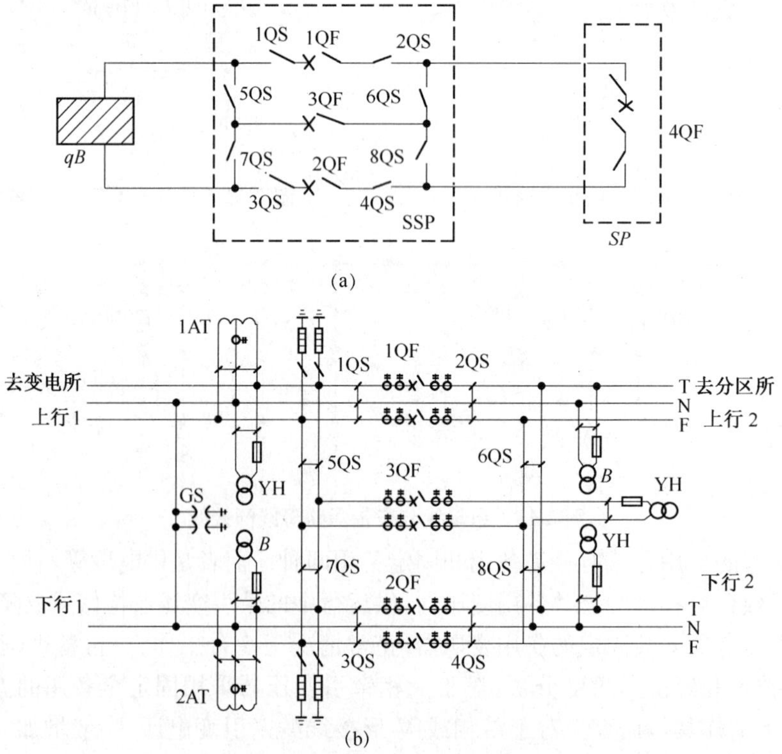

图 3-16　AT 供电系统开闭所主接线

(a) 示意图；(b) 三线接线图

六、分区所主接线

单线单边供电方式牵引网，相邻牵引变电所之间的两供电臂连接处，设有带旁路隔离开关的电分相，隔离开关正常工作时断开，当需要越区供电时将隔离开关闭合。

对于复线电气化铁路，为实现上、下行牵引网同相并联供电，改善供电质量(降低压损和能耗)，在牵引网故障时缩小停电范围，一般在两牵引变电所中间设置分区所，分区所主接线如图 3-17 所示，1QF、4QF 正常工作时合闸，以实现上、下行牵引网并联运行，2QF、3QF 为备用断路器，隔离开关 1QS、2QS 正常时断开，只在越区供电时闭合。

单线双边供电分区所主接线与图 3-17 中的一半电路相似。

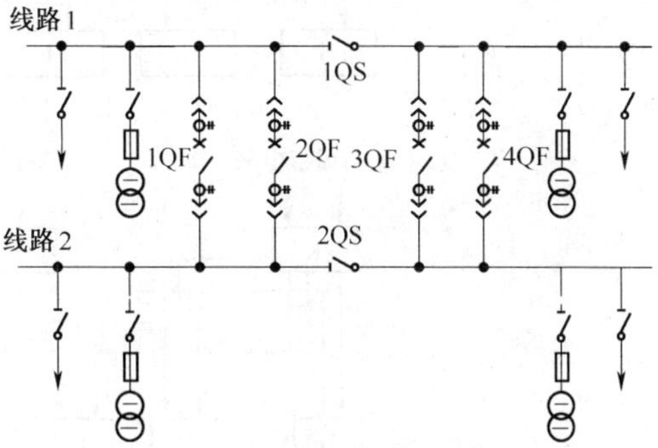

图 3-17 复线并联供电分区所主接线

第四节 直流牵引变电所主接线构成、特点及其运行

地铁、轻轨交通和工矿企业的运输多以直流电源作为牵引动力，因此，其供电系统既有交流部分(电源取自电力系统，降压后向各整流变电所馈电)，也有直流部分(由整流变电所向牵引网馈电)。在我国，地铁牵引供电系统是直流牵引供电系统的典型代表。

一、直流牵引供电系统的外部电源

直流牵引供电系统的外部电源多来自 110 kV 或 35 kV 电力系统，主要供电方式有：集中供电方式、分散供电方式和混合供电方式。

集中供电方式就是在地铁沿线设若干变电所，称主变电所，主变电所的电源进线为两回，经主变电所降压(降至 33 kV 或 10 kV)后的电源向地铁沿线牵引负荷或动力负荷供电。

分散供电方式是根据负荷情况在地铁沿线修建若干开闭所，电网以两回电源向开闭所供电，电压等级一般为 10 kV。混合供电方式指的是根据地铁供电系统和电源情况，把集中供电和分散供电结合形成的供电方式。图 3-18 为地铁供电方式的示意。

图 3-18(a)中，H 代表降压变电所；图 3-18(b)中，K 代表开闭所，H 代表降压变电所。无论是哪种供电方式，为确保供电的可靠性，通常采用环网供电。

二、直流牵引变电所主接线特点

地铁、轻轨交通直流牵引变电所主接线设计除要满足牵引变电所的基本要求外，还要考虑牵引变电所的环境因素(地下或闹市区)，列车牵引、通信信号、车站事故照明、通风、消防等负荷都是一级负荷，需要不间断的供电，此外还有二、三级负荷，如照明。全部负荷均通过构成环网的直流牵引变电所、降压变电所和牵引、降压混合变电所供电，各变电所之间设联络线，因此，直流牵引变电所电气主接线比较复杂；另外，为节约占地，满足防火、防灾要求，主接线变(配)电所应选用干式、成套型设备，采用阻燃型设备及电缆，这些也影响了主接线和配电装置

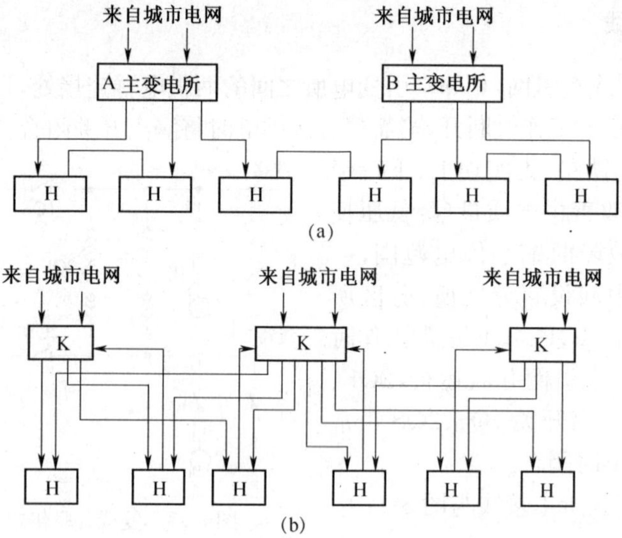

图 3-18　直流牵引供电系统供电方式

(a)集中供电方式示意；(b)分散供电方式示意

的结构。图 3-19 为牵引、降压混合变电所典型主接线图。

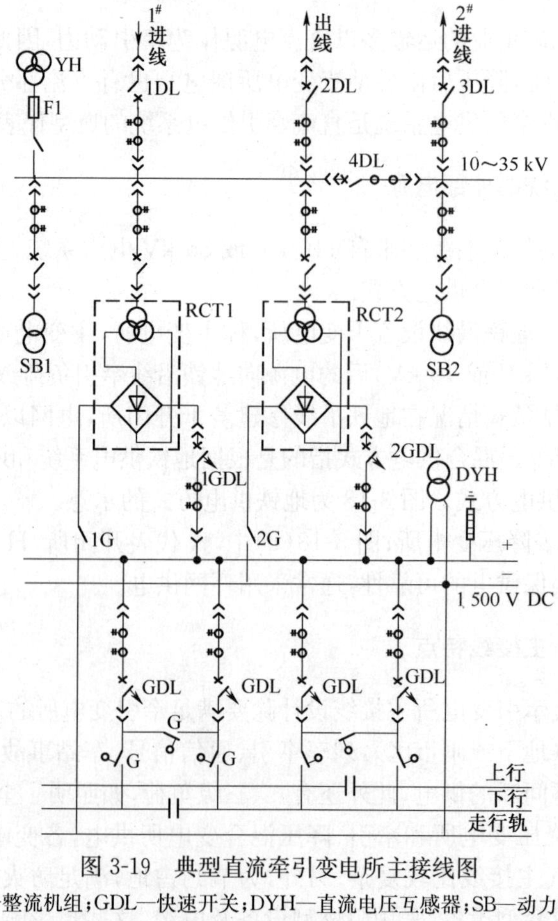

图 3-19　典型直流牵引变电所主接线图

RCT—整流机组；GDL—快速开关；DYH—直流电压互感器；SB—动力变压器

三、整流机组接线方式及特性

整流变压器/整流器机组是完成降压、把三相交流电变为多相交流并整流成为直流电能的重要设备，整流机组的接线方式、主电路及其整流效果，直接与直流牵引变电所的效率、直流电压质量和机组本身的各项技术参数有着密切关系，是变电所电气主接线的组成部分。

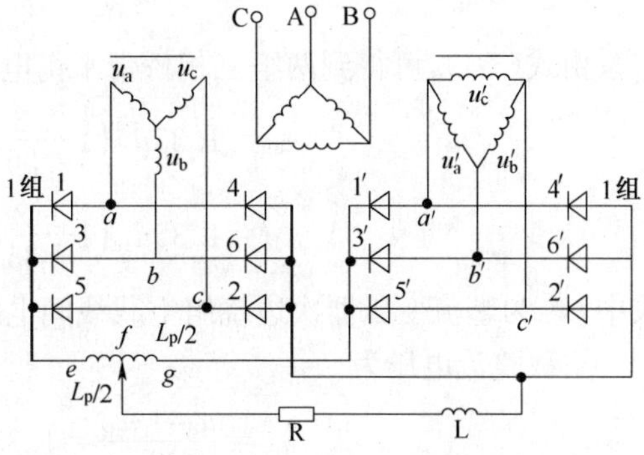

图 3-20　整流机组电路图

为提高变压器利用率、减小注入电网谐波含量，用三相桥式整流电路构成的十二相脉动整流或等效十二相整流的接线方式是一种典型的整流机组接线方式，如图 3-20 所示，其中，L、R 为负载电感、电阻，L_p 为平衡电抗器。

当不考虑平衡电抗器作用时（$L_p=0$），相当于两组相位差为 30°的三相桥整流电路交替向直流负载供电，每个桥臂整流管导通时间为 $\pi/3$，整流电压 U_d 每工频周期有 12 次脉动，形成十二相整流，其缺点桥臂整流管不能有效利用。

接入平衡电抗器后，由于其感应电压 $2u_0$ 的存在，则两组三相整流桥相当于并联工作，向负载 L、R 供电，每个桥臂整流管导通时间为 $2\pi/3$，提高了整流管的利用率。图 3-21 为带平衡电抗器十二相整流波形图。

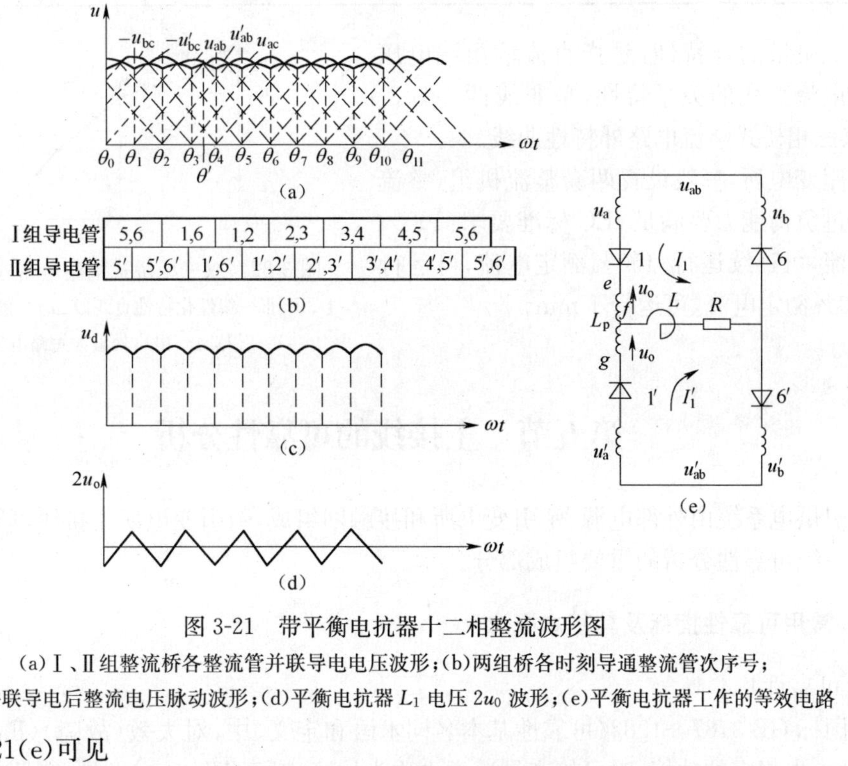

图 3-21　带平衡电抗器十二相整流波形图

(a) Ⅰ、Ⅱ组整流桥各整流管并联导电电压波形；(b) 两组桥各时刻导通整流管次序号；

(c) 并联导电后整流电压脉动波形；(d) 平衡电抗器 L_1 电压 $2u_0$ 波形；(e) 平衡电抗器工作的等效电路

由图 3-21(e)可见

$$u_d=u_{ab}-u_0=u'_{ab}+u_0$$

则有

$$u_0=\frac{u_{ab}-u'_{ab}}{2},u_d=\frac{u_{ab}+u'_{ab}}{2} \tag{3-1}$$

由式(3-1),可得到两组三相桥带平衡电抗器整流电路输出直流电压值为

$$u_{d1}=1.35u_{20}\left(1-\frac{2}{35}\cos6\omega t+\frac{2}{141}\cos12\omega t+\cdots\right) \tag{3-2}$$

$$u_{d2}=1.35u_{20}\left(1+\frac{2}{35}\cos6\omega t+\frac{2}{141}\cos12\omega t+\cdots\right) \tag{3-3}$$

式中,u_{20}为整流变压器次边绕组空载线间电压。

空载整流电压为

$$u_{d0}=\frac{u_{d1}+u_{d2}}{2}=1.35u_{20}\left(1+\frac{2}{141}\cos12\omega t+\cdots\right) \tag{3-4}$$

两组三相桥带平衡电抗器并联整流电路主要电量及技术参数见表 3-1。

表 3-1　十二脉动整流电路主要技术参数

型　号	整流电压/整流电流	额定功率 P_d	连续额定 P_d下损耗	最大重复反向电压	每桥臂并/串管数	允许过负荷		
						100%	150%	300%
2×DBP S1/6 (Siemens)	1 500 V / 2 300 A	3 450 kW	8 kW	≥4 000 V	6/1	连续工作	2h	1min
2×DBP S1/4 (Siemens)	1 500 V / 1 470 A	2 200 kW	5 kW	≥4 000 V	4/1	连续工作	2h	1min

整流机组的外特性,是指直流输出端电压随输出电流变化的关系特性,呈非线性。图 3-22 为双三相桥式整流电路外特性曲线。

一座变电所,一般设置两套整流机组,整流机组的过负荷能力要满足 IEC 标准要求:100%额定电流,可连续运行;150%额定电流,可运行 2 h;300%额定电流,可运行 1 min。

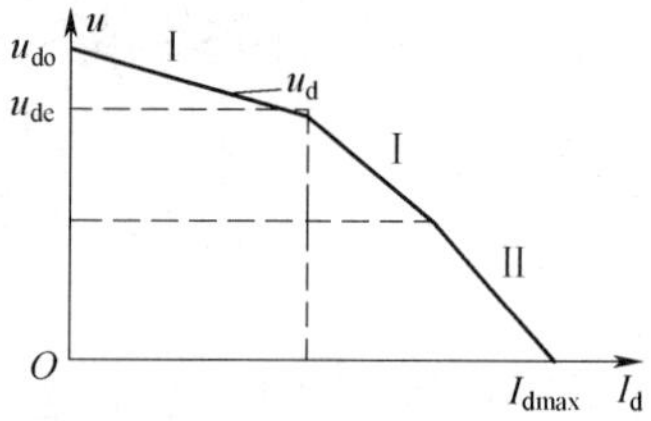

图 3-22　双三相桥式整流电路外特性曲线
Ⅰ、Ⅱ、Ⅲ—线性化特性直线段;u_{de}—额定直流电压;
I_{dmax}—出口处最大短路电流

第五节　主接线的可靠性分析

牵引供电系统由外部电源、牵引变电所和接触网组成,牵引变电所主接线可靠性分析是牵引供电系统可靠性分析的重要组成部分。

一、常用可靠性指标及其基本概念

1. 可靠性基本概念

在国标 GB 3187—1982《可靠性基本名词术语和定义》中,对失效(故障)(Failure)的定义是:产品丧失规定的功能,对可修产品通常也称为故障;对可靠性的定义是:产品在规定条件下和规定时间内,完成规定功能的能力。

上述可靠性定义只是一般的定性定义，没有定量的表示。事实上，只有给出可靠性的量化定义之后，才能对可靠性指标提出明确、统一的要求。可靠性的量化定义为：产品、系统等在规定的条件下和规定的时间内，完成其规定功能的概率。其差别是以"概率"概念来定义可靠性指标，即用定量的概率值来衡量可靠的程度。量度可靠性的指标称为可靠度，它表示产品、系统成功的概率。

2. 常用的可靠性指标

(1)可靠度 $R(t)$。元件在起始时刻正常的条件下，在时间区间$[0,t)$不发生故障的概率。

(2)可用率 $P(t)$。元件在起始时刻正常的条件下，在时刻 t 正常工作的概率。一般 $P(t)\geqslant R(t)$，对于不可修复元件 $P(t)=R(t)$。

(3)不可靠度 $F(t)$。可修复元件在起始时刻完好的条件下，在时间区间$[0,t)$发生首次故障的概率。

(4)不可用率 $Q(t)$。不可修复元件在起始时刻处于正常状态的条件下，时刻 t 处于故障状态的概率。

(5)故障密度 $f(t)$。元件在$(t,t+\Delta t]$期间发生第一次故障的概率，它与不可靠度 $F(t)$ 有关。

$$f(t)=\frac{\mathrm{d}F(t)}{\mathrm{d}t}$$

$$F(t)=\int_0^t f(u)\,\mathrm{d}u$$

(6)故障率 $h(t)$。元件从起始时刻直至时刻 t 完好的条件下，在时刻 t 以后单位时间发生故障的概率。

(7)修复率 $m(t)$。元件从起始时刻直至时刻 t 故障的条件下，在时刻 t 以后单位时间里修复的概率。

(8)故障前平均时间 MTTF。即元件从开始到发生故障的平均时间。一般用于不可修复元件。

二、主接线可靠性分析的常用指标

牵引供电系统的可靠性涉及很多方面的内容，如电源系统的可靠性、接触网系统的可靠性、牵引变电所一次系统的可靠性、牵引变电所二次系统的可靠性等。

研究牵引变电所主接线可靠性的目的是评估牵引变电所按预期要求向接触网正常供电的可能性，所关心的是牵引变电所各条馈线的工作情况，针对牵引变电所特点，建立评估牵引变电所电气主接线供电可靠性的几项指标。

(1)各条馈线的正常工作概率 P_n(Availability)：

正常工作概率 P_n，即供电可用率，是指满足一定可靠性准则的主接线在长期运行中处于可靠工作状态的时间占总运行时间的比例，是一种时间的概率量。

(2)指定的某条馈线发生故障或是某些馈线发生组合故障的各种指标，主要包括：

① 指定某条馈线或某些馈线组合的故障频率 F_f(Frequency of Failure)。

② 指定某条馈线或某些馈线组合的故障概率 P_f(Probability of Failure)。

③ 指定某条馈线或某些馈线组合的故障持续时间 D_f(Duration of Failure)，其中故障持

续时间 $D_f=(P_f\times8\ 760)/F_f$。

(3)牵引变电所全所停电的各种指标，主要包括：

① 全所停电发生的频率 F_{fa}(Frequency of All Lines Failure)。

② 全所停电发生的概率 P_{fa}(Probability of All Lines Failure)。

③ 全所停电发生的故障持续时间 D_{fa}(Duration of All Lines Failure)，其中故障持续时间 $D_{fa}=(P_{fa}\times8\ 760)/F_{fa}$。

三、主接线可靠性分析方法

1. 解析法

根据电力系统元件的随机参数，建立系统的可靠性数学模型，通过数值计算方法获得系统的各项指标。解析法采用的是严格的数学手段，具有物理概念清楚、模型精度高的优点，计算结果可信度高。通过枚举系统故障状态，对此系统状态进行潮流计算，以判断该枚举状态是否造成系统故障，如果是则对系统进行状态校正，否则进行下一状态枚举，最后统计可靠性指标。枚举法的计算量较大，并且随系统规模的增大，需要枚举的系统状态呈指数增长，对每一个枚举的状态都进行潮流计算将耗费大量机时，所以解析法一般只适合于网络规模较小而网络结构较强的系统，即当元件故障比较稀少但有重大影响，且元件的数目不太多时，解析法可以充分发挥其概念清楚、模型准确的优点。利用解析法计算系统的可靠型指标，如果能将系统中各种故障状态全部枚举分析，最终结果将是完全精确的。但由于系统中涉及的元件很多，若所有的故障状态全部考虑，将是一个巨大的组合问题，计算时间非常长，甚至失效。

2. 网络法

网络法建立在系统的逻辑图(可靠性方框图)存在的基础上，逻辑图能表明怎样的元件故障组合将导致整个系统事故。其特点是概念简单、容易计算，对独立元件的不可修复系统特别有效。网络法适用于系统结构为单调结构，元件为双状态的系统，对独立元件的可修复系统，只适用于计算系统的稳态故障概率。

3. 状态空间法

用系统的运行状态和之间可能发生的转移来表示，并求得系统可靠性指标。状态空间法适用于元件多状态系统、元件故障和修复不独立，不仅可计算系统的稳态故障概率，还可计算系统的故障频率、故障持续时间及暂态解等。但是状态空间法常需要假设各种故障时间，维修持续时间为指数分布，保证是马尔柯夫(Markov)过程，且当系统的规模很大时，存在“维数灾”问题，应用受到限制。

4. 故障树分析法(Fault Tree Analysis，FTA)

FTA 是对引起系统故障的事件和可能引起系统故障的子系统及元件故障的综合分析，分析的结果即构成故障树。根据故障树的结构可很快的推出计算系统事故概率的算法。故障树分析法阐明各子系统级故障间的因果关系，识别系统中最重要的故障和薄弱环节，但只适于系统元件为双状态的情况。

5. 故障模式后果分析法(Fault Model Effect Analysis，FMEA)

FMEA 就是利用元件可靠性数据，在计算系统故障指标之前先选定某些合适的故障判据(即可靠性准则)，然后根据判据将系统状态分为完好和故障两大类的一种检验方法。具体做法是建立故障模式后果表，查清每个基本故障事件及其后果，然后加以综合分析。FMEA 主要用于可靠性的定性分析。

6. Monte Carlo 模拟法

Monte Carlo 模拟法又称随机模拟法，它的基本思想是：建立相关对象的概率模型或随机过程模型，使其参数为问题所要求的解，然后通过对模型或过程的观察或抽样试验来对系统内各个元件状态进行抽样，建立子样，利用子样判断系统状态，计算所求参数的统计特征，最后建立评估量，给出所求解的近似值。一个模拟序列表示一个实际样本，系统的可靠性指标是在积累了足够数目的样本后，对每次状态估计的结果进行统计而得到的。通常，解的精确度可用估计值的标准误差来表示。

Monte Carlo 模拟法属于统计试验方法，比较直观，可以发现一些人们难以预料的事故，而且 Monte Carlo 法的采样次数与系统的规模无关，容易处理各种实际运行控制策略和各种随机分布，所以 Monte Carlo 模拟法在进行大型复杂电力系统的可靠性评估时更具有优越性，它的主要不足在于计算时间与计算精度的紧密相关性，即为了获得精度较高的可靠性指标，往往需要很长的计算时间，此外，要实现对系统元件有针对性的具体分析使用 Monte Carlo 模拟法比较困难。

7. 混合法

混合法最早由 D. P. Clancy 应用于多区域电力系统可靠性分析中，其后被应用于发输电组合系统的可靠性评估，它将解析法和蒙特卡洛模拟法有机结合，充分发挥它们各自优点，从而提高计算效率。混合法的基本思想是：由于解析法模型精确，物理概念清楚，在能用解析法的地方充分利用解析法，在求解规模超过解析法的求解能力时，应用蒙特卡洛模拟法。也就是说，在蒙特卡洛模拟法的模拟过程中，尽可能地利用解析法所能提供的信息，以降低模拟统计量的方差，从而显著减少蒙特卡洛模拟法所需的计算量和计算时间。这种方法的不足在于应用解析法进行故障枚举时，难以确定故障的严重程度。混合法的关键是如何使蒙特卡洛模拟法和解析法有机地结合，使其发挥各自的优点，加快计算速度。由于混合法的研究才刚刚起步，在这一领域还有许多问题亟待解决。

8. 主接线可靠性分析的一般步骤

(1)给出主接线中每个元件的故障率、修复率等基本参数。

(2)建立元件可靠性分析模型。

(3)根据牵引变电所主接线的运行方式，选择合适的可靠性分析方法。

(4)确定可靠性指标，并进行可靠性指标计算。

第六节　主接线的技术经济分析比较

牵引变电所及其他供、变、配电装置主接线的选择，必须在充分研究各种原始资料、电源与电力系统情况、地区负荷类别、牵引网供电方式和供电计算结果的基础上，提出若干可行的变电所主接线方案，通过技术经济全面分析比较，再集中少数几个能同时满足技术要求的方案，深入进行经济比较，最后确定指标最优的主接线。

一、主接线经济综合指标计算方法

等年值法是一种常用的计算牵引供电系统经济性综合指标的方法。

等年值法是把工程项目使用期内的费用换算成等额的每年一笔的等价费用，然后用等年值进行方案比较。工程项目等年值的判别式如式(3-5)所示。

$$\min AC_j = PVC_j(A/P,i,n) = \left[\sum_{t=0}^{n}(C_{jt}+K_{jt})(P/F,i,t)\right](A/P,i,n) \tag{3-5}$$

式中 AC_j——方案 j 总费用的等年值；

C_{jt}——方案 j 在第 t 年的运行费用；

K_{jt}——方案 j 在第 t 年的投资；

i——利率或贴现率；

n——方案 j 的使用年限；

$(P/F,i,t)$——一次支付贴现系数，$(P/F,i,t)=1/(1+i)^t$；

$(A/P,i,n)$——资金回收系数，$(A/P,i,n)=i(1+i)^n/[(1+i)^n-1]$。

当使用期内每年的运行费用不变时，即 $C_{jt}=C_j$，$t=1,2,3,\cdots,n$ 以及投资只发生在第一年的年初时，即 $K_{jt}=\begin{cases}K_{j0} & t=0\\ 0 & t>0\end{cases}$ 时，经过简单的代数运算即可把工程项目等年值的判别式简化为式(3-6)。

$$\min AC_j = K_{j0}(A/P,i,n)+C_j \tag{3-6}$$

C_j 包括年电量损失费(由容量电费和电量电费两部分构成)和年可比设备维修费，年电量损失费可以通过停电时间或者停电频率求得；年可比设备维修费一般可以取年设备可比投资的5%。

因此，年总可比费用可用式(3-7)表示。

年总可比费用＝年设备可比投资＋年电量损失费＋年可比设备维修费　　(3-7)

年总可比费用综合反映了主接线方案的可靠性和经济性，是主接线方案的综合经济指标，对所有的主接线方案，主要就是使用此综合经济指标进行比选，此值越小越好。

二、主接线方案的技术经济分析与比较

1. 主变压器类型、容量和台数选择及备用方式问题

主变压器是指在牵引变电所或专用供电系统主变电所(地铁、轻轨交通)中向电力牵引负荷供电的大型变压器，直流牵引变电所的主变压器一般称为整流变压器。

主变压器的接线方式、容量和台数及其备用方式，直接影响主接线的形式、配电装置的结构和变电所屋外布置占地面积，对整个变电所技术经济指标的确定有重要意义。

按牵引网供电方式不同，分为25 kV牵引供电系统主变压器(适用于直接供电和吸流变压器(BT)供电系统)和2×25 kV自耦变压器(AT)牵引供电系统主变压器两类。

(1)25 kV牵引供电系统主变压器接线形式

①对于三相式牵引变电所，无例外地采用YN，d11接线方式的三相主变压器，其容量利用率最低。

②三相/二相式牵引变电所的主变压器，可采用斯柯特(Scott)接线方式和阻抗匹配式三相变压器接线方式等。其特点是将对称三相电压系统转换成两个相位差为 $\pi/2$ 的单相电压系统，从而改善单相牵引负荷对三相系统造成的不平衡程度，而容量利用率介于三相YN，d11接线和单相变压器接线之间。这类平衡接线主变压器中，斯科特接线方式一次侧绕组中性点不

能引出并实现接地，当变压器的底边和高边绕组负荷相差很大时，可能造成原边三相电压中性点漂移，导致三相绕组电压不平衡，因此，这种变压器绕组绝缘应按全绝缘设计，造价较高。阻抗匹配式三相/二相平衡变压器接线与三相 YN，d11 接线方式一样，其中性点可方便地引出接地。这种接线变压器的结构系在三相三柱变压器的基础上，在两边柱次边绕组上各增加一个平衡绕组，分别与三角形绕组串联组成，如图 3-23 所示。利用绕组阻抗匹配达到单相牵引负荷的对称变换，与 YN，d11 接线比较，其容量利用率有很大提高。

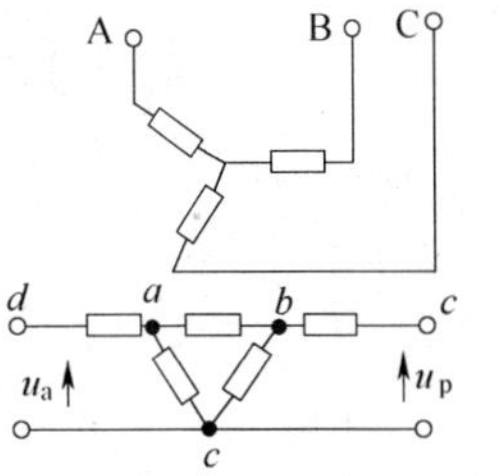

图 3-23　阻抗匹配式三相/二相主变压器接线方式

需要指出是：在有再生制动的机车运行时，将大大降低三相/二相平衡变压器对不平衡负荷的抑制能力，极端情况下（一臂为牵引负荷，另一臂处于再生反馈工况下）造成负序增加，因此有再生制动机车的电化区段应避免采用三相/二相平衡接线的主变压器。

采用三相/二相平衡接线主变压器的牵引变电所，三相低压自用电可通过连接在牵引侧母线的逆斯科特接线自用变压器获取。

③单相牵引变电所主变压器，有单相接线方式和单相 V/V 接线主变压器，由于备用变压器投入时倒闸作业复杂，运行与维修的灵活性差，并对正常供电产生较大影响，其应用受到限制。纯单相接线主变压器适用于电力系统容量很大、具有较强的承受不平衡影响能力或采用其他措施抑制这种影响的地区和电化区段。

如果需要牵引变压所承担三相大容量地区负荷供电的任务，应对地区动力变压器的接入方式（接于高侧压或牵引母线侧）技术经济比选确定。对于三相式牵引变电所，当地区负荷容量与牵引负荷容量的比值大于 15%的情况下，采用两台三相三绕组变压器，一般比在高压侧或牵引母线侧另设双绕组地区变压器方式在技术经济上要优越。

（2）2×25 kV AT 牵引供电系统主变压器接线形式

AT 供电方式具有较高的防止对通信干扰性能、较大传输功率和较高的技术经济综合效益，是高速、重载和大运量干线电气化铁路普遍采用的供电方式。AT 供电系统主变压器接线形式分为三相/二相平衡接线方式和三相、单相变压器接线方式，按牵引母线电压系统区分，则可分为 50 kV 单相和 2×25 kV 单相双极电压系统。

①三相/二相平衡接线方式的主变压器有：斯科特接线、阻抗匹配接线和伍德桥（Wood—Bridge）接线等，前两种接线方式变压器与在 25 kV 供电系统中使用的结构、特性完全相同。如图 3-24（a）所示，伍德桥接线变压器一次侧中性点可方便地引出接地，其绕组可按半绝缘设计，由于次边绕组经对称变换得到的相位差为 $\pi/2$ 的两相电压数值上不相等，因此有一相（B座）需经自耦变压器升压后输出，这种变压器结构复杂、价格高、运行特性与上述平衡变压器类似。此外，三相/二相平衡接线方式的上述主变压器，在牵引侧馈线上一般均需设馈线自耦变压器 AT，以构成吸流作用，牵引侧设备绝缘应按 50 kV 电压系统进行设计。同样，三相/二相平衡接线方式变压器不适用于有再生反馈电流的电化区段。

②单相接线和单相 V/V 接线方式，如图 3-24（b），其结构、特性与 25 kV 供电系统基本类似，但低压双绕组各有一端引出与钢轨连接，构成 2×25 kV 三线电压系统，牵引侧开关电器相对地绝缘可按 25 kV 电压等级考虑，馈线上不设自耦变压器。

③三相三绕组 Y_0/⊠接线方式，具有两个同容量、等电压的角形二次绕组，其角形对顶连接

成十字交叉方式，如图 3-24(c)所示。输出为二相三线 2×25 kV 电压系统，对顶角与钢轨(R)连接。这种接线变压器容量利用率与 $Y_0/\Delta-11$ 同样较低，结构与一般三绕组变压器类似，使用中可省去馈线自耦变压器，牵引侧按 25 kV 等级绝缘考虑，且利用二次绕组的不同连接组别，可获得牵引输出电压的不同相序，如图 3-24(c)所示。

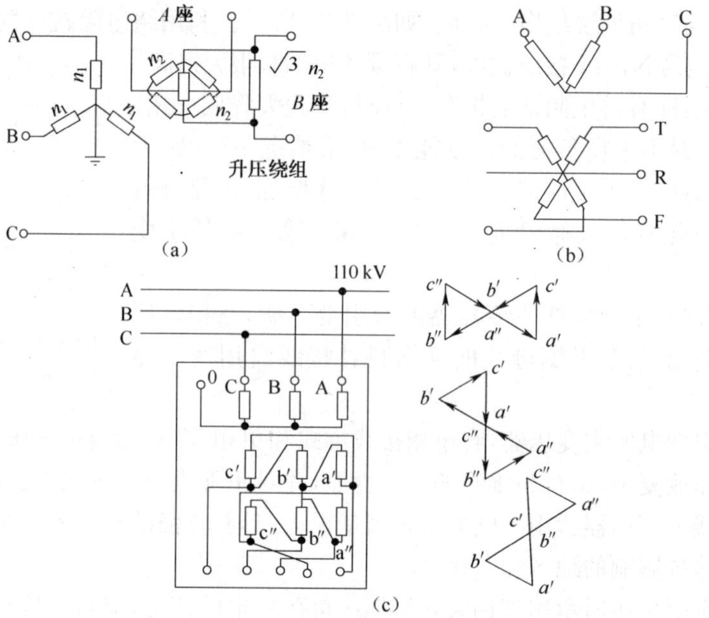

图 3-24　2×25 kV AT 供电主变压器接线方式

(a)伍德桥接线；(b)单相 V 接线方式；(c)三相三绕组十字交叉接线

(3)主变压器台数和备用方式的确定

牵引变电所主变压器容量应根据需要的通过能力，由供电计算确定牵引计算容量，并根据列车紧密运行时供电臂的有效电流和充分利用变压器的过载能力计算校核容量。由牵引用计算容量并考虑地区电力负荷和校核容量两者中的较大数值，再根据不同备用方式和变压器系列产品选择与上述较大值相接近的容量作为安装容量。

主变压器台数和备用方式按下列原则确定：

①采用移动备用时应设两台，每台安装容量取为计算容量的一半，另外在供电段内为每 5～7 个牵引变电所设置移动变压车一台，移动变压器容量应按区段最大单台主变压器容量选择。此时每个牵引变电所应设铁路岔线，以便主变压器故障或检修时，移动备用变压器能在较短时间内(数小时)调入，取代工作主变压器投入运行。

②采用固定备用方式时应设两台主变压器，正常时一台运行、一台备用，备用主变压器容量应能承担全所最大负荷。在紧密运行时或认为经济运行合理情况下，也可两台主变压器并列运行。固定备用方式的变电所可不设专用铁路岔线，但设备检修的运输业务，应由公路汽车运输承担，从而减少了变电所场地面积和土建投资，但固定备用的主变压器安装容量一般比移动备用增大约 30%以上。

某些复杂情况和大容量牵引变电所的主变压器备用方式应通过综合技术经济比选确定。

(4)有关主接线方案的若干技术原则与要求

对电源(一次)供电系统方式和牵引变电所所处地位与功能从以下几方面考虑：

①发电厂、电力系统对牵引变电所的供电方式。专用双回输电线供电方式、环网供电方式和综合供电方式等，也可统一由电力系统输电网以不同的供电方式向牵引变电所供电。主接线形式应考虑牵引变电所所处地位与功能，由专用双回输电线供电时，变电所较多地采用双T形接线；在环网供电回路中采用桥形接线；中心牵引变电所和兼有向区域负荷供电的牵引变电所，电气接线的可靠性要求更高。

②电压等级、进线(出线)数量与断路器的备用方式。电压越高、传输功率越大，进(出)线数量越多，对母线系统可靠性提出较高的要求。由于断路器分/合闸若干次后检修的概率增大，当断路器较多时，须考虑断路器检修备用。对 110～220 kV 系统，一般进(出)线为三回路时采用单母线分段的电气接线，四回路以上则采用单母线带旁路母线的接线方式；对牵引负荷系统，馈线在三回路以上，以采用单母线带旁路母线的接线为宜。

③地区或区域负荷的容量大小和重要程度对电气主接线的影响很大，地区负荷容量较小的 25 kV/10 kV 地区变压器可直接由牵引母线供电，接入地区动力变压器的容量，以不使牵引主变压器容量升级为原则。特殊情况下应通过技术经济比较采取改变主变压器的接线方式(如三绕组接线)或直接从高压 110～220 kV 母线向地区动力变压器供电等措施。

(5)对电能质量的技术要求

电力牵引负荷具有短时冲击性变化等特点，传统交—直流电力机车牵引功率因数低，容易引起三相电力系统电压波动、负序、谐波等问题，对牵引变电所的电能质量造成不利影响。针对电流、电压不平衡程度、谐波水平、功率因数与电压水平及其改善措施，应通过供电计算统一解决。而牵引变电所馈线电压、电流水平和与变电所主接线结构有关，须符合有关国家规范和设备允许值的要求。

①电压损失和电能损失

牵引供电系统的电压损失和电能损失，是表征电能质量和系统效益的重要指标。电压损失和电能损失是电流流经牵引变电所主变压器和牵引网阻抗过程中产生的，直接受主变压器类型及其参数的影响。

牵引变电所牵引母线额定电压为 25 kV 和 2×25 kV，最高允许电压 29 kV、2×29 kV，最低电压 19 kV(接触网—钢轨间电压)。

国家标准规定的供电电压允许偏差范围为：

$$电压偏差(\%)=\frac{u_g-u_e}{u_e}\times 100\% \tag{3-8}$$

式中 u_g——实际工作电压值，kV；

u_e——额定电压值，kV。

对于 u_e 为 35 kV 及以上电压的三相电力系统，电压允许偏差为 10%；对 10 kV 及以下电网，允许偏差为±7%；25 kV 系统允许电压偏差暂无相关国家标准。

②三相电压允许不平衡度

单相牵引负荷的牵引变电所可视为负序电流源，对于向电力牵引和其他地区用户供电的地区变电站(或发电厂)的共用母线(或称公共连接点)，国家标准规定三相电压允许不平衡度 ε_u，正常值为 2%，短时值为 4%。其表达式为：

$$\varepsilon_u=\frac{u_2}{u_1}\times 100\% \tag{3-9}$$

式中 u_1、u_2——三相电压的正序分量和负序分量均方根值(V)。

ε_u 的近似计算式如下：

$$\varepsilon_u=\frac{\sqrt{3}I_2\cdot u_L}{10S_K} \tag{3-10}$$

式中 I_2——注入公共连接点的总牵引电流负序值,A;

S_K——公共连接点的三相短路容量,kV·A;

u_L——公共连接点的线电压,kV。

对于具有地区三相电力负荷的牵引变电所,可参照国家标准对 ε_u 值进行计算和校验。表3-2 给出了 ε_u 的允许值借鉴了牵引变电所一次母线电压的前苏联标准,供参考。

表 3-2 牵引变电所一次母线电压不对称系数 $\left(\varepsilon_u=\frac{u_2}{u_1}\right)$ 允许值

供电方式	ε_u(%)
由共用三绕组变压器向牵引和地区负荷供电	2～3
由单独变压器分别向牵引和地区负荷供电	5
牵引负荷由单相变压器供电	3.5
牵引变电所异常状态下(变电所断开或单臂供电)	6

注:本表是 1964 年前苏联运输电力设计院的规定。

(6)经济比较

在技术比较的基础上,如果可比方案经济上的合理性不明显,需对可比方案的差值部分进行经济比较,经济比较主要包括一次投资和年运行费用。

①一次投资

主要包括主变压器、地区变压器的设备与安装费用以及配电装置的设备与安装费用、征地费用及土石方工程费用等。

为方便计算,通常采用包括设备造价、运输费和现场安装、调试等有关费用在内的“单位综合指标”。例如,配电装置的综合指标按不同接线方式一条回路所占的一个间隔制定,它包括本回路配电间隔中的全部断路器、隔离开关、互感器、母线等设备的价格和建筑安装费用,这种“单位综合指标”可从有关设计手册中查得。有时为简化计算,不采用综合指标,而按主要设备的造价作为一次投资的组成部分进行比较,也是可以接受的。故总投资为

$$K=K_b+K_p+K_T=K_b+(n_1\cdot K_{p1}+n_2\cdot K_{p2}+\cdots)+K_T \tag{3-11}$$

式中 K_b、K_T——分别为变压器投资、占地及土石方投资;

K_p——配电装置投资;

K_{p1}、K_{p2}——分别为不同配电间隔的费用;

n_1、n_2——分别为不同配电间隔数目。

②年运行费用

年运行费用包括主变压器和地区变压器的电能损耗费、变压器和配电装置的折旧费、设备管理和维修费用等三项。变压器能耗费可直接算出(C_e),变压器和配电装置的折旧、维修小修费(C_p)约占一次综合投资的 8%～10%。因此,年运行费用 C 应为

$$C=K\cdot C_p+C_e \tag{3-12}$$

在采取两部制电价的地区,应把容量电价计入年运行费中。

a. 各种变压器年电能损耗的计算

变压器的电能损耗是经常变动的，难以精确计算，一般可按换算为最大功率损耗时间 τ 的等效方法计算铜损，应考虑到牵引负荷在三相变压器各相绕组分配的不均衡而造成铜损不相等的情况。

双绕组变压器年电能损耗可按下式计算：

$$\Delta A = n(\Delta P_c + K_j \cdot \Delta Q_c)T + 1/n(\Delta P_m + K_j \cdot \Delta Q_m)\left(\frac{S}{S_e}\right)^2 \cdot \tau \quad (kW \cdot h) \qquad (3\text{-}13)$$

对于三相牵引变压器，则

$$\Delta A = n(\Delta P_c + K_j \cdot \Delta Q_c)T + 1/n(\Delta P_m + K_j \cdot \Delta Q_m)\left(\frac{\sum_1^3 I_{x2}^2}{3I_{e2}^2}\right)^2 \cdot \tau \quad (kW \cdot h) \qquad (3\text{-}14)$$

式中　ΔP、ΔQ_c——分别为每台变压器的有功和无功铁损，kW、kVar；

ΔP_m、ΔQ_m——分别为每台变压器在额定负荷(I_e)下的铜损和绕组的无功损耗 kW、kVar。

$$\Delta Q_c = I_0\% \times \frac{S_e}{100} \qquad \Delta Q_m = u_d\% \times \frac{S_e}{100}$$

K_j 为无功经济当量，即系统输送 1 kVar 无功功率时所造成有功功率的损失(kW)，对 35～110 kV 系统，取 $K_j=0.1$，10 kV 及以下配电系统，$K_j=0.05 \sim 0.07$；n 为同时接入变压器的台数；$I_0\%$、$u_d\%$分别为变压器空载电流和短路电压百分数；T 为年小时数(8 760 h)；I_{e2}为变压器二次侧额定相电流(A)；I_{x2}为变压器二次侧牵引负荷与地区负荷相电流之相量和；S_e、S 分别为变压器额定容量和变电所实际负荷总容量(kV・A)；τ 为最大功率损耗时间，对电牵引负荷可按(3-15)式求出，对各类地区负荷，则按表 3-3 查出最大负荷年利用小时 T_{max}后，由图 3-21曲线中查得。

表 3-3　最大负荷年利用小时数

负荷类型及工作制	照明负荷	单班制工业企业	两班制工业企业	三班制工业企业
T_{max}(h)	2 000～3 000	1 500～2 000	3 000～4 500	5 000～7 000

电气化铁道牵引负荷的最大功率损耗时间 τ_q 为

$$\tau_q = \frac{(1+K_R)\sum_1^n (Q_i \cdot L_i) \cdot \Delta q}{S_\Sigma \cdot \cos\varphi_P} \quad (h) \qquad (3\text{-}15)$$

式中　$\sum_1^n (Q_i \cdot L_i)$——一个方向的年货运量(Q_i)和本牵引变电所担负的同货运量方向的供电区距离(L_i)，万 t・km；

n——不同方向数；

K_R——年客运量换算为货运量(万 km)的换算系数，$K_R<1$；

S_Σ——本牵引变电所主变压器总计算容量(由供电计算确定)；

$\cos\varphi_P$——牵引负荷平均功率因数，无电容补偿时，取为 0.8，有电容补偿时，则可取 0.9～0.95；

Δq——单位能耗，度/万 t・km，平原与山区电气化线路的 Δq 不同，可取加权平均值。

b. 三绕组变压器年电能损耗计算公式

制造厂给出的短路损耗 ΔP_m 是按最不利的方式运行，即一个绕组开路，另两个绕组满载运行的最大铜耗，其等值电路如图 3-26 所示。设每个绕组的电阻为 R'_b，上述运行回路电阻为 R'_b，则 $R'_b=\dfrac{1}{2}R_b=\dfrac{1}{2}\dfrac{\Delta P_m\cdot U_e^2}{S_e^2}$（各绕组容量比 100∶100∶100），若各绕组容量不等，如为 100∶100∶66.7，则 66.7%容量绕组的电阻为：

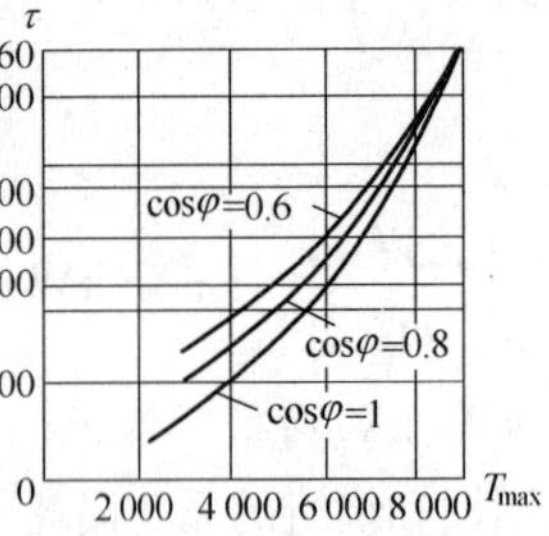

图 3-25 $\tau-T_{max}$ 曲线

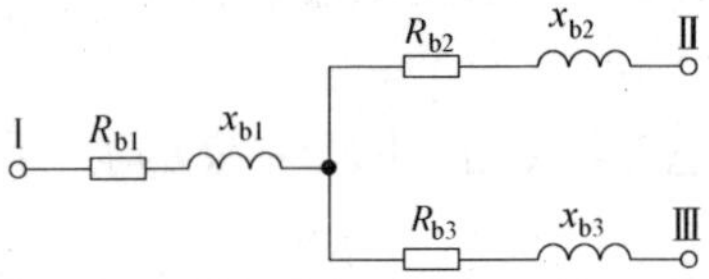

图 3-26 三绕组变压器等值电路

$$R'_{b(66.7)}=\frac{100}{66.7}R'_{b(100)}=\frac{1}{2}\frac{\Delta Pm\cdot U_e^2\cdot S_e}{S_e^2\cdot S_{e3}}=\frac{1}{2}\frac{\Delta Pm\cdot U_e^2}{S_e\cdot S_{e3}}$$

故

$$\Delta A=n(\Delta P_c+K_j\cdot\Delta Q_c)T+\frac{1}{2}\cdot\frac{1}{n}\Delta P_m\left(\frac{S_1^2}{S_e^2}\tau_1+\frac{S_2^2}{S_e^2}\tau_2+\frac{S_3^2}{S_e\cdot S_{e3}}\tau_3\right)+$$
$$\frac{1}{n}\cdot K_j\left(Q_{m1}\cdot\frac{S_1^2}{S_e^2}\tau_1+Q_{m2}\cdot\frac{S_2^2}{S_e^2}\tau_2+Q_{m3}\cdot\frac{S_3^2}{S_{e3}^2}\tau_3\right)(\text{kW}\cdot\text{h}) \tag{3-16}$$

式中 S_e ——第一、二绕组额定容量；

S_{e3}——第三绕组额定容量，kV·A，如第三绕组容量为 100%，则 $S_e=S_{e3}$；

$$\Delta Q_{m1}=u_{d1}\%\cdot\frac{S_e}{100};\Delta Q_{m2}=u_{d2}\%\cdot\frac{S_e}{100};\Delta Q_{m3}=u_{d3}\%\cdot\frac{S_e}{100}$$

其中 $u_{d1}\%$、$u_{d2}\%$、$u_{d3}\%$——分别为各绕组的短路电压；

S_1、S_2、S_3——分别为 3 个绕组的负荷，kV·A；

τ_1、τ_2、τ_3——各个绕组的最大功率损耗时间，分别按式(3-15)或由 T_{max} 查图 3-25 中曲线求出。

而第一绕组的 τ_1 是综合性负荷，可由下式求得

$$\tau_1=\frac{\tau_2\cdot S_2+\tau_3\cdot S_3}{S_2+S_3} \tag{3-17}$$

考虑牵引负荷不平衡影响时，需将上式中牵引负荷绕组（第二绕组）、第一绕组各项的 $\dfrac{S_2^2}{S_e^2}$、$\dfrac{S_1^2}{S_e^2}$ 系数，分别用 $\dfrac{\sum_1^3 I_{x2}^2}{3I_{e2}^2}$ 和 $\dfrac{\sum_1^3 (I'_{x2}+I'_{x3})^2}{3I_{e1}^2}$ 代替。其中 I'_{x2}、I'_{x3} 分别为归算至原边的第二、三绕组相电流的向量。

ΔA 求出后，则年电能损耗费由 $C_e=\Delta A\times$ 电价[元/(kW·h)]即可求得。

按上述方法与步骤对第一方案和第二方案进行分析比较后，应选择投资最小、运营费最省的优惠方案，但往往不容易直观看出，需按补偿期来判定，补偿期的表达式为：

$$T=\frac{K_2-K_1}{C_1-C_2} \tag{3-18}$$

式中　K_1、C_1——分别为第一方案的一次投资和年运行费；

K_2、C_2——分别为第二方案的一次投资和年运行费。

式(3-18)表示的是多少年内可以靠第二方案运行费的节约将其投资的差额部分全部收回，我国电气化铁道供电设备的回收补偿期一般约为10～15年。

直流牵引变电所主接线经济比较的内容、方法与上述基本相同。

第七节　配电装置类型及对其基本要求

在确定电气主接线后，根据主接线选择各种高压电气设备，并把这些高压电气设备利用母线、导线连接在一起，把主接线上各种电气设备安装、调试后形成的工程用电路，即为配电装置。

一、牵引变电所的配电装置类型

根据设置场所不同，配电装置可分为两类：①户内配电装置，全部电气设备安装在建筑物内；②户外配电装置，全部电气设备布置在露天场地。根据运行条件，有些配电装置将部分设备安装在建筑物内，部分安装在室外，形成混合式布置。

配电装置的结构形式对牵引变电所的技术指标、经济效益有很大的影响，特别是110 kV及以上的高压配电装置，对变电所总体布置、占地面积、工程量、运行维护条件等方面起着决定性作用。户内和户外配电装置各有特点：户内配电装置的设备运行、操作、维护都在室内，不受气候条件的影响，外界污染物对设备的影响小，可有效减少占地面积和降低维护工作量，但房屋建筑费用较高；对于户外配电装置，设备安装在室外，可减少房建费用并缩短工期，但气候条件变化对设备运行、操作、维护影响较大，设备易受外界污秽物的影响，须加强绝缘，占地面积大。

我国一般在20 kV以下电压等级的工程中采用户内配电装置，35 kV及以上电压等级的工程则采用户外配电装置。但在特殊情况下(如环境条件恶劣、周围空气含有化学有害成分、地形限制、占地过多导致建设费用过高等)，经综合比选可在35 kV及以上电压等级的工程中采用屋内配电装置。电气化铁路25 kV牵引负荷配电装置中，由于断路器正常操作和事故跳闸频繁，检修、维护工作量大，采用户内配电装置对运行、维护都提供了便利。

城市地铁、轻轨交通牵引供电系统中的直流牵引变电所、降压变电所等配电装置，一般都建在地下或地面上城市闹市区，普遍采用户内成套式配电装置和SF_6全封闭组合电器，以节省占地面积和土建造价。

二、对配电装置的基本要求

(1)配电装置的设计、规划，必须贯彻执行国家基本建设方针和有关技术经济政策。

(2)技术上满足可靠性要求，保证人身、设备安全，布置上应便于检修、巡视和操作。

(3)在安全、可靠的前提下，减少工程量和建筑面积，尽量降低造价。

(4)正确选择和布置电气设备，采用体积小、重量轻、维护简单、技术先进的设备。

(5)预留扩展的条件。

户内、户外配电装置的安全净距确定、配电装置基本选型都应满足以上基本要求。

第八节　户内配电装置

户内配电装置的结构形式与主接线形式、电气设备类型有密切关系。在户内配电装置中，通常把整个主接线分解为具有一定功能的电路单元组，这些电路单元组称为间隔，配电间隔各部分的结构尺寸，由最小安全净距决定。

一、户内配电装置的安全净距

户内、外配电装置的结构尺寸是综合考虑设备外形尺寸、检修和运输中应保证的安全距离等因素确定的。

敞露在空气中的配电装置，在各种间隔距离中，最基本的是带电部分对接地部分之间和不同相的带电部分之间的空间最小安全净距，称为 A_1 和 A_2 值，在此安全净距下，可保证在正常最高工作电压或出现内外过电压时，都不致使空气间隔击穿。A 值与电极的形状、冲击电压波形、过电压及其保护水平，以及环境条件等因素有关。对 220 kV 以下的配电装置，大气过电压对 A 值起主要作用，采用残压较低的避雷器时，A 值可减小。

户内配电装置中各有关部分之间的最小安全净距见表 3-4。其中 B、C、D、E 等电气距离是在 A_1 值的基础上再考虑其他因素综合确定的，其含义如图 3-27 及表 3-4 所示。例如电气安全净距 $B_1=A_1+750$ mm，是考虑用栅装遮拦防护带电设备时，运行人员手臂误入栅栏时的手臂长度为 750 mm，此时仍能保持基本安全净距 A。

表 3-4　屋内配电装置的安全净距　（单位：mm）

符号	适用范围	额定电压(kV)				
		3	10	25 (35)	55 (63)	110J
A_1	带电部分至接地部分之间 网状和板状遮栏向上延伸距地 2.3 m 处与遮栏上方带电部分之间	75	125	300	550	850
A_2	不同相的带电部分之间 断路器和隔离开关的断口两侧带电部分之间	75	125	300	550	900
B_1	栅状遮栏至带电部分之间 交叉的不同时停电检修的无遮栏带电部分之间	825	875	1 050	1 300	1 600
B_2	网状遮栏至带电部分之间	175	225	400	650	950
C	无遮栏裸导体至地(楼)面之间	2 500	2 500	2 600	2 850	3 150
D	平行的不同时停电检修的无遮栏裸导体之间	1 875	1 925	2 100	2 350	2 650
E	通向室外的出线套管至室外通道的路面	4 000	4 000	4 000	4 500	5 000

注：1. 110J 系指中性点有效接地电网。
2. 海拔超过 1 000 m 时，A 值应进行修正。

二、户内配电装置的配置与结构

配电装置各配电间隔的配置与电气主接线的各回路相对应，把电源进线、馈线及其他电路合理分配在间隔中，在进行各间隔布置时，应保证一段母线的故障不致影响到另一段母线的正常工作，将电源进线布置在母线的中部以减小母线的工作电流，还应考虑馈线出线的方便、布置对称、便于操作及易于扩展。

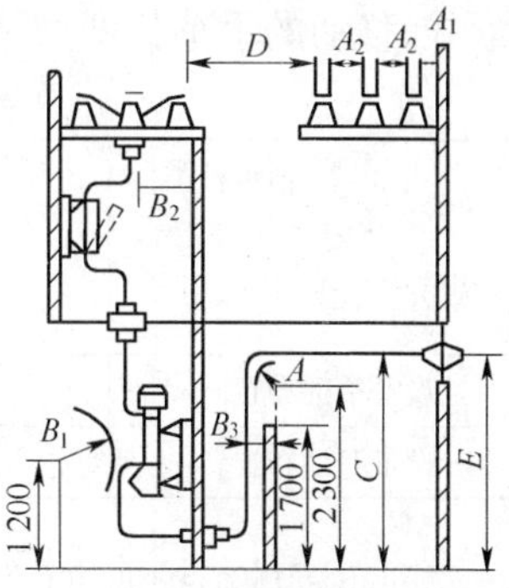

图 3-27　屋内配电装置安全净距校验图

下面分别以 25 kV 牵引侧网栅结构户内配电装置和 10～35 kV 成套配电装置为例分析其结构、布置方式与原则。

1. 25 kV 网栅结构户内配电装置

图 3-28 为配电装置平面布置图，图 3-29 为牵引馈线配电装置间隔的布置、结构与相应的电路图。母线和隔离插座（或隔离开关）沿墙安装，手车式断路器由车架、操作机构和省力推进联锁机构组成，它放置在专用的槽钢导轨上，间隔的深度是按这种断路器的插入式触头从插座中拔出后（与电路隔断）保证必要的电气安全净距设计的。配电间隔的结构采用钢板和网栅组成，也可采用砖石或石棉水泥板结构。控制电缆和电力电缆通过电缆沟与每个间隔的电气设备相连接。

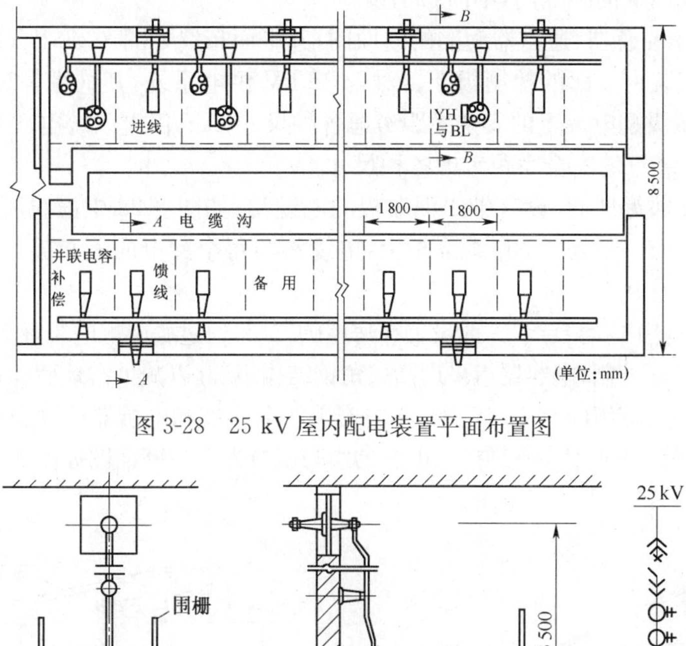

图 3-28　25 kV 屋内配电装置平面布置图

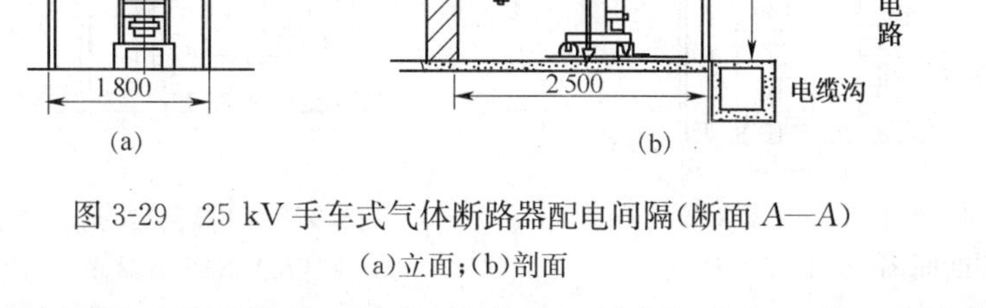

图 3-29　25 kV 手车式气体断路器配电间隔（断面 A—A）

(a)立面；(b)剖面

户内配电装置的间隔可采用单列配置或双列配置。图 3-28 为双列配置的配电间隔，中间为操作维护走廊，其净空宽度应保证设备搬运和操作维护的方便。间隔内主要电气设备的安装形式、移动的手车长度、操作通道和维护通道的最小宽度应符合表 3-5 的规定。

表 3-5　25 kV 配电装置室内各种通道的最小宽度　　(单位:mm)

通道种类 布置方式	维护通道	操作通道	
		固定式	手车式
设备单列布置	800	1 500	单车长+1 200
设备双列布置	1 000	2 000	双车长+900

双列布置的维护通道(含 25×25 kV 装置)一般可取为 2 760 mm。在双列布置的配电装置中,如图 3-28 所示,把从主变压器引入的进线断路器、互感器与避雷器等间隔和馈线断路器、自用电压变压器等间隔分别布置在操作通道的两侧(前列和后列),从空间上有利于线路的引入和馈出,给设备运行维护带来方便,且互不干扰。当充油变压器单台油量大于 100 kg 时应安装在与其他设备隔绝的防爆小间内,采取密封措施以防事故时油箱爆炸,小间内地面需有能蓄油 20%的蓄油坑设施,并用排油管与安全地点连接,油浸电流、电压互感器和少油断路器可安装在有防爆隔离墙的间隔内,不需蓄油设施。

图 3-30 为电压互感器、避雷器间隔的断面图,其平面布置如图 3-28 中 YH、BL 间隔,隔离开关的操动机构安装在立面的控制板上。对于 25 kV 供电系统,其绝缘等级与 35 kV 相同,故应按 35 kV 电压级配电装置的安全净距考虑各种尺寸;AT 供电系统电压为 50 kV,则应按 63 kV 电压级配电装置的安全净距考虑各种尺寸。

双列配电装置邻近地面,设有带水泥盖板的电缆沟,如图 3-28 中虚线所示,控制电缆、电力电缆都放置在沟内两侧分层的电缆支架上,电缆沟与每个配电间隔相连,并和控制室、屋外配电装置电缆沟连通。

并联补偿及滤波用电容器组,一般设置在房屋的二层,通过底层配电装置室的电容器组断路器、配电间断路器进行控制,电容器组采用高层角钢结构组装,以减少占地面积;电抗器单独安装在水泥基础上,与电容器组应有一定距离,室内安装的电容器和电抗器应设金属网栅防护,而且应有良好的通风设施,并便于检查维护。电容器组与电抗器布置断面图如图 3-31 所示。

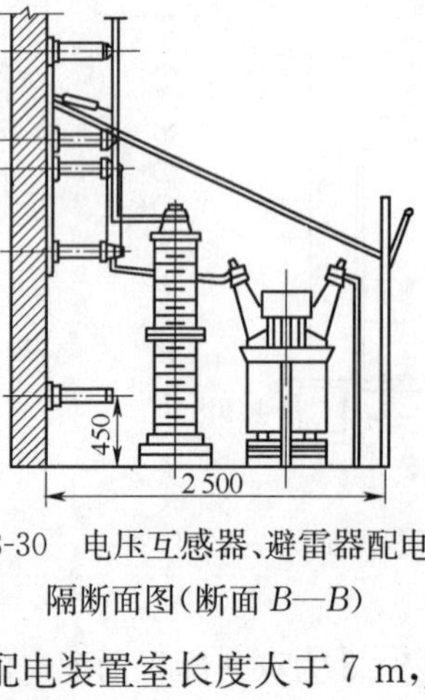

图 3-30　电压互感器、避雷器配电间隔断面图(断面 B—B)

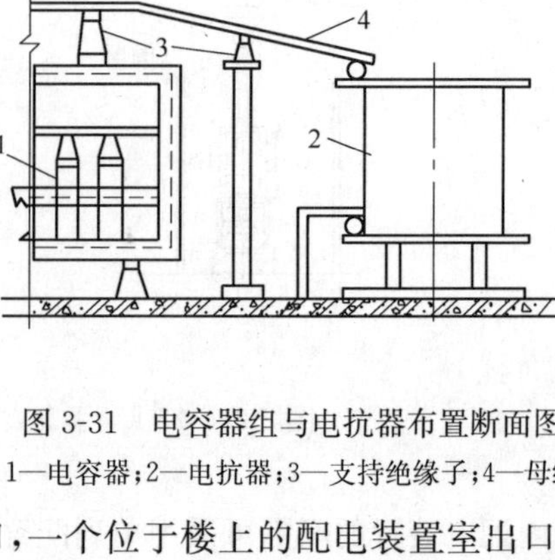

图 3-31　电容器组与电抗器布置断面图

1—电容器;2—电抗器;3—支持绝缘子;4—母线

屋内配电装置室长度大于 7 m,则应有两个出口,一个位于楼上的配电装置室出口,另一个可通向楼梯。

2. 25 kV 成套配电装置

根据交流电力牵引单相负荷、主接线和负荷特点，由工厂设计组装的 25 kV 成套配电装置也适用于 25 kV 户内配电系统，它采用金属结构的封闭柜体，按不同的单元主接线方案，构成由对应电器元件和电气设备组成的配电单元(开关柜)，供使用单位设计时选用。图 3-32 为 25 kV 真空断路器开关柜典型结构图，整个开关柜由柜体与手车两大部分组成，柜体分隔为手车室、母线室(进、馈线与电流互感器室)、二次电缆室、继电器室等，它们之间用绝缘材料板或金属板互相隔开；手车分为断路器手车、避雷器手车、电压互感器手车、所用变压器手车等。

图 3-32 中，断路器手车位于柜内前下部，手车主要由车架、真空断路器与操作机构、推进省力联锁机构组成。推进省力联锁机构具有一对固定焊接于导轨的抓钩、连杆机构和手柄，通过转动手柄驱动绞连于抓钩的连杆和转轴作用、使手车在柜内导轨上平稳推进或后移，保证断路器上下出线板与柜内固定安装的静触刀可靠结合或分离，并达到省力的目的。同时，推进联锁机构与断路器操作机构之间设有防止带负荷推拉手车的安全联锁装置。

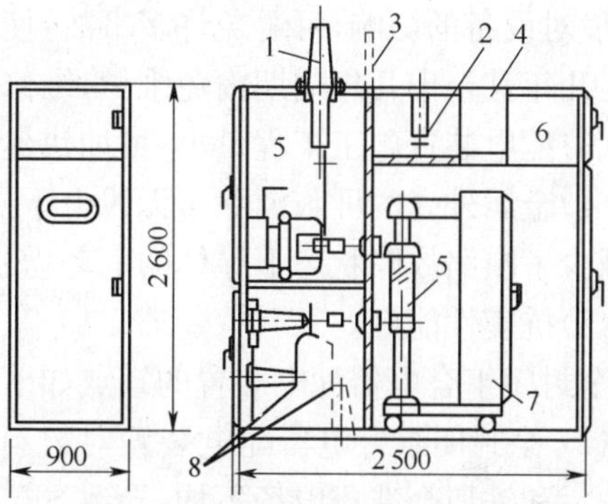

图 3-32　25 kV 手车式高压开关柜

1—进线套管；2—旁路母线；3—挡板；4—二次电缆室；5—电流互感器；6—继电器室；7—断路器机构；8—主母线

断路器检修时，将手车拉出柜外，断路器上、下出线板与静触刀分离，手车室后壁通向母线室绝缘隔板的活动门自动关闭，起到安全隔离的作用，如果急需恢复供电，可换以备用手车，以缩短停电时间，并便于检修。手车与配置在柜体内二次线采用插头连接，通过接地线插头与柜体后接地母线相连。柜体正面和后面都设有可打开的金属门，正面柜门上设有观察窗，用于观察运行时内部设备情况，二次电缆室、旁路母线室都可打开顶部盖板进行检修。

手车式结构成套开关柜中的手车具有良好的互换性，设备布置紧凑、与前面的网栅结构配电装置比较占地面积相对减小、检修方便，并能防止灰尘和小动物进入造成的短路故障，运行可靠，减少施工工作量，因此得到了广泛应用。

3. 10～35 kV 高压开关柜

交流牵引变电所 10～35 kV 地区负荷、城市轨道交通直流牵引变电所、供电变电所以及降压变电所等电源进/出线、高压交流三相配电系统广泛采用高压开关柜组成的成套配电装置。按开关柜的结构形式分为固定式(GG 系列)和手车(移开)式(JYN 系列)两种类型，前者是半封闭式结构，电器与设备固定安装在柜体内；后者为金属封闭式结构，电器与设备采用手车式可移动形式。

4. SF_6 全封闭组合电器(GIS)配电装置

SF_6 全封闭组合电器配电装置是由不同的 SF_6 全封闭组合电器标准组件为主体，组成的新型户内成套配电装置。

SF_6 全封闭组合电器以 SF_6 气体作为绝缘和灭弧介质，用优质环氧树脂绝缘子作支撑，全部电器元件组合在封闭金属壳体内。组成 SF_6 全封闭组合电器的标准元件有：母线、隔离开关和接地隔离开关、断路器、电流和电压互感器、避雷器、电缆终端(或出线套管)等。按不同电路连接形式制成不同的标准组件式独立结构，再辅以某些过渡元件(如弯头、三通、伸缩节等)，即可适应不同形式主接线的要求。

与常规户内配电转置相比，SF_6 全封闭组合电器具有以下优点：

(1)缩小了占地面积与空间体积。由于 SF_6 气体具有很高的绝缘强度，使绝缘距离大为缩小，占地面积大约与绝缘距离的平方成正比，而空间体积则与绝缘距离的立方成正比，随着电压的提高，组合电器配电装置占用空间大大减小，110 kV 单母线结构配电单元采用 SF_6 组合电器装置占地面积和空间分别减小 24%和 16%，电压越高，效果越显著。

(2)全封闭式组台电器运行可靠，维修方便。由于全部电器设备封闭于外壳中，降低了自然环境对设备的影响，可避免许多事故，使运行维护人员的工作更加安全。此外，检修周期增长，在几年甚至十几年周期内免维护，维修工作量小。

(3)配电装置施工工程量小，可加快建设进度。

(4)金属外壳的屏蔽消除了无线电干扰、静电感应、噪声及对继电保护、二次系统的电磁干扰，减少了断路故障状态下导体的电动力。

(5)抗震性能好。

全封闭组合电器配电装置的缺点如下：

(1) 全封闭组合电器配电装置对材料性能、加工装配工艺和密封技术要求高，工件上毛刺、油污和铁屑会造成电场不均，导致 SF_6 抗电强度下降。

(2) 全封闭组合电器配电装置对 SF_6 气体纯度和含水量都有严格要求，需要专门的 SF_6 气体压力监视和水分监测装置，并配备专门的 SF_6 气体回收和充气设备。

(3) 金属消耗量大，设备投资较高。

SF_6 全封闭组合电器配电装置应用范围为 110 kV 电压及以上电压，经技术经济综合比选后在下列情况下采用：①城市中心区、隧道洞内、险峻山区或地下变电所；②地处严重污染、海滨、高海拔和气象环境恶劣地区的变电所。

如图 3-33 所示 SF_6 全封闭组合电器采用真空断路器，SF_6 气体仅作为绝缘，灭弧介质为真空。

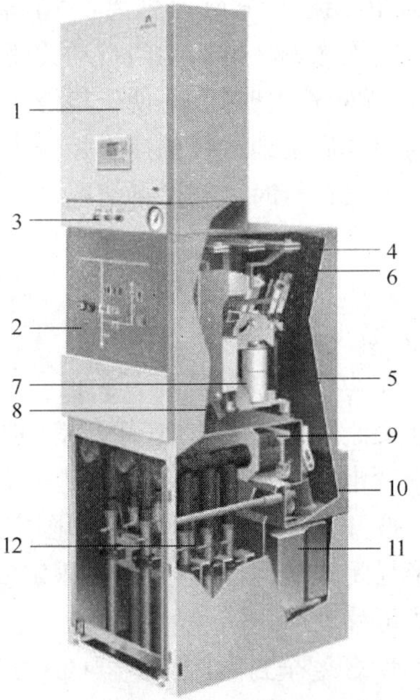

图 3-33　GIS 全封闭组合电器结构

1—低压室；2—操作指示面板；3—仪表盘；4—母线；5—气室；6—隔离开关；7—真空断路器；8—接地开关；9—电流互感器(气室外)；10—泄压装置；11—电压互感器(回路侧)；12—带 T 形插拔电缆(盖板可移开)

四、直流牵引变电所内配电装置及其特点

城市轨道交通直流牵引变电所、牵引降压混合变电所和降压变电所受环境和场地条件的限制，大多采用户内配电装置，由于安全性要求高，应采用防潮、防爆、耐火、阻燃、节能和低噪声的设备，且应尽量做到体积小、维修和安装工作量小、安全可靠、易于检修和更换。为简化电气联系并节省电缆，一般将整流器/变压器机组、直流快速开关柜、交流电源进/馈线开关柜靠近布置，如图 3-34(a)所示。各主要装置的结构与特性简况如下：

1. 整流器/变压器机组

整流变压器为自然空气冷却的干式变压器，隔开

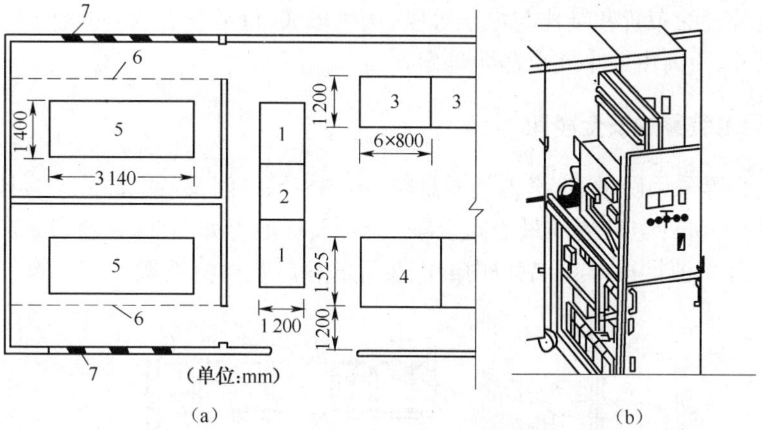

图 3-34 直流牵引变电所屋内配电装置布置示意图

(a)平面布置图;(b)直流开关柜移开式手车透视图

1—整流器柜;2—负极柜;3—直流开关柜;4—交流开关柜;5—整流变压器;6—栅网;7—金属卷门

放置在有通风设施的分间内。轨道交通直流变电所也可采用油浸变压器,需安装在独立封闭的防爆间隔内,并设置蓄油设施。整流器组安装在带通风孔的金属封闭整流柜中,在配电装置室内整流柜靠近直流快速开关柜布置。电缆沟中的电力电缆将整流变压器和直流开关柜连接,控制电缆将各种仪表、二次线与主控制室的控制、继电保护屏和运动终端(RTU)装置连接。

2. 手车移开式直流快速开关柜

整流器柜输出直流正极和直流馈线保护的快速开关,采用封闭结构、手车移开式直流开关柜。手车上装有直流快速开关、电磁与电子操作机构及电路、测量仪表、直流互感器、过电流保护装置和开关柜盘面。正常工作时,手车推入,通过可动插头与柜壁内固定安装的静插座连接,检查时,开关断开,可将手车拉出。移开式手车侧视图如图 3-34(b)所示,上部盘面为直流快速开关的灭弧栅罩,中下部为导磁系统、分/合闸操动机构以及辅助设备等。

3. 交流手车移开式高压开关柜

交流电源进线与馈线高压配电装置(10～35 kV)采用金属全封闭手车移开式高压开关柜,在高压配电装置室内与直流开关柜构成双列布置,之间的操作通道距离应满足交、直流两个手车长度之和加上 0.6 m 的最小净距要求。为减少检修工作量,开关柜多采用真空断路器,进线、馈线多采用电缆,并与室外连通。交直流开关柜的各种仪表、二次设备通过控制电缆与主控制室的控制、信号屏和远动 RTU 装置连接。

第九节 户外配电装置

根据电气设备和母线布置的高度和层次结构,户外配电装置可分为中型、半高型和高型。

中型装置的所有电器安装在同一平面内,母线悬挂在较高支架上,由于结构简单清晰,这种装置得到了广泛应用。高型和半高型配电装置采用重叠布置方式,将电器和母线分别安装在不同高度的水平面上。将母线重叠布置,称为高型配电装置;仅将母线与断路器、电流互感器等重叠布置,称为半高型配电装置。高型与半高型配电装置因设备布置紧凑,可节省占地面积,在地形受限制的许多场合得到应用。其不足是结构复杂,操作不便。

户外配电装置的布置和结构与电压等级、接线形式、母线套数、架构结构方式等因素有关，装置的结构尺寸、距离由最小安全净距确定。

一、户外配电装置的安全净距

户外配电装置采用硬母线，考虑气候影响，不同相导体间及带电部分至接地部分间的最小安全净距 A 值、户外配电装置间最小安全净距 B、C、D 值等如图 3-35 和表 3-6 所示。B、C、D 值都由基本净距 A 值推得，与上节户内配电装置的相应距离值类似。

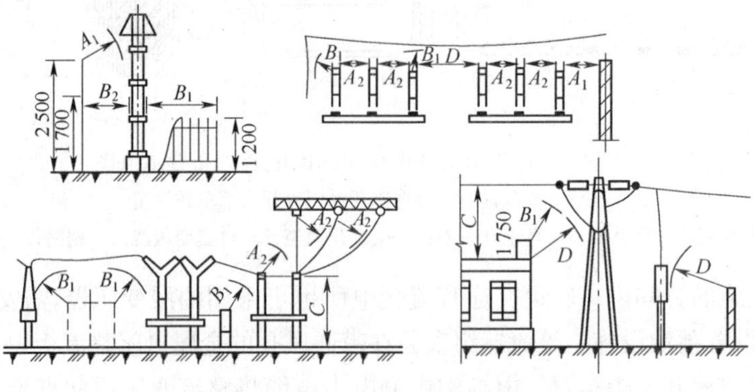

图 3-35　屋外配电装置安全净距校验图

表 3-6　屋外配电装置的安全净距　　（单位：mm）

符号	适用范围	额定电压(kV)				
		3	25 (35)	55 (63)	110J	220J
A_1	带电部分至接地部分之间 网状遮栏向上延伸距地 2.5 m 处与遮栏上方带电部分之间	200	400	650	900	1 800
A_2	不同相的带电部分之间 断路器和隔离开关的断口两侧带电部分之间	200	400	650	1 000	2 000
B_1	设备运输时，其外廓至无遮栏带电部分之间 交叉的不同时停电检修的无遮栏带电部分之间 栅栏遮栏至绝缘体和带电部分之间	950	1 150	1 400	1 650	2 550
B_2	网状遮栏至带电部分之间	300	500	750	1 000	1 900
C	无遮栏裸导体至地(楼)面之间 无遮栏裸导体至建筑物、构筑物顶部之间	2 700	2 900	3 100	3 400	4 300
D	平行的不同时停电检修的无遮栏裸导体之间 通向室外的出线套管至室外通道的路面	2 200	2 400	2 600	2 900	3 800

注：1. 110J、220J 系指中性点有效接地电网。

2. 海拔超过 1 000 m 时，A 值应进行修正。

在任何情况下，必须保证表 3-6 中规定的最小安全净距，户外配电装置的母线采用软导线时，考虑风力、温度及冰载等作用下，软导线与接地部分、其他相导电部分之间距离发生变化后，带电部分至接地部分和不同相带电部分之间的安全净距应按表 3-7 中最大数值进行校验。

表 3-7　不同条件下的计算风速的安全净距　(单位:mm)

条件	校验条件	计算风速(m/s)	A 值	额定电压(kV)			
				25 (35)	50 (63)	110J	220J
雷电过电压	雷电过电压和风偏	10	A_1	400	650	900	1 800
			A_2	400	650	1 000	2 000
操作过电压	操作过电压和风偏	最大设计风速的 50%	A_1	400	650	900	1 800
			A_2	400	650	1 000	2 000
最大工作电压	最大工作电压短路和 10 m/s 风速时的风偏		A_1	150	300	300	600
	最大工作电压和最大设计风速时的风偏		A_2	150	300	600	900

注:在气象条件恶劣,如最大设计风速为 35 m/s 及以上以及雷暴时风速较大的地区,校验雷电过电压时的安全净距,其计算风速采用 15 m/s。

二、户外配电装置中有关距离、尺寸和安全性的规定

户外配电装置受气象、环境和灾害等自然条件和不同工作状态的影响很大,配电装置布置和导体、电器、架构的选型应满足在环境条件下正常运行、安装维护、短路和过电压的要求,且不危及人身和周围设备的安全。

1. 户外配电装置的有关距离、尺寸

考虑安装、维修、运行时的安全,户外配电装置的各种距离和尺寸远远大于表 3-7 中所列的数值,从而保证在不同工作条件下,仍能满足上述安全净距的要求。表 3-8 列出采用软导线的中型户外配电装置标准设计中的主要距离及尺寸。

表 3-8　中型屋外配电装置的主要距离、尺寸

项 目 及 名 称	不同电压下的距离(cm)			
	35kV	60kV	110kV	220kV
导电相线间距离				
母线(π 形)架构	160	260	300	550
出线(门形)构架	130	160	220	400
配电间隔(单元)宽度	500		800	1 500
构架高度				
母线(π 形)架构	550	700	730	1 050
出线(门形)构架	730	900	1 000	1 450
架空地线高出输电线的距离	—		250	400
架构总高度				
π 形母线架构	320	520	600	1 100
门形母线架构与出线架构	500	600	800	1 500
弧垂				
母线	100	110	90～110	200
出线	70	80	90～110	200

户外安装的电气设备外绝缘体最低部位距地面小于 2.5 m 时，为保证人员安全，应设有固定栅栏。

2. 导体和各种绝缘子、套管的安全系数

在任何情况下，电器引线的最大作用力不应超过电器端子允许的荷载。户外配电装置的导体、套管、绝缘子和金具，应根据气象条件和受力状态进行力学计算，安全系数不应小于表 3-9 的规定。

表 3-9 导体和绝缘子的安全系数

类　别	荷载长期作用时	荷载短时作用时
套管、支持绝缘子及其金具	2.5	1.67
悬式绝缘子及其金具	5.3	3.3
软导体	4.0	2.5
硬导体	2.0	1.67

注：1. 悬式绝缘子的安全系数对应于破坏荷载，若对应于 1 h 机电试验荷载，其安全系数应分别为 4 和 2.5。
2. 硬导体的安全系数对应于破坏应力，若对应于屈服点应力，其安全系数应分别为 1.6 和 1.4。

3. 绝缘子、设备外绝缘、电气设备安装、架构等的强度

根据不同污秽等级，采取相应的措施提高户外配电装置中的电气设备外绝缘、绝缘子串抗电强度和绝缘强度。随着海拔增高，空气密度和湿度减小，空气间隙和瓷绝缘的放电特性下降，因此，对海拔 1 000 m 以上的高海拔地区，采取加强绝缘或提高一级绝缘等措施以提高高压电器及设备的外绝缘强度。

在户外配电装置中，应考虑地区风速范围，台风经常侵袭或最大设计风速超过 35 m/s 的地区，应降低电气设备的安装高度，加强设备与基础的连接固定，同时对架构和设备支架的强度及跨距进行检验。

三、户外配电装置的结构和布置

户外配电装置的结构形式与电气接线图、电压等级、容量、重要性以及母线、开关设备和架构类型等有密切关系。户外配电装置包括进线间隔、变压器间隔等配电间隔，每个配电间隔包括电气接线图一条电路的全部电器与导线。

以某牵引变电所 110 kV 单母线带旁路断路器的布置为例，其电气接线如图 3-8 所示，装置的平面布置图和配电间隔断面图分别如图 3-36 与图 3-37 所示。

户外配电装置平面布置中各种间隔的布置应注意：① 电源进（出）线应与变压器进线对称，即在变压器间隔邻近处配置电源进（出）线间隔，将电源处于母线中间位置，如图 3-36 所示，尽量使母线各段通过均匀的电流。② 为方便维护，设备应整齐布置，避免出线交叉。③ 为缩小占地面积，将电压互感器和避雷器间隔布置在变压器进线或出线间隔延长端，并使避雷器靠近变压器。④ 两个汇流母线架构间接入的配电间隔不超过 3～4 个，为保证安全可靠，不宜把两个变压器进线间隔配置在一个汇流母线跨距内。

下面对架构、电气设备和母线布置结构的若干问题进行简述。

(1)户外配电装置的架构可采用钢结构或钢筋混凝土结构，我国广泛采用钢筋混凝土架构，其优点是可节约钢材、经久耐用、维护简单，缺点是较笨重、施工组装不方便。近年来，预应力钢筋混凝土支柱与轻型钢结构横梁的混合架构的采用，使架构重量、断面和金属消耗量都有

所减少。图 3-36 是采用预应力混凝土环形杆组成的大字形进线架构和门形架构，大字形架构中部伸出的钢结构悬臂式横梁[图 3-37(a)]兼有母线架构的作用，布置紧凑、节约材料、减少占地面积。

(2)母线种类及悬挂支撑方式有两种：汇流母线和旁路母线。采用铝合金管形硬母线，由棒式绝缘子支撑并与钢结构悬臂梁绝缘；其他配电间隔采用钢铝绞型软母线，用耐张型悬式绝缘子串悬挂在架构上，根据耐压强度的要求确定绝缘子串的绝缘子个数，海拔 1 500 m 以下以及轻污秽地区，110 kV 电压等级采用 8 个绝缘子串联，25～35 kV 电压等级采用 4 个绝缘子串联，此外，小电流通过的母线(如电器间、电器与设备间的连接导线)多采用矩形铝母线或扁钢带。

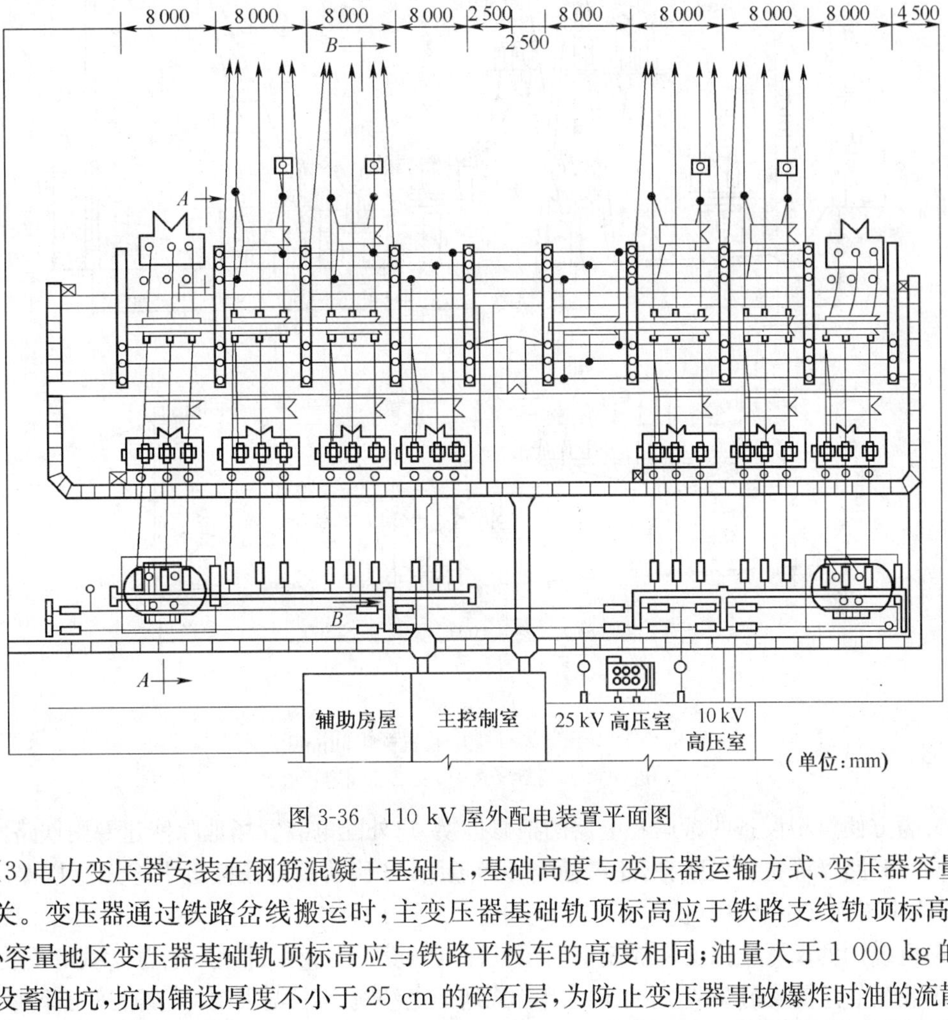

图 3-36　110 kV 屋外配电装置平面图

(3)电力变压器安装在钢筋混凝土基础上，基础高度与变压器运输方式、变压器容量和重量有关。变压器通过铁路岔线搬运时，主变压器基础轨顶标高应于铁路支线轨顶标高一致，中、小容量地区变压器基础轨顶标高应与铁路平板车的高度相同；油量大于 1 000 kg 的变压器应设蓄油坑，坑内铺设厚度不小于 25 cm 的碎石层，为防止变压器事故爆炸时油的流散和燃烧，蓄油坑尺寸较变压器四周外部轮廓尺寸各超出 1 m，蓄油坑设置排油管，将事故油排至安全处所；两台变压器相邻布置且每台油量大于 2 500 kg，为避免一台变压器事故喷油时危及相邻变压器，两者净距应达到 10 m 以上；建筑外墙距户外主变压器外廓 5 m 以内时，在变压器总高度以下及外廓两侧外 3 m 的范围内，不设门窗和通风孔。

(4)少油或气体断路器有低式和高式两种布置方式。低式布置的断路器安装在 0.5～1 m 的混凝土基础上，检修方便、抗震性能好，但需设置围栏；高型布置的断路器安装在高 2 m 的基础上，为方便运行检修人员在电气设备之间的连接导线下面安全通过，电流互感器、电压互感器、隔离开关等均安装在 2.5 m 以上的专门支架上。由于少油断路器外壳带电，且避雷器落地安装，其四周应装设高度不低于 1.7 m 的遮栏，如图 3-37 所示，为保证操作安全，隔离开关手动操动机构及传动杆一般装在边相。

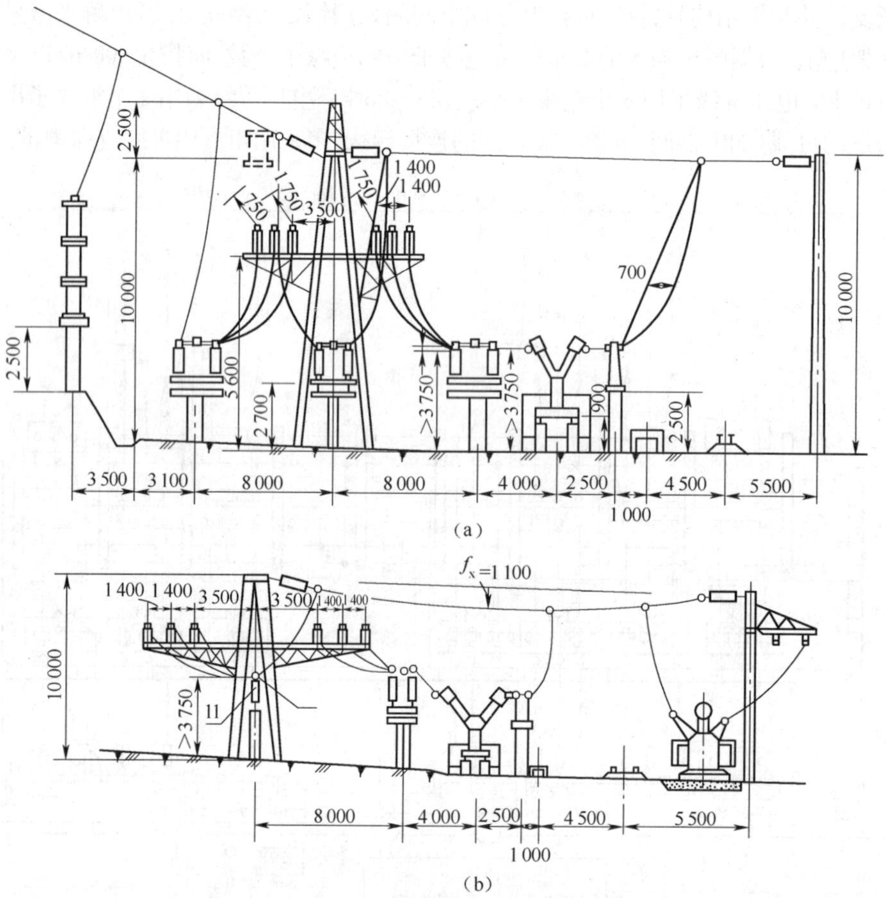

图 3-37　110 kV 屋外配电装置配电间隔断面图

(a)进、出线间隔断面图；(b)变压器间隔断面图

(5)为方便重型设备的搬运和电器的检修拆换，户外配电装置场地除修建专用铁路岔线或公路外，在断路器等主要设备旁，还需铺设环形道路，可移动设备在搬运中与无遮拦裸导体间距离不应小于表 3-6 中的 B 值。

(6)电缆沟的设置应保证从控制室引至各种电气设备的操作、信号、电力电缆路径最短，如图 3-36 平面布置图及图 3-37 断面图。组合式地面电缆沟可事先预制，减少土方工程量，且施工方便，避免沟内积水危害电缆，电缆沟盖板可揭开，便于检修维护。

为防止过电压的危害，户外配电装置中设有避雷针、避雷器等保护设备，考虑到绝缘水平、保护范围、雷电流引流对接地装置的要求，避雷针一般安装在变电所四周的专门杆塔上，有时也安装在 110 kV 及以上电压的进、出线架构上(但需单独装设集中引流接地极)。

如图 3-37(a)所示的断面，配电装置间隔的纵向距离与母线套数、有无旁路母线、架构的结构形式有关。以下以几种不同架构形式及不同主接线形式的配电装置间隔断面图为例进行比较。

图 3-38 为一般构架的中型 110 kV 带旁路母线的单母线接线方式出线间隔断面图，图中单独设立 π 形母线架构，汇流母线采用钢铝软母线，考虑主变压器运输道路和安装位置，间隔的纵向总长度达 53.4 m；采用大字形架构、汇流母线为硬母线结构和如图 3-37(a)的布置方式，其间隔纵向总长度仅为 40 m，有利于节约用地。图 3-39 示出了半高型(不完全高型)布置，汇流母线采用铝管硬母线，断路器安装在两组汇流母线和隔离开关底下，出线间隔纵向长度仅 14 m，考虑主变压器安装位置和运输道路时为 24～25m，可见半高型布置有利于减少占地面积、架构数量和导线绝缘子数量，但检修条件比中型布置稍差，上层设备的瓷件损坏掉落或检修时工具掉落，可能造成下部设备毁坏。

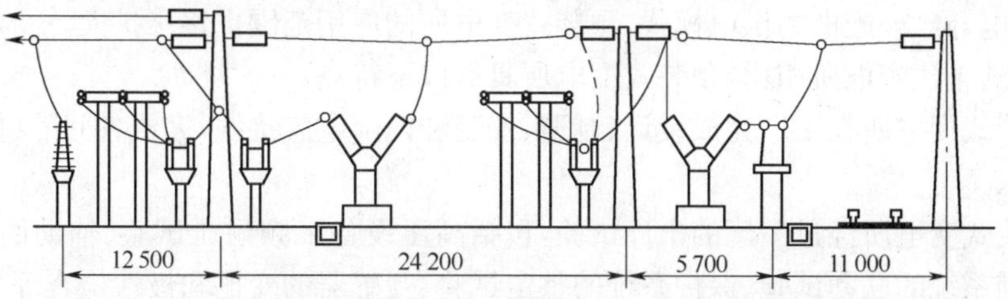

图 3-38　110 kV 带旁路母线的单母线采用一般中型构架出线配电间隔断面

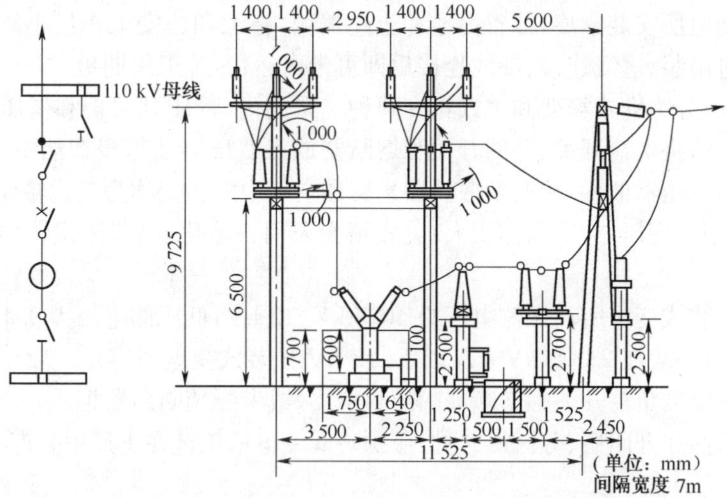

图 3-39　半高型布置 110 kV 配电装置出线间隔断面

图 3-40 为外桥形主接线牵引变电所户外配电装置间隔断面图，其主电路如图 3-10 所示，出线数目和配电设备的减少使户外配电装置结构简单。

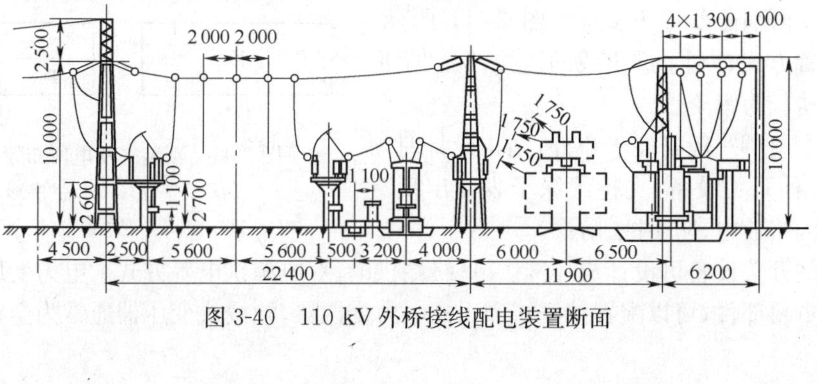

图 3-40　110 kV 外桥接线配电装置断面

第十节　预装式变电所

预装式变电所也称箱变或箱式变电所，是一种把供变电工程的接线方案进行划分而形成特定的功能间隔、把相应功能间隔中的高/低压电器设备在工厂中生产组装成为具有完整变电所功能的配电装置，预装式变电所一般安装于户外，箱体有金属或混凝土结构。

一、概　述

20世纪60年代，预装式变电所在国外开始应用；在我国，随着高压电网进入城市中心，形成了高压输电、降压、配电的供电模式，预装式变电所的应用范围也逐步扩大。

与常规的土建变电所相比，预装式变电所具有以下特点：

(1)预装式变电所在工厂完成设计、制造、安装和内部电气接线，完成各间隔(单元)的功能检查和试验。

(2)预装式变电所经过工厂的出厂试验，包括高压设备工频耐压试验、辅助回路的耐受电压试验、控制系统的联动试验、保护系统的整定试验、互感器的变比和极性检查等。

(3)预装式变电所需要经过规定的整体型式试验考核。

(4)预装式变电所安装紧凑，节省占地和土建费用，施工和建安工作量小。预装式变电所运抵现场后，经过吊装、进线连接、馈线连接后即可带电运行，施工周期短。

预装式变电所分为欧式箱变和美式箱变两种。采用高、低压开关柜和变压器组合方式的箱变称为欧式箱变；将负荷开关、环网开关和熔断器放入变压器油箱浸在油中，采用油浸式氧化锌避雷器，取消变压器油枕，油箱及散热器暴露在空气中的箱变称为美式箱变。欧式箱变内部安装常规开关柜及变压器，产品体积大；美式箱变采用一体化安装，体积较小。以下介绍欧式箱变。

目前，标准预装式变电所高压侧电压为40.5 kV、12 kV，低压侧电压为0.4 kV。40.5 kV预装式变电所容量一般在2 000 kV·A以下，12 kV预装式变电所容量一般在1 250 kV·A以下，高压侧一般配装负荷开关加熔断器的组合电器，或者配装断路器柜。

某些配电装置(如开闭所、分区所)也按照预装式变电所工艺在工厂中生产。

二、结构特点

预装式变电所的结构由三部分组成：高压开关设备、变压器和低压配电装置，主要有“目”字形和“品”字形两种间隔布置方式，如图3-41所示。“目”字形布置方式有利于进出线的连接，“品”字形布置方式结构较为紧凑。

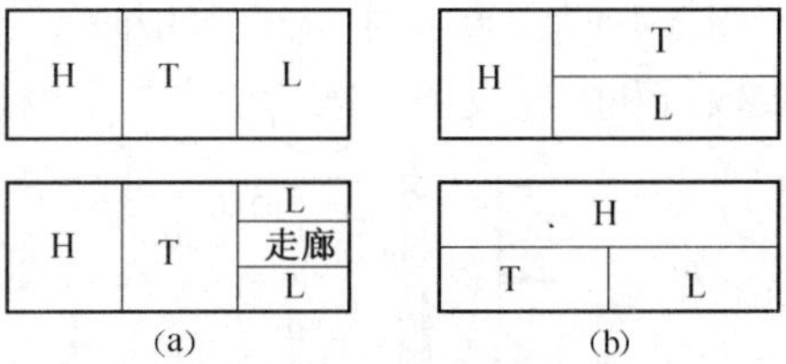

图3-41　预装式变电所布置方式

(a)“目”字形；(b)“品”字形；

H—高压室；T—变压器室；L—低压室

预装式变电所一般安装于户外，结构设计时须考虑：防止各种开关设备、支持绝缘子表面出现凝露时引起的闪络放电、防腐蚀、防爆。

高压室的开关设备可设计成环网供电、终端供电、双电源供电等方式。电力变压器是预装式变电所的重要部件，可以配置油浸式和干式电力变压器，油浸式变压器通常为全密封式变压器，没有单独的储油柜，其高度比非密封式变压器低；干式变压器的主要特点为阻燃防爆、防潮性能好、损耗低。

预装式变电所的箱体材料主要有钢板、铝合金板、彩钢板、不锈钢板、玻纤增强水泥板、玻纤增强塑料板、钢筋增强水泥板等。我国预装式变电所多采用普通钢板或铝合金板作为箱体材料，而欧洲国家多采用玻纤增强水泥箱体作为箱体材料。

预装式变电所的进/出线方式有两种：架空裸导线方式和电缆方式。架空裸导线方式结构与土建变电所相似，采用电缆可有效减少占地面积，电缆通过电缆分接箱（也称转接箱）与预装式变电所内一次设备的连接。

电缆分接箱要有很好的密封性，能有效防止水分浸入、防止虫害，一般分为户外型、户内型和地埋型三种。按内部是否含开关设备，电缆分接箱分为两类：第一类不含任何开关设备，仅含有预制式插接器件；第二类除插接器件外，还装设了各种开关设备，如负荷开关、负荷开关/熔断器组合电器、环网柜及断路器等。前者的功能是在用电点增加电缆分支，但当某一电缆回路出现故障时，必将影响到系统运行的安全性；后者设置了开关设备，便于切除回路故障，使故障馈电线路退出运行。

电缆分接箱中一般设置电缆接入器件（也称可分离插接件），电缆分接箱的可分离插接件有两种：带电可触摸型和带电不可触摸型。

思考题

1. 牵引变电所电气主接线设计依据哪些原始资料？

2. 牵引变电所电气主接线在设计、施工和运营中起到什么作用？

3. 不同的主接线方案选择，需要进行哪些方面的分析比较？

4. 不同主接线方案，在断路器、母线检修时如何进行操作？

5. 不同方案的主接线各有什么优缺点？分别适用于什么场合？

6. 外桥接线和内桥接线各有什么特点？分别适用于什么场合？

7. AT 供电方式的牵引变电所主接线有什么特点？

8. 简单分支接线有什么特点？如何进行电源切换操作？

9. 地铁、轻轨直流牵引变电所主接线具有什么特点？

10. 配电装置需要满足哪些基本要求？

11. 屋内配电装置具有什么特点？确定最小安全净距的依据是什么？

12. 屋外配电装置具有什么特点？其最小安全净距的确定与屋内配电装置的最小安全净距的确定存在什么差别？

13. GIS 全封闭组合电器配电装置有什么特点？

14. 预装式变电所具有什么特点？适用于什么场合？

第四章 牵引变电所控制、信号和监测电路

第一节 二次系统概述

二次设备按一定规则相互连接形成的电路称为二次系统，二次系统是一个多功能复杂网络，主要包括监视测量系统、控制和信号系统、继电保护和自动装置系统、自动化和远动装置以及操作电源系统等，是供变电工程安全、经济运行的重要保障。表明二次设备的配置、相互连接关系和工作原理的电气接线图，称为二次接线图。

随着计算机技术、网络技术和控制技术的发展，二次系统已经从传统的以电磁继电器、按钮、操作把手、金属导线等元件为基础的分离式系统发展成以计算机、网络为核心的综合自动化系统，但其基本工作原理没有本质的变化，本章以传统的二次系统为讲授对象，有助于分析综合自动化系统的工作原理。

一、常用二次接线图符号

二次接线图中，元件、部件、组件、设备、装置、线路等都采用图形符号、文字符号和项目代号表示。二次接线图中常用的图形符号和文字符号分别见表 4-1 和表 4-2。

表 4-1　二次电路常用图形符号

元件名称	图形符号	元件名称	图形符号
一般继电器	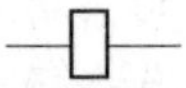	延时动作常闭触点	
双线圈继电器	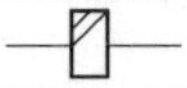	延时返回常开触点	
熔断器	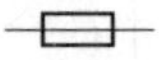	延时返回常闭触点	
继电器电压线圈	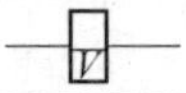	常开触点控钮	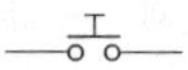
继电器电流线圈	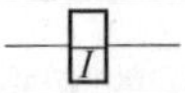	常闭触点控钮	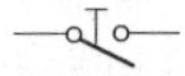
延时动作继电器	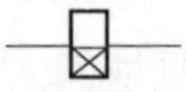	断路器联动辅助触点	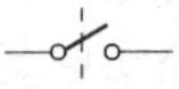（常开）
延时返回继电器		断路器联动辅助触点	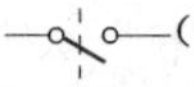（常闭）
瞬时闭合的常开触点	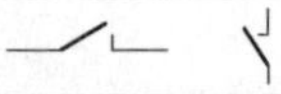	接触器常开灭弧触点	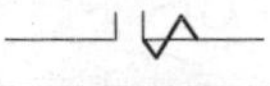
瞬时断开的常闭触点	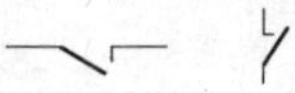	接触器常闭灭弧触点	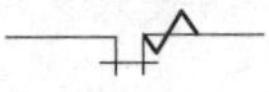
继电器切换触点	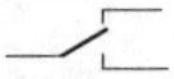	非电继电器常开触点	
延时动作常开触点		非电继电器常闭触点	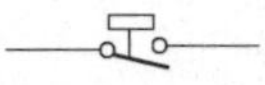

续上表

元件名称	图形符号	元件名称	图形符号
信号灯		电抗器	
警铃		晶体稳压管	
蜂鸣器		控制开关触点	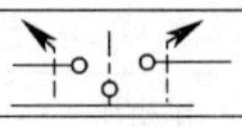
变压器、电压互感器	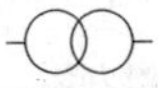	电位器	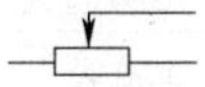
电流互感器	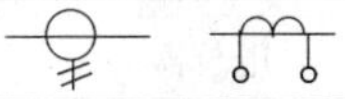	晶体信号灯	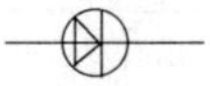
无间隙铁芯变换器	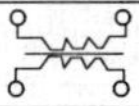	晶体二极管	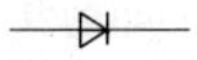
有间隙铁芯变换器	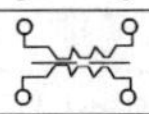	晶体三极管	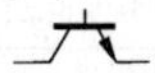

表 4-2　二次电路常用文字符号

元件名称	文字符号	元件名称	文字符号
重合闸装置	APR、ZCH	按钮开关	SB、AN
电源自动投入装置	AAT、BZT	变压器、调压器	T、B
中央信号装置	ACS	电力变压器	TM、B
故障距离探测装置	AUD	自耦调压器	TT、ZT
电容器	C	电流互感器	TA、LH
避雷器	F	电压互感器	TV、YH
熔断器	FU、RD	整流器	UF、ZL
蓄电池	GB	晶体管、二极管	VD
绿灯	GN	三极管	VT
警铃	HAB	电压继电器	KV、YJ
蜂鸣器、电喇叭	HAU	过电压继电器	KVO
信号灯、光指示器	HL	欠电压继电器	KVU
跳闸信号灯	HLT	差动继电器	KD、CJ
合闸信号灯	HLC	阻抗继电器	KJ、ZKJ
光字牌	H	重合闸继电器	KCA
继电器	K、J	极化继电器	KP、JJ
电流继电器	KA、LJ	干簧继电器	KRD
接触器	KM、C	时间继电器	KT、SJ
闭锁继电器	KCB、BSJ	信号继电器	KS、XJ
瓦斯继电器	KG、WSJ	控制(中间)继电器	KC、ZJ
合闸继电器	KOH、HJ	防跳继电器	KCF、TBJ
跳闸继电器	KTP	出口继电器	KCO、BCJ
红灯	RD	跳闸位置继电器	KCT、TWJ
控制同路开关	S	合闸位置继电器	KCC、HWJ
控制开关(手动);选择开关	SA、KK	事故信号继电器	KCA、SXJ

续上表

元件名称	文字符号	元件名称	文字符号
预告信号继电器	KCR、YXJ	断路器	QF、DL
电源监视继电器	KVS、JJ	隔离开关	QS、G
电抗器、线圈、永磁铁	L	接地刀闸	QSE
电动机	M	刀开关	QK、DK
电流表	PA	灭磁开关	Q、MK
电压表	PV	电位器	RP
有功电能表	PJ	连接片、切换片	XB、LP
无功电能表	PRJ	端子排	XT
有功功率表	PPA	跳闸线圈	YT、TQ
无功功率表	PPR	合闸线圈	YC、HQ

二次系统中，常用的触点类型有“常开”和“常闭”两种。触点在二次系统中的作用是传递二进制信息（合、分），以表征设备的状态。

当某一触点传递信息的定义是与其所检测的设备状态一致时，称为“常开触点”，也称“正触点”，例如断路器辅助触点的分合状态与断路器主触头的分合状态一致，该触点为常开触点；继电器（过电流继电器、阻抗继电器、差动继电器等）动作时（状态为 ON），用于传递这些继电器状态的触点如果闭合（ON），则这些触点为常开触点；液压操动机构的液压过高检测，当液压过高时（状态定义为 ON），相应的触点闭合（ON），则这些触点也是常开触点。“常闭触点”所传递的信息恰好与“常开触点”传递的信息相反，当设备为 OFF 状态时，触点闭合（ON）；当设备为 ON 状态时，触点分开（OFF）。

二、二次接线图

二次接线图分为归总式原理接线图（简称为原理图）、展开式原理接线图（简称为展开图）和安装接线图。

原理接线图的主要特点如下：

（1）能较好地表明二次系统的构成、二次设备的数量及电气连接情况，清晰地表明二次系统对一次系统的辅助作用，采用统一的图形和文字符号，按动作顺序画出，便于分析整个系统的动作原理。

（2）交、直流回路画在一起，大量的连线交织在一起，没有元件间的内部连线、端子号码和回路的标号，因此，原理图不能作为系统施工和维护的依据，通常用于二次系统的教学。

图 4-1 为馈线过电流保护原理图。保护装置本身由电流继电器 LJ、时间继电器 SJ、信号继电器 XJ 和保护出口继电器 BCJ 构成。LJ 的线圈串联在互感器的次边，当馈线发生短路故障时，电流互感器次边电流随原边电流一起变化，超过 LJ 的整定值时，其正触点将闭合，使 SJ 线圈通过直流电流，经过整定的延时时限后 SJ 的正触点闭合，XJ 发出保护动作信号，同时 BCJ 发出分闸命令，断路器分闸切断发生短路故障的馈电线路，以保证设备安全，避免事故对其他馈电线路正常供电的影响。

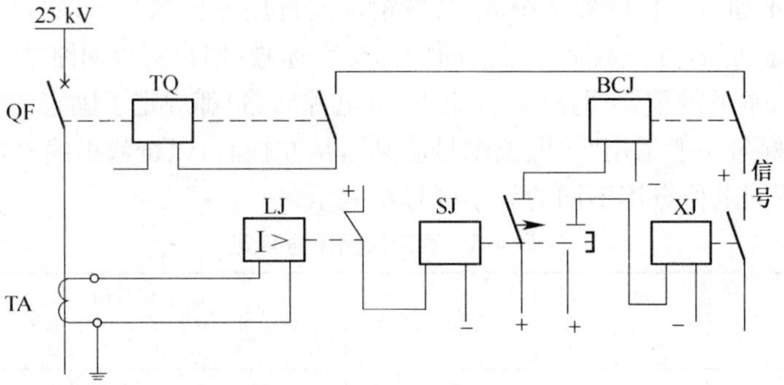

图 4-1　馈线过电流保护原理接线图

三、展开接线图

1. 展开图结构及特点

展开图是二次系统施工、调试和维护的依据，也是二次系统产品生产的重要资料。展开图是将二次回路按照独立功能分别画出，每一回路功能加文字表示，根据电压、电流性质不同，分为交流电压回路、交流电流回路和直流回路等；根据功能不同，分为控制回路、信号回路、保护回路等。

图 4-2 是对应于图 4-1 原理接线图的展开图，显然，展开图能很好地表示二次回路的工作原理，各接线以及连接元件的端子均编号，有助于二次回路的布线及检修维护。

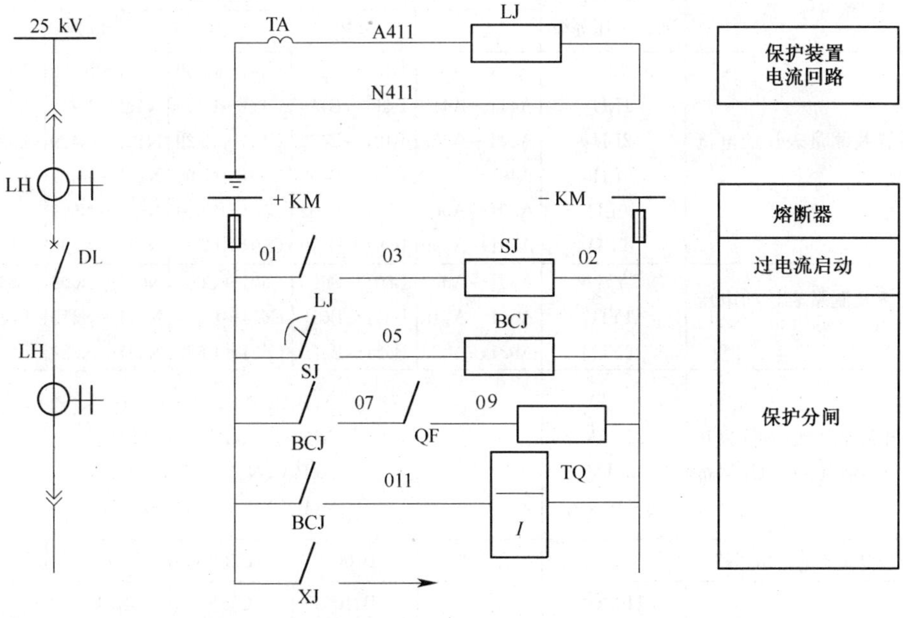

图 4-2　馈线过电流保护原理接线图

2. 二次接线图的标号原则

为便于施工和检修，展开图中不同的回路及回路各元件间的连接导线均应编号，简称线号，线号表示了该回路的功能以及元件之间的连接关系。

线号一般由不超过三位的数字组成，特殊情况允许用四位数字。线号的编制规则见表4-3和表4-4，对特殊回路，可在数字标号前面增加文字标号，如在交流回路数字标号前注明相别（A411、B411等），常见的重要回路（如直流正、负电源回路）都规定了固定的标号。

二次回路的标号一般采用"等电位编号原则"，从左往右，以奇数组编号，从右往左，以偶数组编号，回路中不同电位点用不同的数字标号组表示。

表4-3 直流回路编号规定

回路名称	数字标号组			
	一	二	三	四
正电源电路	1	101	201	301
负电源回路	2	102	202	302
合闸回路	3～31	103～131	203～231	303～331
绿灯或合闸回路监视继电器回路	5	105	205	305
跳闸回路	33～49	133～149	233～249	333～349
红灯或跳闸回路监视继电器回路	35	135	235	335
备用电源自动合闸回路	50～69	150～169	250～269	350～369
开关设备的位置信号回路	70～89	170～189	270～289	370～389
事故跳闸音响信号回路	90～99	190～199	290～299	390～399
保护回路	01～099(或J1～J99)			
发电机励磁回路	601～699			
信号及其他回路	701～999			

表4-4 交流回路编号规定

回路名称	互感器的文字符号及电压等级	回路标号组				
		A相	B相	C相	中性线	零序
保护装置及测量表计的电流回路	LH	A401～A409	B401～B409	C401～C409	N401～N409	L401～L409
	1LH	A411～A419	B411～B419	C411～C419	N411～N419	L411～L419
	2LH	A421～A429	B421～B429	C421～C429	N421～N429	L421～L429
	9LH	A491～A499	B491～B499	C491～C499	N491～N499	L491～L499
	10LH	A501～A509	B501～B509	C501～C509	N501～N509	L501～L509
	19LH	A591～A599	B591～B599	C591～C599	N591～N599	L591～L599
保护装置及测量表计的电压回路	YH	A601～A609	B601～B609	C601～C609	N601～N609	L601～L609
	1YH	A611～A619	B611～B619	C611～C619	N611～N619	L611～L619
	2YH	A621～A629	B621～B629	C621～C629	N621～N629	L621～L629
在隔离开关辅助触点和隔离开关位置继电器触点后的电压回路	110 kV	A(B、C、N、L、X)710～719				
	220 kV	A(B、C、N、L、X)720～729				
	35 kV	A(B、C、N、L) 730～739				
	6～10 kV	A(B、C) 760～769				
绝缘监控电压表的公用回路		A700	B700	C700	N700	
母线差动保护公用的电流回路	110 kV	A310	B310	C310	N310	
	220 kV	A320	B320	C320	N320	
	35 kV	A330		C330	N330	
	6～10 kV	A360		C360	N360	
控制、保护、信号回路		A1～A399	B1～B399	C1～C399	N1～N399	

四、安装接线图

二次系统通常把仪表、继电器、按钮、连片、熔断器等各种元件安装于屏体上，构成特定功能的控制屏、保护屏，为完成控制屏（保护屏）的生产、安装调试并构成完整的二次系统，所需要的屏面布置图、屏背面接线图、端子排图等统称为安装接线图。

1. 屏面布置图

屏面布置图用以标明屏面上各种仪表、继电器、按钮等元件的安装位置。

对控制屏的屏面布置的基本要求为：便于观察，操作调节方便、安全，安装、检修便利，整体美观、清晰，用屏数量少。控制屏上通常布置指示仪表，仪表下面布置光字牌，为值班人员视线所及，光字牌下面布置按钮、转换开关、模拟接线、控制对象的位置指示灯等。此外，屏面布置还应满足以下要求：

(1)控制屏的屏面布置应满足监视与操作调节方便、模拟接线清晰的要求。屏面布置应尽量保持一致。

(2)测量仪表应尽量与模拟接线相对应，不同相纵向排列，功能相同的仪表一般布置在相同的位置。最高一排仪表中心线离屏顶不得小于 200 mm。

(3)各屏光字牌的高度应一致，一般要求下部取齐。

(4)操作设备一般应与模拟接线相对应，操作方向须保持一致。

(5)采用灯光监视时，红、绿灯分别布置在控制开关的右上侧及左上侧。

(6)控制屏上每行控制开关数量不得超过 5 个。

(7) 操作设备离地面一般不低于 600 mm(调节手轮除外)，经常操作的设备宜布置在离地面 800～1 500 mm 处。

继电保护屏主要安装二次电路的继电器、成套装置、熔断器、连片等设备，为保证继电保护屏运行安全、调试方便、外观整齐美观、布置紧凑、用盘少，屏面布置应满足以下规定：

(1)在满足试验、运行方便的条件下，适当紧凑布置。

(2)相同安装单位的屏面布置要求一致，在同一屏上对称布置；不同安装单位装于一块屏上时，应按纵向布置。

(3)屏上设备横向装设高度应整齐一致，尽量避免屏后装设继电器。

(4)调整、检查工作量小的继电器布置在屏上方，工作量多的布置在中部。一般由上至下按如下次序排列，电流、电压、中间、时间继电器等布置在屏的上部，方向、差动、重合闸继电器等布置在屏的中部。

(5)屏上信号继电器的安装高度应一致，一般离地 740～870 mm；试验部件与连接片的安装中心线离地面一般不小于 400 mm。

(6)继电器屏下面离地 250 mm 处应设有孔洞，以方便试验时穿线用。

2. 屏背面接线图

屏背面接线图是制造厂生产控制屏、保护屏过程中配线的依据，是施工和运行的重要参考。屏背面接线图以展开接线图、屏面布置图和端子排图为原始资料，由制造厂的设计部门绘制。

在屏背面接线图上，设备的排列与屏面布置图相对应。屏背面接线图为背视图，左右方向与屏面布置图相反。安装于屏后上部的设备，如附加电阻、熔断器、小刀闸、电铃、蜂鸣器等，在屏背面接线图中也画在上部，这些设备相当于板前接线，应画正视图，端子排在两侧，端子排上面为小母线，如图 4-3 所示。

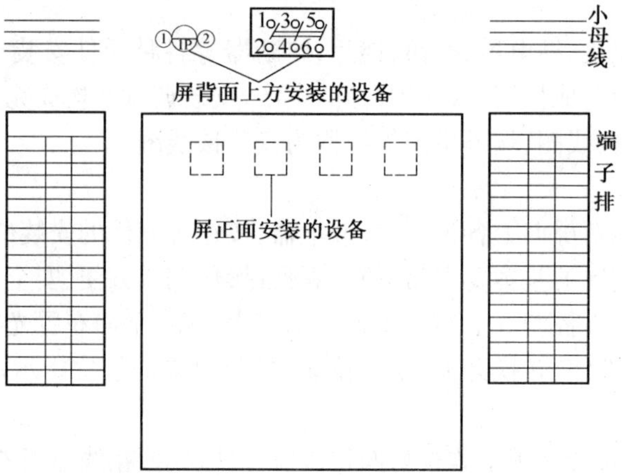

图 4-3　屏背面接线图的布置

根据屏面布置图，按设备实际安装位置把各设备的背视图画出来，设备形状应和实际情况相符(不要求按比例尺绘制)，但要保证相对位置准确；各设备的引出端子按实际排列顺序画出；复杂的设备内部接线需画出(像电流表、电压表等简单接线则不必画出)；内部接线非常复杂的晶体管继电器只画出与引出端子有关的线圈及触点，标出正负电源的极性；安装在屏正面、从屏后看不见轮廓的设备用虚线边框表示；成套装置和仪表只画出外部接线端子的实际排列顺序，图 4-4 为部分设备屏后接线图。

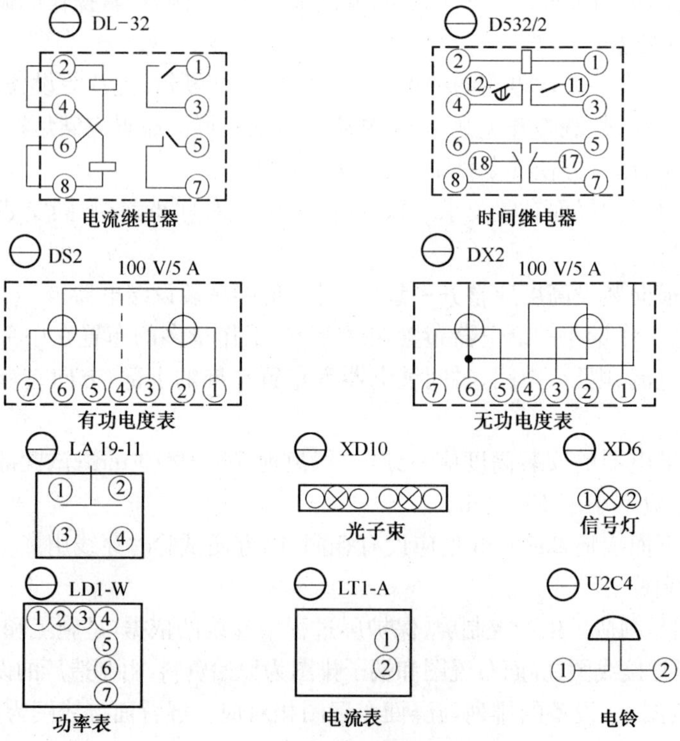

图 4-4　盘后接线图的设备图形

屏背面接线图的设备图形上方应标出标号，包括安装单位编号、设备顺序号、设备文字符号（与展开图一致）、设备型号（设备表相一致）等。标号图例如图 4-5 所示，I_1、I_2、I_3 等表示第一安装单位的第 1、2、3 号设备，其中第一安装单位的第 1 号设备是一只电流表，型号为 16T2-A。

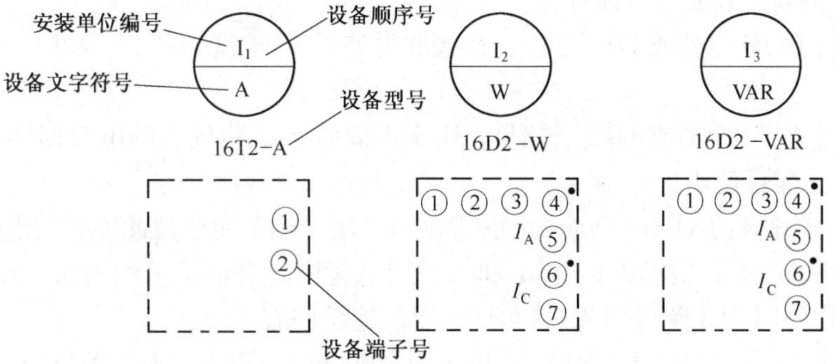

图 4-5　屏背面接线图中设备标志法

根据端子排图绘制端子排，布置在屏的一侧或两侧，给端子加以编号；根据小母线布置图在端子排的上部标出屏顶小母线的名称；根据展开图对盘上各设备之间的连接线及盘上设备至端子排间的连接线进行标号。

二次系统中，设备数量多、连线复杂，用连线方法制图费时且难以辨认，易造成配线错误，因此，一般在各设备的端子旁或端子排旁标号，标号采取“相对编号法”。相对编号法就是在每个接线端子处标明它所连接对象的编号，以表明二者间相互连接关系的一种方法。如甲、乙两端子需相连接时，甲端子处标明乙端子的标号，乙端子处标明甲端子的标号。这样，接线和维修时，图纸上每个设备的任一端子，都能找到连接对象；如果某端子没有标号，该端子空置；如果某端子有两个标号，该端子有 2 个连接对象，配线时应通过两根导线接到两处去；一般规定，每个端子上最多只能接两根导线。如图 4-6 所示为相对编号法。

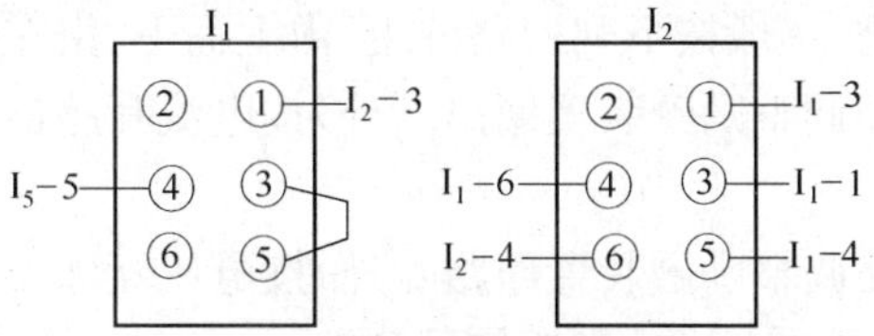

图 4-6　相对编号法接线

相对编号法标记符号含义如下：

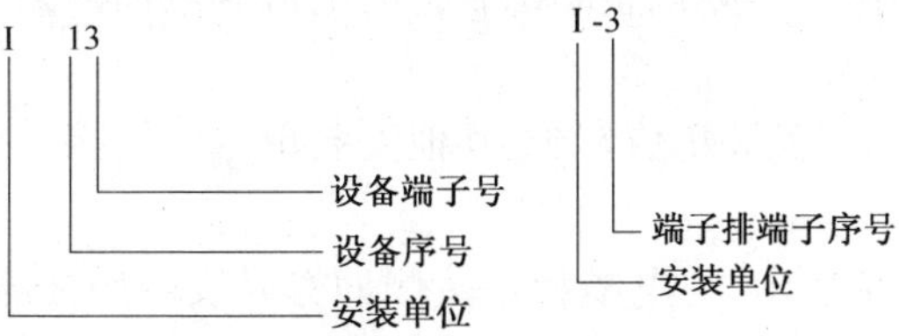

相对编号法简单、清晰，便于检查线路，二次接线复杂时优势尤为明显，在工程中得到了广泛采用。

3. 端子排图

端子排由各种形式的单个接线端子组合而成，表示各接线端子的组合及其与盘内外设备连接情况的图称为端子排图。接线端子排通常控制屏和继电保护屏的盘后左右两侧垂直布置，用于屏与屏之间设备连线、屏内设备与电流互感器、电压互感器、开关位置信号等其他设备连线的中转。部分成套保护屏的端子排采用水平布置方式，安装在屏后的下部。

按用途可将端子分成以下几种：

(1)一般端子(B1-1 型或 D1-□型)。连接屏内外导线(电缆)，B1-1 型可与 B1-4 型端子配合使用。

(2)试验端子(B1-2 型或 D1-□S 型)。用于需要接入试验仪表的电流回路中，与 B1-3 或 D1-□SL 型端子配合使用。

(3)连接型试验端子(B1-3 型或 D1-□SL 型)。用于端子需要彼此连接的电流试验回路。

(4)连接端子(B1-3 型或 D1-□L1 和 D1-□L2 型)。用于端子间连接，D1-□L1 与 D1-□L2 配合使用，D1-□L1 绝缘座无缺口，D1-□L2 绝缘座有缺口。

(5)终端端子(B1-5 型或 D1-B 型)。用于固定端子或分隔不同安装单位的端子排。

(6)标准端子(B1-6 型)。直接连接屏内外导线。

(7)特殊端子(B1-7 型)。用于需方便断开的回路。

(8)隔板(D1-□G 型)。在不需要标记的情况下作绝缘隔板以增加绝缘强度。

B1 系列是以往广泛采用的产品，D1 系列为全国统一设计产品。“□”表示额定电流(有 10 A 和 20 A 两种)，如选用 10 A 规格，则在“□”处用 10 代替。

两种接线端子都由绝缘座和导电片组成。绝缘座由胶木粉压制，其作用是固定导电片，隔离相邻端子的导电部分，并利用绝缘座下部的锁扣弹簧将接线端子固定在端子槽内，组成端子排。

端子排配置应满足运行、检修、调试的要求，并与屏上的设备位置相对应。每个安装单位应有其独立的端子排；同一屏上有几个安装单位时，各安装单位端子排的排列应与屏面布置相配合。

每个安装单位的端子排，一般按下列回路分组，由上而下、由左至右排列：

(1)交流电流回路(自动调整励磁装置回路除外)按电流互感器分组，同一保护方式的电流回路排在一起。

(2)交流电压回路(自动调整励磁装置回路除外)按电压互感器分组。

(3)信号回路按预告、位置、事故及指挥信号分组。

(4)控制回路按熔断器配置原则分组。

(5)其他回路按励磁保护、自动调整励磁装置的电流和电压回路、远方调整及联锁回路等分组。

(6)转接端子排顺序为本安装单位端子、其他安装单位的转接端子，最后排小母线兜接用的转接端子。

端子排的表示如图 4-7 所示，与电缆相连接侧的标号表明所接屏外设备的二次回路标号和所接屏顶设备的名称符号，端子排中间列的编号表明端子顺序号及端子类型，与屏内设备相连侧的标号表示到屏内各设备的编号(或回路标号)。

端子排两侧的标记在连接导线所套的胶木头或塑料套管上，端子排的起始、终端端子上，标注端子排所属的回路名称、文字符号及安装单位；同盘内有多个安装单位时，端子排按各安装单位划分成段，并以终端端子分隔，同类安装单位的端子排的结构、接线顺序相同。

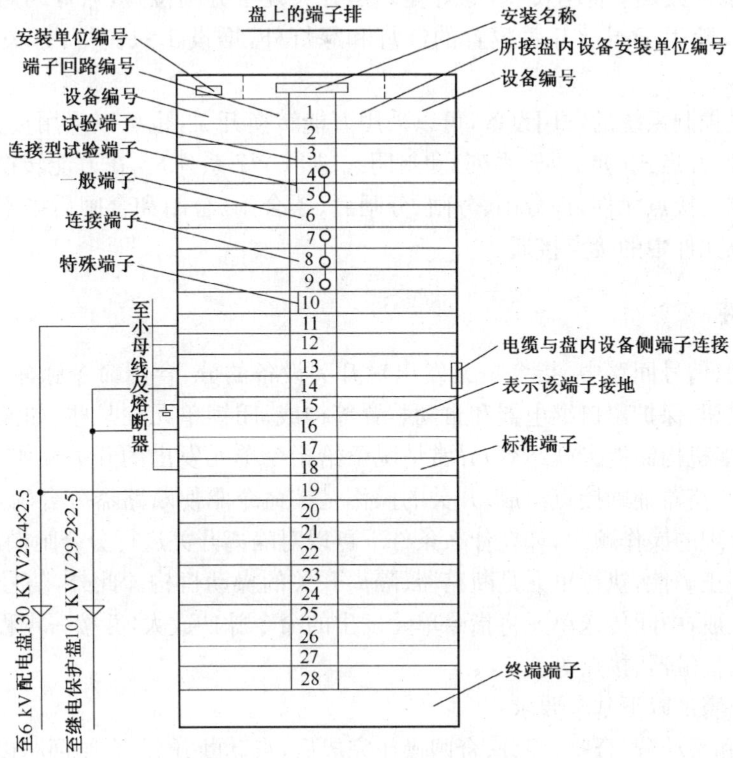

图 4-7　端子排表示方法示意图

第二节　高压开关的控制、信号回路

供变电工程中各种高压开关的分/合闸操作、开关位置显示一般都通过自动化系统完成，用于完成高压分/合闸任务的电气回路称控制电路。高压开关的控制回路主要包括接受控制命令(指令单元)、操作逻辑运算(闭锁和连锁单元)、延时处理、控制信号出口(执行单元)等。

开关位置状态、开关操作回路和运行设备的状态都要有明确的指示，用于指示各种设备动作情况、运行状态的电气回路称为信号电路。

一、概　　述

根据指令电器与操作机构之间距离不同，有远动控制、就地控制、距离控制三种方式。

远动控制：由电力调度系统下达控制命令，通过微机控制器实现对开关设备的分合闸操作，也称为遥控。

就地控制：操作人员通过操动机构箱上的按钮或转换开关，实现对开关设备的分合闸操作。

距离控制：在供变电工程的主控室中，操作人员通过按钮、转换开关或计算机实现对开关设备的分/合闸操作，也称所内控制。

对于开关设备的位置信号，除了开关设备本体具有明显的机械装置指示外，还可通过灯光和音响进行监视。指示开关设备位置的灯光信号有两种方式：双灯指示，设置红灯 1 只和绿灯

1只，红灯亮表示开关处于合闸位置，绿灯亮表示开关处于分闸位置，双灯闪烁表示开关事故分闸；三灯指示，除用于指示开关位置的红灯和绿灯外，增设1只白灯，开关事故分闸时白灯亮。

控制开关是控制系统的常用设备，可以采用万能转换开关，也可以采用按钮，常见的万能转换开关有两种：开启式（如LW1系列）和封闭式（如LW2系列）。在万能转换开关操作把手的轴上安装不同的接点元件，预分闸、分闸、分闸后、预合闸、合闸和合闸后等不同的把手位置将使不同的接点元件中的接点接通。

二、基本要求

在整个控制、信号回路中，指令单元发出对开关设备的分、合闸命令脉冲，一般由控制开关、转换开关、按钮、保护出口继电器和自动装置等构成；闭锁单元在某些（如液压操动机构压力过低、弹簧储能机构储能未就绪等）异常情况下给指令单元发出的开关操作命令，一般由闭锁继电器接点、断路器辅助接点组成；开关的操作是按命令驱使断路器分合闸，通常根据主接线图确定一个合理的操作顺序，如在什么条件下可以对隔离开关进行分合闸操作，连锁电路确保开关操作顺序正确性，执行单元是断路器、隔离开关的操动机构。此外，信号（命令）的传送通过中间元件完成，中间传送单元将指令单元发出的命令脉冲放大，并按一定程序送给执行机构，包括继电器、接触器、接点等。

控制回路应满足以下基本要求：

（1）能自动和手动分、合闸，当分、合闸操作完成后，自动断开分、合闸回路以免长时间通电而烧损线圈。

（2）具有防止断路器多次合闸的“跳跃”闭锁装置，在控制回路中设电气防跳措施或断路器本身设置机械防跳，以避免断路器的跳跃。

（3）具备指示断路器位置状态的信号和自动合/分闸的显示信号。

（4）能同时实现就地控制、距离控制和远动控制。

（5）对采用储能操作机构的开关设备，应能指示储能状态，必要时闭锁开关设备。

（6）应对熔断器的工作状态、控制回路、电源的完整性进行监视。

（7）任一种控制回路都应力求接线简单可靠。

三、电磁操作机构断路器的控制、信号回路

1. 分闸和合闸

图4-8为简化的断路器控制回路图，当断路器处于合闸位置时，断路器的辅助常开接点DL闭合，断路器的辅助常闭接点DL分开。合闸时，KK的触点5-8接通，合闸接触器HC有电流流过，其接点闭合，使合闸线圈HQ通电，从而使断路器合闸。分闸时，KK的触点6-7接通，分闸线圈TQ通电，使断路器分闸。在分闸、合闸完成后，由于断路器辅助接点状态变化，相应地断开合闸回路、分闸回路。

合闸的条件之一是合闸前断路器处于分闸位置，其辅助常闭接点DL闭合，当KK的触点5-8接通时，HC才可能有电流流过。同理，分闸的条件之一是分闸前断路器处于合闸位置。

图4-8中的1ZJ为自动合闸接点，当断路器合闸的条件满足时，1ZJ闭合也会导致断路器的合闸；BCJ来自继电保护系统，断路器处于合闸位置时，BCJ闭合（保护动作）将导致断路器分闸。

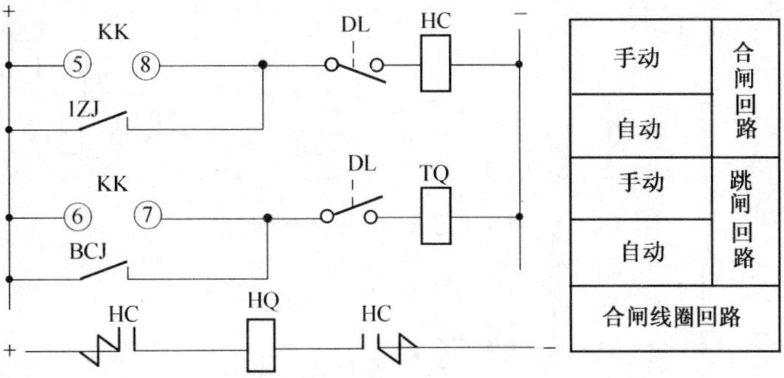

图 4-8 简化的断路器控制回路

2. 防止断路器多次分/合闸

防跳就是防止断路器发生连续分、合的跳跃现象。手动合闸到故障线路上操作人员未及时使控制开关复归或合闸触点有卡住现象,都会出现跳跃现象,一般 10 kV 及以下高压断路器多采用机械防跳装置,35 kV 及以上断路器要求采用电气防跳装置。

断路器合闸后,如果合闸回路由于某些原因没有断开,如 KK 接点没有复归、1ZJ 接点焊住等,如果此时发生短路故障,继电保护装置将发出跳闸命令(BCJ 闭合)分开断路器,当断路器分闸后,合闸回路接通,断路器将再次合闸,这种断路器多次"分/合"现象,将会使事故扩大,毁坏断路器。图 4-9 为带有电气"防跳"功能的简化断路器控制回路图,当保护分闸断路器时,BCJ 闭合,TBJ 的电流线圈通电,TBJ 的一对接点断开合闸回路,若合闸回路没有断开,另一对接点接通 TBJ 的自保持线圈。

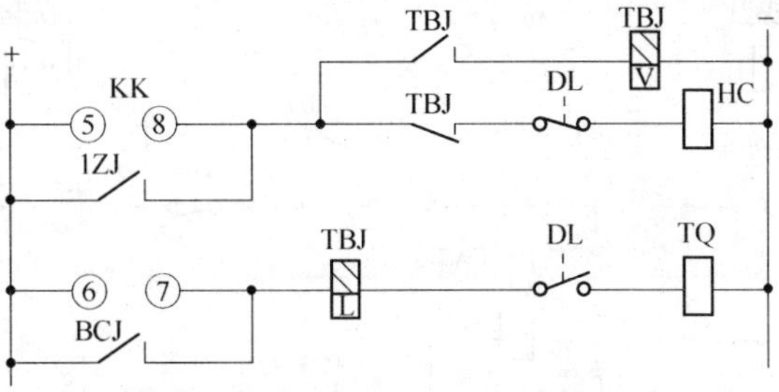

图 4-9 带电气"防跳"功能的简化断路器控制回路

3. 信号回路

图 4-10 为断路器位置指示的简化接线图,该电路图不具备对合、分闸回路完好性监视的功能。

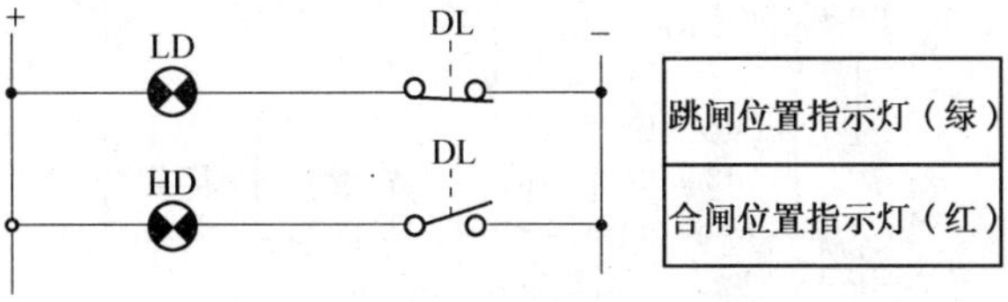

图 4-10 简化的断路器位置指示回路

图 4-11 为灯光监视的断路器控制回路图,在分/合闸线圈回路中串联信号指示灯,灯光除用于指示断路器位置,还监视合/分闸回路的状态。信号指示灯经电阻串入分、合线圈回路中,电流很小,不影响 HC 和 TQ 的正常工作。

灯光监视的控制回路结构简单,断路器的位置状态有红绿灯指示,较为明显;但在大型发

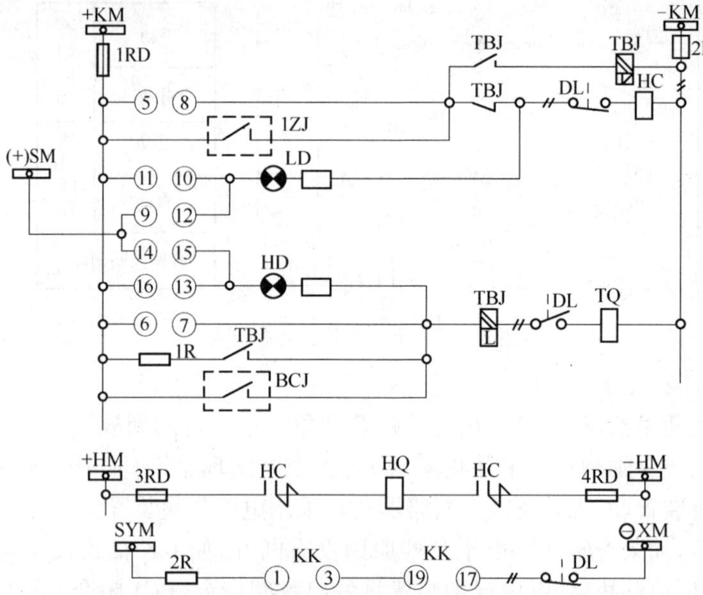

图 4-11　灯光监视的断路器控制回路

电厂和变电所中，因控制屏很多，某一断路器控制回路断线时信号指示灯的熄灭可能长时间引不起值班人员注意，一般采用音响监视的控制回路接线。

图 4-12 为带音响监视的断路器控制回路。与图 4-11 相比，该电路用跳闸位置继电器 TWJ

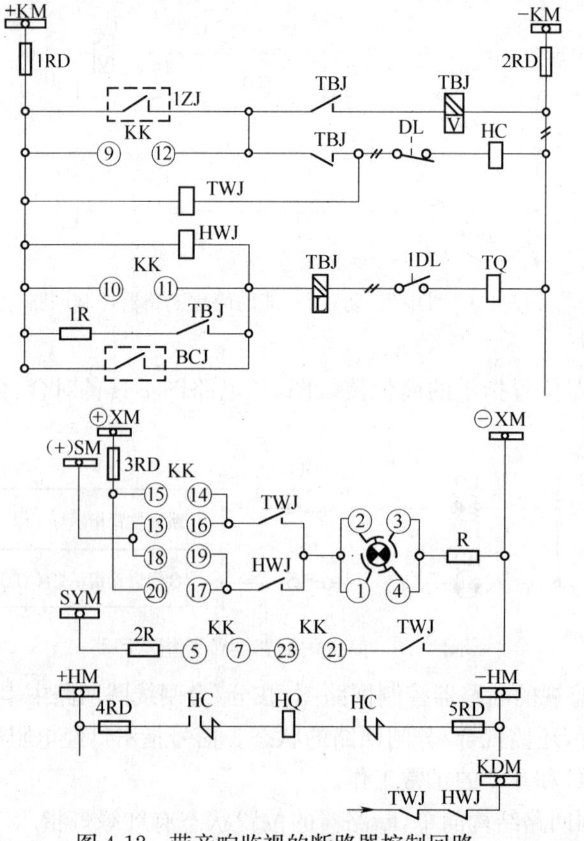

图 4-12　带音响监视的断路器控制回路

代替绿灯 LD、合闸位置继电器 HWJ 代替红灯 HD。当断路器处于合闸位置时，HWJ 受电，当断路器处于分闸位置时，TWJ 受电，断路器位置指示灯与控制回路分开。

当断路器事故分闸时，由于断路器位置与控制把手位置不一致，将闪光小母线 SM 与信号灯接通，信号灯发出闪光，指示出分闸断路器，当把相应断路器的控制把手切换到分闸后位置后，闪光将停止，同时 TWJ 接点和万能转换开关的接点一起，把 XM 与事故音响信号小母线 SYM 连接在一起，使中央信号系统发出报警音响信号。

如果控制回路电源消失，利用 HWJ 和 TWJ 的常闭接点把 SYM 与 KDM(控制回路断线小母线)接通，通过中央信号系统发出“控制回路断线”的信号。

第三节　中央信号系统

供变电工程运行中需要大量的信号，用以指示设备的运行状态，这些信号通过中央信号系统以声音或者灯光的形式发出。

中央信号系统是监视变电所电气设备运行的一种信号装置，由事故信号与预告信号组成。断路器发生事故分闸时，中央信号系统发出事故信号；当设备运行工况异常时，中央信号系统发出预告信号。每种信号都由灯光和音响两部分组成，音响信号通过声音提示值班人员事故信号或预告信号出现，灯光信号用于事故和异常状态定位，事故音响信号采用蜂鸣器 FM(亦称电笛 DD)发出音响，预告信号则采用电铃 JL 发出音响。

牵引变电所中的信号一般包括位置信号、继电保护和自动装置动作信号、中央信号。根据复归方法不同，中央信号装置可分为就地复归与中央复归两种；按动作性能不同，可分为能重复动作的与不能重复动作的两种。

1. 信号分类

信号一般分为事故信号和预告信号。事故状态时中央信号装置发出的信号称为事故信号，事故信号分为事故音响信号(蜂鸣器)、事故灯光信号及光字牌信号。

故障状态时中央信号装置发出的信号称为预告信号。预告信号一般由电铃音响信号、掉牌信号和光字牌信号组成，预告信号包括瞬时预告信号和延时预告信号两种。

预告信号可以帮助值班人员及时地发现故障及隐患，及时采取措施以防止事故扩大。常见的预告信号有：

(1)发电机和变压器的过负荷；

(2)汽轮发电机转子回路一点接地；

(3)变压器瓦斯保护动作；

(4)变压器油温过高；

(5)变压器通风故障；

(6)强行励磁动作；

(7)电压互感器二次回路断线；

(8)交流回路绝缘损坏；

(9)直流回路绝缘损坏；

(10)控制回路断线(当为音响监视接线时)；

(11)事故音响信号回路熔断器熔断；

(12)直流电压过高或过低；

(13)其他要求采取措施的不正常情况(如强迫油循环的变压器的冷却回路故障，空气断路器的压缩空气系统故障，液压操动机构的压力异常等)。

2. 信号装置的功能

(1)事故信号装置功能

无论何种原因引起的事故跳闸，事故信号装置均应满足以下要求：

①当断路器事故跳闸时，立即发出事故音响信号，相应断路器的位置信号灯闪光或亮白灯。

②事故时立即启动远动装置，发出遥信。

③事故音响信号能手动或自动复归。

④事故时有指明继电保护和自动装置动作情况的光信号和其他形式信号。

⑤能自动记录发生事故的时间。

⑥事故时，能启动计算机监控系统。

⑦事故音响、灯光信号装置应能进行完好性检查试验。

(2)预告信号装置的功能

当变电所中电路或电气设备出现故障时，值班人员通过预告信号装置应立即记录与处理，防止事故发生。对预告信号装置有以下要求：

①预告信号出现时，应瞬时或延时发出与事故信号有区别的音响信号，同时有灯光信号指示不正常运行内容。

②能手动复归或自动复归音响信号，显示故障性质的灯光信号应保留，直至故障排除。

③预告信号装置应能够重复动作。

④预告音响、灯光信号装置能够进行完好性检查试验。

第四节　测量系统与绝缘监测电路

测量系统与绝缘监测电路通过测量表计和监察装置指示，记录数据，监视、测量一次设备的工作状态，为运行人员及时调节、控制设备和分析处理事故提供依据，保证变电所一次设备安全、经济运行。测量系统与绝缘监测电路由各种电气测量仪表、监察装置、切换开关相互连接而成，是变电所二次接线的重要组成部分，对保证供电质量有重要作用。

一、概　　述

为确保牵引变电所运行的可靠性与经济性，准确、有效地监视各种电气设备的运行状况，全面了解变电所运行电气参数，在变电所的二次电路中，设置各种监视性和计量性表计。为便于运行人员的监视、观察与统计抄录，各种测量表计一般都装在控制室的控制、信号及计量等盘面上，有时也在屋内配电间隔内就地设置。

牵引变电所装设的测量表计，根据功能大致划分为两类：

(1)对各种电气设备的运行状况和供电质量进行监视性的测量，如电压表、电流表、功率因数表等。

(2)对变电所供电运行的各种经济性指标进行计量性的测量，如有功、无功电能表以及主变压器的铜损、铁损表计等。

通常牵引变电所要求设置的测量表计，其配置与用途概况见表4-5。

表4-5　牵引变电所主要测量表计功用及其配置

电路名称	测量表计配置	功能
电源进线	三只或者一只电流表 一只三相有功功率表	监视负荷大小、平衡情况以及计量电能消耗等
主变压器	三只或一只电流表 三只单相(或一只三相)有功电度表 三只单相无功电度表 铜损与铁损表	监视负荷情况、计量电能消耗
牵引网馈线	一只电流表	监视负荷情况
动力变压器	一只电流表 一只三相有功电度表	监视负荷情况以及计量电能消耗
10 kV动力馈线	一只电流表 一只三相有功电度表	监视母线电压
10～110 kV及以上电压母线	三只或一只电压表	监视母线电压
牵引电压母线	每相一只电压表(直流仅一只)	监视补偿电流以及计量补偿无功能耗
并联补偿电容器组	电流表 一只无功电度表	监视三相负荷的大小、平衡情况及三相功率

有功、无功功率表用于监测系统功率分配，也可以根据有功瓦特表、电流表、电压表的瞬时值，经换算得出瞬时功率因数值。

有功电能表用于统计计算用电能耗。根据有功、无功瓦时计的累积数据，可以确定用户在一段时间的平均功率因数。

电压表用以监视母线或电源，并按电压表指示的电压数值衡量、监视供电电压质量。

二、三相电路中有功电能的测量

交流电路中的电能通常用电度表测量，电度表是将电功率随时间累计起来的仪表。单相交流电路有功电能可用下式表示：$A=Pt=UIt\cos\varphi$，式中U为电网电压，I为负载电流，t为通电时间，$\cos\varphi$为负荷的功率因数。电能的常用单位为千瓦小时，简称度。电度表分为单相电度表和三相电度表，三相电度表又可分为三相有功电度表和三相无功电度表。

在三相三线制电路中，常用一只三相两元件有功电能表(或两只单相电能表)测量电能，图4-13为有功电能表测量电路的接线图。

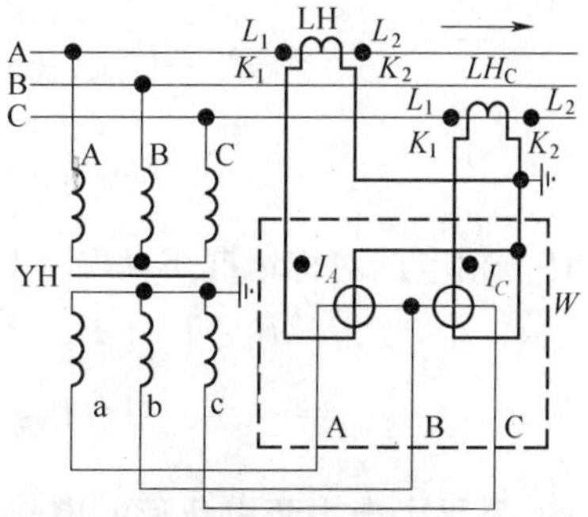

图4-13　三相两元件有功电能表的测量电路

两元件测得的电能(用有功功率有效值表示)分别为：

$$P_1=U_{AB}I_A\cos(30^\circ+\varphi_A) \tag{4-1}$$

$$P_2=U_{CB}I_C\cos(30^\circ-\varphi_C) \tag{4-2}$$

所以两元件测得的总功率为：

$$P=P_1+P_2=U_{AB}I_A\cos(30^\circ+\varphi_A)+U_{CB}I_C\cos(30^\circ-\varphi_C) \tag{4-3}$$

图 4-14 为三相有功功率表的另外两种接入方式。

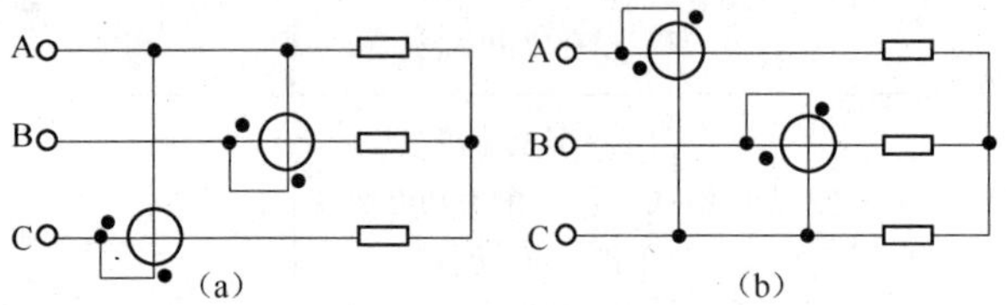

图 4-14　测量三相三线制电路有功电能的另外两种接线方式

三、三相电路中无功电能的测量

进行无功电能计量时，一般采用三相无功电能表，或者采用有功电能表跨相 90°的接线方法进行计量。图 4-15 为三相三线制的三相两元件无功电能表的测量电路，其特点是：B 相电流线圈(附加线圈)分别绕在 A、C 相电流线圈电磁铁上，其匝数相同，方向相反；附加线圈内相角为 30°。

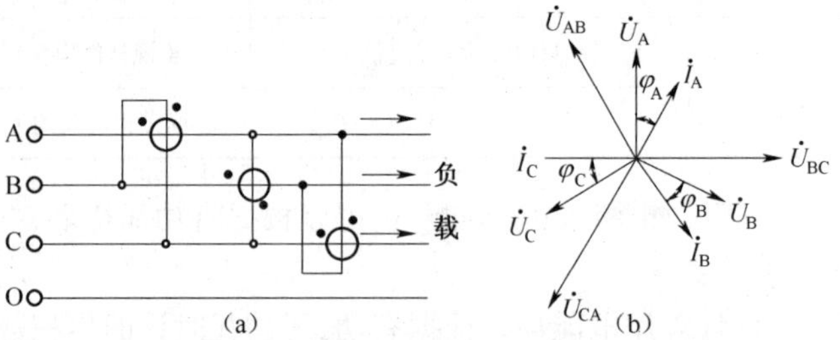

图 4-15　三相三线制的三相两元件无功电能表测量电路及相量图

两元件所测电能(用有功功率有效值表示)分别为

$$\begin{aligned}P_1&=U_{BC}I_A\cos(90^\circ-\varphi_A)-U_{BC}I_B\cos(30^\circ+\varphi_B)\\&=U_{BC}I_A\sin\varphi_A-\frac{\sqrt{3}}{2}U_{BC}I_B\cos\varphi_B+\frac{1}{2}U_{BC}I_B\sin\varphi_B\end{aligned} \tag{4-4}$$

$$\begin{aligned}P_2&=U_{AB}I_C\cos(90^\circ-\varphi_A)-U_{AB}I_B\cos(150^\circ+\varphi_B)\\&=U_{AB}I_C\sin\varphi_C+\frac{\sqrt{3}}{2}U_{AB}I_B\cos\varphi_B+\frac{1}{2}U_{AB}I_B\sin\varphi_B\end{aligned} \tag{4-5}$$

在三相电压对称情况下，$U_{AB}=U_{BC}=U_{CA}$，则两元件测得总功率为：

$$\begin{aligned}P&=P_1+P_2=UI_A\sin\varphi_A+UI_B\sin\varphi_B+UI_C\sin\varphi_C\\&=\sqrt{3}(U_AI_A\sin\varphi_A+U_BI_B\sin\varphi_B+U_CI_C\sin\varphi_C)=\sqrt{3}Q\end{aligned} \tag{4-6}$$

四、不平衡电力牵引负荷的电能计量

电气化铁路牵引变电所采用三相电力变压器或三相/两相特殊接线的主变压器供电时，由

于负荷三相不平衡、电路不对称、负序电流、换相连接等原因，三相牵引变电所不平衡电力牵引负荷的电能计量要复杂得多，需采取特殊的量度方法，并按照变压器接线方式和换相连接的相位进行具体分析。

三相牵引变电所的电能计量方式分为低压侧（25 kV）计量和高压侧计量。下面以我国广泛应用的 YN，d11 接线的三相牵引主变压器为例，分别介绍两种计量方式的电度表组成和接线原理。

1. 主变压器低压侧（25 kV）计量方式

如图 4-16 所示，YN，d11 接线变压器低压侧 C 端接钢轨，$\dot{U}_{ac}$、$\dot{U}_{bc}$相（相位差 60°）分别向两侧供电区供电，设牵引负荷电流为 $\dot{I}_a$、$\dot{I}_b$，负荷角为 φ_a、φ_b，高压进线相序为 A、B、C（顺相序），如取 $\dot{I}_b$ 为基准相量，则此时低压绕组的电流为：

$$\dot{I}_{bc}=-\frac{2}{3}\dot{I}_b-\frac{1}{3}\dot{I}_a;\dot{I}_{ca}=\frac{1}{3}\dot{I}_b+\frac{2}{3}\dot{I}_a;\dot{I}_{ab}=\frac{1}{3}\dot{I}_b-\frac{1}{3}\dot{I}_a \quad (4\text{-}7)$$

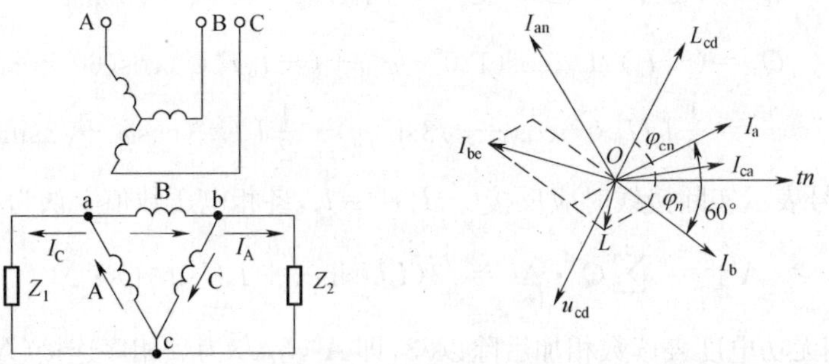

图 4-16　YNd11 接线变压器供电的牵引负荷相量

进行低压侧电能计量时，可直接通过两供电区的单相负荷计量牵引负荷取用的有功、无功电能，此外，还需计量变压器绕组的铜损、变压器的铁损（空载损耗），则每台三相电力变压器的有功、无功电度计量为：

$$A_{\Sigma P}=A_{P1}+A_{P2}+A_{P\cdot C}+A_{P\cdot M}\quad (\text{kW}\cdot\text{h}) \quad (4\text{-}8)$$

$$A_{\Sigma Q}=A_{Q1}+A_{Q2}+A_{Q3}+A_{Q\cdot C}+A_{Q\cdot M}\quad (\text{kVar}\cdot\text{h}) \quad (4\text{-}9)$$

式中，A_{P1}、A_{P2} 分别为两单相供电区计量的有功电度；A_{Q1}、A_{Q2}、A_{Q3} 分别为 3 个单相电度表测得的三相无功电度；$A_{P\cdot C}$、$A_{P\cdot M}$ 分别为铁损电度表计量的有功电度和无功电度，其中 $A_{P\cdot C}=P_C\times\Delta A_C$，$A_{Q\cdot C}=Q_C\times\Delta A_C$，$\Delta A_C$ 为铁损表读数；P_C、$Q_C=\frac{I}{100}\times S_e$ 分别为变压器铁损有功、无功部分；$A_{P\cdot M}$、$A_{Q\cdot M}$分别为两相铜损电度表计量的有功电度和无功电度，其中 $A_{P\cdot M}=P_{Me}\times\Delta A_M$，$A_{Q\cdot M}=Q_M\times\Delta A_M$，$\Delta A_M$ 与两相铜损表读数 X_a、X_b 有关，$\Delta A_M=f(X_a、X_b)$、其换算关系见式（4-14）；P_{Me}为变压器额定铜损，kW；$Q_M=U_k/100\times S_e$ 为变压器额定铜损无功部分 kVAR；U_K、S_e 分别为短路电压和额定容量。

有功、无功电度表的配置和接线方式分别如图 4-17 所示。

2. 不平衡负荷无功电能计量方法及分析

目前尚无单相无功电能表，一般采用单相有功电能表改变接线方式来计量无功电能（按 120°接线或 90°移相法连接），其配置方式和电流、电压接线如图 4-17(a)所示，当采用 90°跨相接线时，3 个无功电能表的计量表达式为：

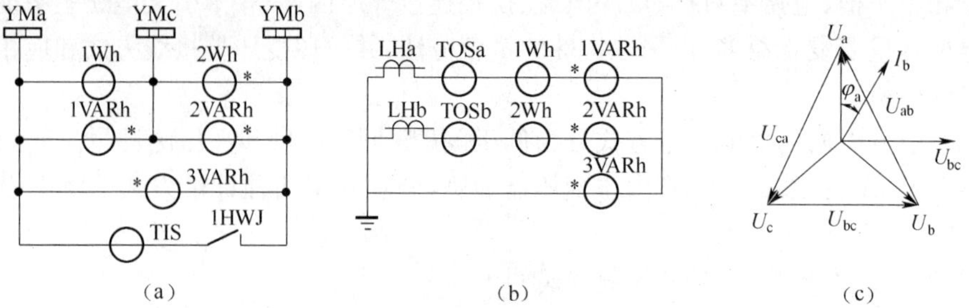

图 4-17　主变压器低压侧计量的电度表接线方式

(a)电压接线和电流接线图;(b)相量图

$$
\begin{aligned}
Q_1 &= I_a U_{bc}\cos(60°-\varphi_a)=\frac{1}{2}I_a U_{bc}(\cos\varphi_a+\sqrt{3}\sin\varphi_a)\\
Q_2 &= I_b U_{ca}\cos(120°-\varphi_b)=\frac{1}{2}I_b U_{ca}(-\cos\varphi_b+\sqrt{3}\sin\varphi_b)\\
Q_3 &= (-I_a)^* U_{ab}\cos(120°-\varphi_a)+(-I_b)^* U_{ab}\cos(60°-\varphi_b)\\
&=\frac{1}{2}I_a U_{ab}(-\cos\varphi_a+\sqrt{3}\sin\varphi_a)+\frac{1}{2}I_b U_{ab}(\cos\varphi_b+\sqrt{3}\sin\varphi_b)
\end{aligned}
\tag{4-10}
$$

式中,* 符号表示实际接线时应反接$(-I_a)^*=I_a$,各相电压数值上认为相等。则:

$$
A'_{\Sigma Q}=\sum_{i=1}^{3}Q_i\cdot\Delta t=\sqrt{3}(I_a U\sin\varphi_a+I_b U\sin\varphi_b)\cdot\Delta t \tag{4-11}
$$

将 3 个单相无功电度表读数相加后除以$\sqrt{3}$,即$A'_{\Sigma Q}/\sqrt{3}$为顺相序连接(A、B、C 相序)时的无功电量$A_{\Sigma Q}$。

高压进线换相连接后若为逆相序,例如 A、C、B 相序,低压侧仍为 C 相接钢轨,则式(4-4)的关系仍成立,只需把接入各个无功电度表的电流变换一下极性(即反接),读者可按这时的相量图自行分析其对应关系。

3. YN,d11 接线变压器绕组实际铜损电量的换算关系

由 a 、b 两相铜损表的读数 X_a、X_b 来反映主变压器的实际铜损,需经过换算,若两供电区分别有牵引负荷 $\dot{I}_a$、$\dot{I}_b$,由式(4-1)可导出变压器每相电流,则其铜损计算式为:

$$
P_M=\left[\left(\frac{2}{3}\dot{I}_a+\frac{1}{3}\dot{I}_b\right)^2+\left(-\frac{1}{3}\dot{I}_a+\frac{1}{3}\dot{I}_b\right)^2\left(-\frac{1}{3}\dot{I}_a-\frac{2}{3}\dot{I}_b\right)^2\right]\frac{P_{Me}}{I_{2e}^2} \tag{4-12}
$$

式中　P_{Me}/I_{2e}^2——变压器每相(原、次边)电阻(均归算到次边),$P_{Me}/I_{2e}^2=R=R'+R_2$;

P_{Me}、I_{2e}——变压器铜损和次边额定电流。

设两供电区牵引负荷的功率因数均相等(实际变化的误差忽略不计),则 I_a、I_b 之间的相位差恒为 60°(与 $\dot{U}_{ac}$、$\dot{U}_{bc}$ 间相位差相同),根据图 4-17 的电流向量关系,式(4-12)可简化为:

$$
P_M=\frac{P_{Me}}{3\cdot I_{2e}^2}(2I_a^2+2I_b^2+2I_c^2) \tag{4-13}
$$

两供电区某时刻内铜损表读数若分别为 X_a、X_b,考虑到实际流入铜损表的电流与接入该表的电流互感器一次额定电流有关,用铜损表读数表示,Δt 时间段内 I_b^2、I_b^2 为:

$$
I_a^2=\frac{I_{2LH}^2\cdot X_a}{\Delta t};I_b^2=\frac{I_{2LH}^2\cdot X_b}{\Delta t} \tag{4-14}
$$

将式(4-14)代入式(4-13),则铜损表计量的主变压器有功、无功电量 A_{PM}、A_{QM}分别表达为:

$$A_{PM}=P_{Me}\frac{I_{2LH}^2}{3I_{2e}^2}(2X_a+2X_b+\sqrt{X_aX_b})=K_P(2X_a+2X_b+\sqrt{X_aX_b})$$

$$A_{QM}=\frac{U_K}{100}\cdot S_e\cdot\frac{I_{2LH}^2}{3I_{2e}^2}(2X_a+2X_b+\sqrt{X_aX_b})=K_Q(2X_a+2X_b+\sqrt{X_aX_b}) \quad (4\text{-}15)$$

式中　I_{2LH}——供电区馈线电流互感器额定一次电流；

K_P、K_Q——常数，分别为 $K_P=P_{Me}I_{2LH}^2/3I_{2e}^2$，$K_Q=U_K/100\cdot S_e\cdot I_{2LH}^2/3I_{2e}^2$。

如某时刻两相铜损表读数为 X_a、X_b，则由式(4-15)的换算关系，可得到 YN，d11 接线主变压器在不平衡牵引负荷下运行的实际铜损有功和无功电度 A_{PM}、A_{QM}；式(4-8)和式(4-9)中的其他有功、无功电度计量，可直接从表计中读出，从而实现从主变压器低压侧计量不平衡牵引负荷的全部有功和无功电能。

4. 高压侧进线电能计量方式

在牵引变电所采用高压侧(110～220 kV)电能计量方式，可减少计量仪表数量、避免复杂的二次接线和铜损读数换算关系。鉴于两相牵引负荷电流差异大可能导致计量误差增大，采用三相二元件电能表或二只单相电能表计量有功电能。

为防止当供电区单臂(一相)有牵引负荷时在三相电能表一个元件(或一只单相电能表)中产生反转力矩，造成较大计量误差，有功电能表接线时应按电源进线相序进行相量分析。当主变压器低压侧 C 相接地时，一般应在两重负荷接入有功电能表，避免出现反转现象。

考虑继电保护要求，高压侧电能计量用的电流互感器变流比一般选得较大，变电所轻载或空载时可能造成电能表无电流而停转，导致电能计量不准确，因此，应研究选择高精度的高压计量仪用互感器和电能表的合理接线方式。

五、绝缘监视电路

大地是导体，任何带电系统与大地之间必须保持足够的绝缘水平，带电系统与大地间的绝缘破坏，必然危害系统的正常运行。为保障带电系统的正常运行，应设置绝缘状态监测装置。

1. 直流系统绝缘状况监测

绝缘监测主要指对带电直流系统与地之间绝缘的监测。正常状态下，直流系统的正、负极对地绝缘，如果仅直流系统中一点接地，则并不构成直流电源正、负极间的短路，熔断器不会熔断，对电路正常运行也不会有影响，这种状态下的短时运行是允许的。直流系统的绝缘状况，直接影响电力设备安全运行，直流系统绝缘降低，相当于直流系统经一定的电阻接地，为此，需在直流系统中设置足够灵敏且能连续工作的绝缘监测装置，经常测量直流系统的绝缘电阻，当直流母线任何一极对地绝缘下降到一定程度后，及时发出预告信号，提醒运行人员及时查找排除故障。

直流系统绝缘监测装置应满足以下要求：①设备正常运行时，能测量直流母线电压及绝缘电阻；②直流系统对地绝缘电阻低于规定值时，能自动发出预告信号(灯光及音响)，指示对地绝缘电阻降低或接地位置，测量直流系统对地电阻值并换算确定正、负极对地的绝缘电阻；③直流电源失压时，自动发出预告信号。

牵引变电所直流(二次)系统绝缘监测装置接线图如 4-18 所示，电路由信号部分和测量部分组成，两部分电路都根据直流电桥原理构成的，包括电阻 1R、电阻 2R、电位器 R_W、信号电流监测继电器 LDJ、信号电压监测继电器 YJ、高内阻直流电压表 1 V 和转换开关 WK 等。

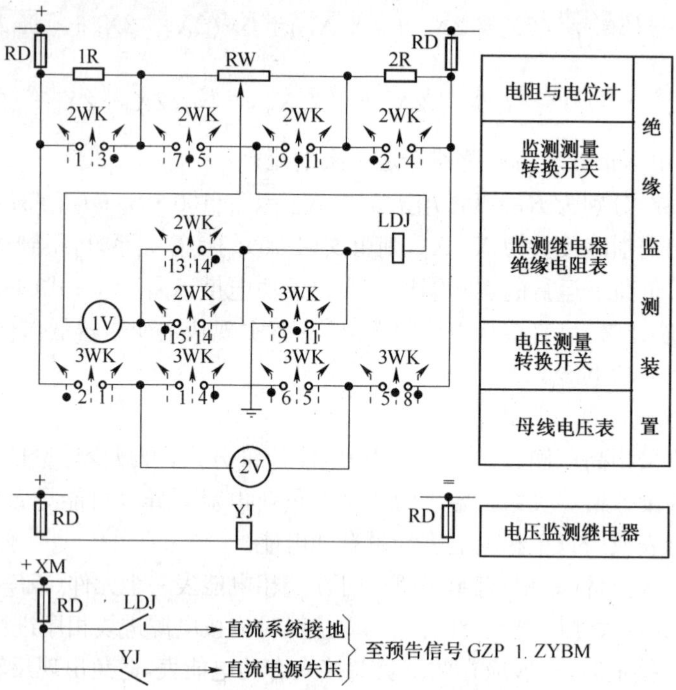

图 4-18　直流系统绝缘监测电路原理图

正常运行时，转换开关 2WK、3WK 处于中间位置，电压表 1V 开路，电路工作状态如图 4-19 所示，此时，直流系统两极对地的绝缘电阻 R_{JY}^{+}、R_{JY}^{-}的阻值极大且近似相等，继电器 LDJ 连接在由电阻 1R、电阻 2R 与绝缘电阻 R_{JY}^{+}、R_{JY}^{-}组成电阻电桥平衡电路中，LDJ 中无电流流通。

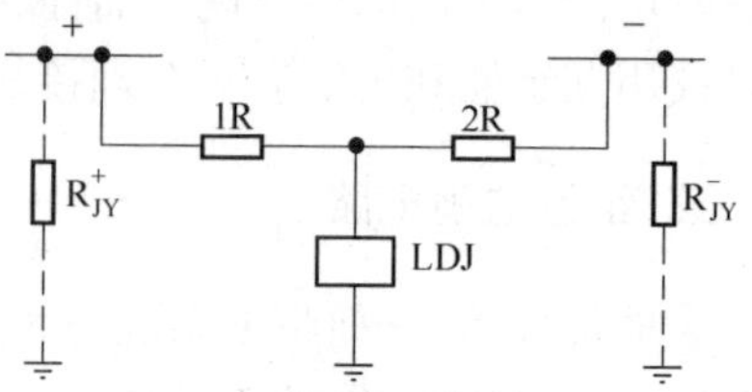

图 4-19　绝缘监测电路工作原理示意图

该装置电路具有四种功能：

①当直流系统一极对地绝缘电阻降到标准以下时，发出“母线接地”预告信号。

②实时测量直流系统对地绝缘电阻的数值。

③当直流电源电压过低或者失压时，发出“直流电源电压过低”预告信号。

④监测直流电源电压（或监测电源正极、负极分别对地电压）。

图 4-20 为微机直流系统绝缘监测装置的工作原理，装置的主要组成部分分为常规测量部分、支路扫描部分。

（1）常规测量部分

用两套交换分压器分别测得母线电压、正极对地电压、负极对地电压，将测量数据送至 A/D 转换器，经微机处理计算后数字显示电压和绝缘电阻值。绝缘监测装置与中央信号装置配合使用，当直流系统绝缘电阻过低或接地时，中央信号光字牌发出预告信号；当直流母线电压过低或过高时，同样发出预告信号。

（2）支路扫描部分

当直流绝缘电阻过低或接地时，装置发出预告信号，同时发出低频信号，通过两个隔直流耦合电容器向直流正、负母线发送交流探测信号（电压幅值相等，方向相同，在互感器二次侧反映正、负极对地绝缘电阻和分布电容的泄露电流相量和)，然后取出阻性分量，送至 A/D 转换器，以判断故障线路号数，经微机数据处理计算出绝缘电阻值，将结果送至显示器、打印机并自动记忆该项故障数据于存储器内，供事后查找提供资料。

2. 三相交流系统绝缘状态监测

三相大电流接地系统发生单相短路时，断路器迅速切除短路故障，不需设置绝缘监测装置；小电流接地系统单相接地故障并不破坏相间电压的对称性，允许短时持续运行，但为防止发展为相间短路，应设置绝缘监测装置，以便及时查找并消除单相接地故障，提高供电系统运行的可靠性。

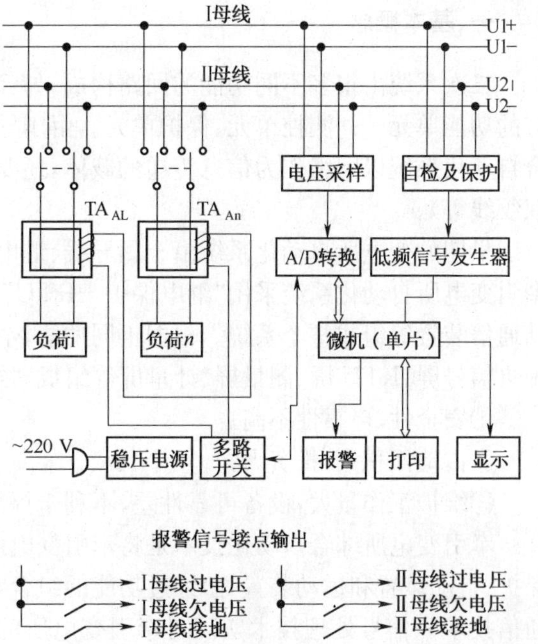

图 4-20　微机直流监察装置方框示意图

三相交流系统的一相接地(或绝缘电阻显著降低)时，将产生零序分量电压，这一特征作为三相交流系统绝缘状态监测装置的判据，牵引变电所设置的交流电网绝缘监测装置通常采用如图 4-21 所示原理电路构成。

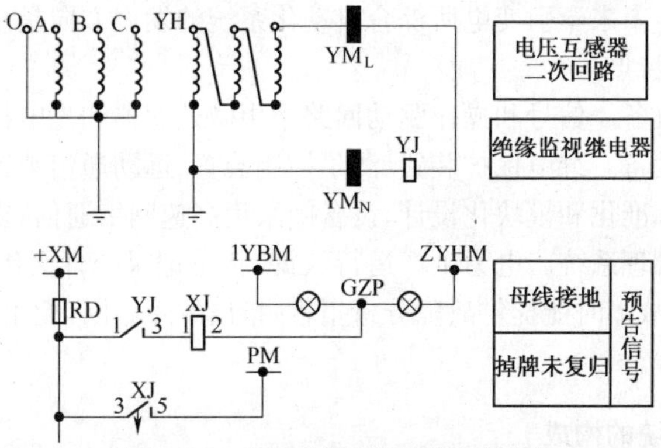

图 4-21　交流绝缘监测电路原理图

由图 4-20 可见，在三相五柱式电压互感器的开口三角形绕组输出端，接入监测电压继电器 YJ，YJ 的动作反映了三相交流电网一相接地的故障。

三相交流电网中一相接地(或其绝缘电阻显著下降)时，电压互感器开口三角形绕组的输出电压就是零序分量电压 $3\dot{U}_0$，即 $\dot{U}_a+\dot{U}_b+\dot{U}_c=3\dot{U}_0$，该零序电压分量 $3\dot{U}_0$ 使电压继电器 YJ 受电动作，其正接点 $YJ_{1\text{-}3}$ 闭合，使预告信号母线 1、2 YBM 通电，然后通过中央信号系统发出预告信号，相应的光字牌点亮。

第五节　综合自动化系统简介

随着计算机技术、网络技术和自动控制技术的发展，把传统的二次系统功能移植到以计算机和网络为核心的自动化系统中实现，即为综合自动化系统。

一、基本概念

二次系统由很多不同功能的回路构成，如：测量、控制和保护回路，综合自动化系统要有相应的功能单元——测控单元、保护单元。由于导线、接点、回路为信息传递媒介的方式不同，综合自动化系统以网络作为信息传递的载体，还要有相应的通信管理单元和通信媒介（如光纤、双绞线等）。

早期的变电所自动化系统由金属导线、继电器、操作按钮、仪表构成，随着计算机的普及，牵引变电所自动化系统采用“继电保护＋RTU”模式，由继电保护子系统、当地监控子系统、远动通信装置等组成整个系统。根据不同功能，牵引变电所自动化系统由继电保护屏、控制屏、中央信号屏、RTU屏、测量屏、计量屏等组成，“继电保护＋RTU”模式存在以下缺点：

①安全性、可靠性不高。

②占地面积大，投资大。

③维护工作量大，设备可靠性差，不利于提高运行管理水平和自动化水平。

牵引变电所综合自动化技术是将牵引变电所的二次设备（包括测量仪表、信号系统、继电保护、自动装置和远动装置等）经过功能的组合和优化设计，利用计算机技术、现代电子技术、通信技术和信号处理技术实现对牵引变电所的主要设备、馈线、接触网的自动监视、测量、控制、保护和调度通信等综合自动化功能。

经过十多年的发展，牵引变电所综合自动化系统已经达到一定的水平，在我国电气化铁路中得到了广泛的应用。未来牵引变电所综合自动化系统的发展方向是全数字化的综合自动化系统，主要有以下几个特点：

①智能化的一次设备。信号和操作驱动回路采用微处理器和光电技术设计。

②网络化的二次设备。继电保护装置、测量控制装置、远动通信装置、故障录波装置、在线状态检测装置等采用标准化和模块化设计，设备间采用高速网络通信，实现数据、资源共享。

③自动化的运行管理系统。电力生产运行数据、状态记录统计无纸化；数据信息分层、分流交换自动化；变电所故障时能提供故障分析报告，指出故障原因，提出故障处理意见；自动发出变电站设备检修报告。

二、综合自动化系统的构成

我国牵引变电所综合自动化系统一般采用分层分布式综合自动化系统，整个变电所设备一般分为三层：变电所层、间隔层（单元层）和过程层（设备层）。过程层主要包括变压器、断路器、隔离开关、电流互感器、电压互感器等一次设备；间隔层包括测量、控制部件和继电保护装置；变电所层包括监控主机、远动通信机等，并设置现场总线或局域网，供各二次设备之间交换信息。分层分布式综合自动化系统有集中组屏模式和分散安装模式，集中组屏模式根据不同的功能将综合自动化系统组装成多个屏，集中安装在主控室内，其典型结构如图4-22所示。

分层分布式综合自动化系统中各层有以下功能。

1. 变电所层

变电所层由当地监控单元和远动通信单元组成，二者互相独立。调度端控制命令可不通过当地监控单元执行；当地监控的显示器监视变电所运行情况，查看各种报表及曲线，当远动控制失效时，当地监控单元作为后备手段执行控制操作。

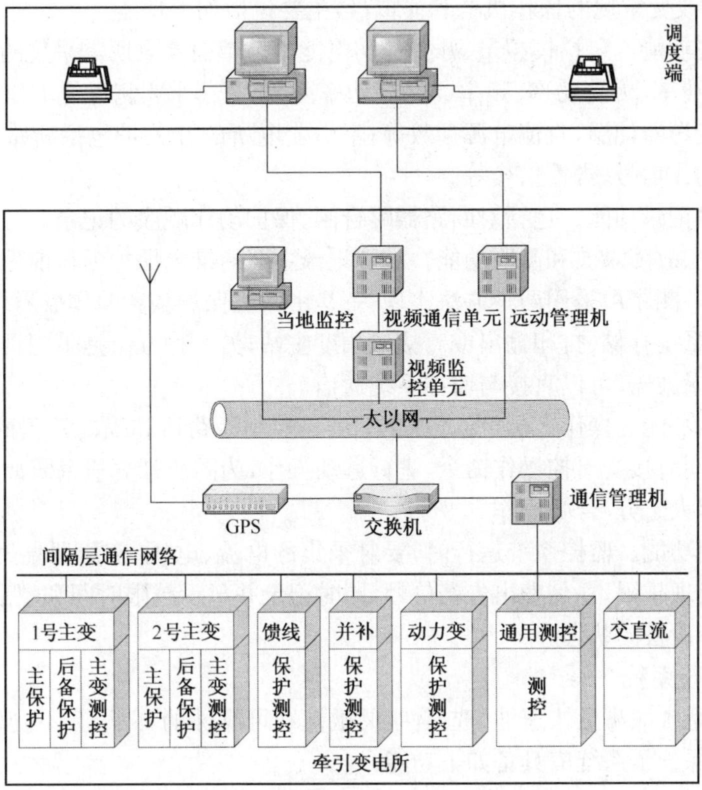

图 4-22　牵引变电所综合自动化系统结构图

当地监控单元由当地监控主机、流水和报表打印机、通信管理机组成，主要功能包括：

①当地监控功能。实时监视变电所内的开关运行状态，实时多窗口动态报警显示各种故障信息，显示全所的保护信息、故障录波、负荷录波及预告信息，动态显示全所的遥测量及实时曲线，实现牵引变电所内的各种开关的分/合控制、信号复归等的控制操作，通过合理性判定，实现保护装置的复归及参数整定，同时完成各种报表、记录、曲线的检索及显示。

②系统维护功能。通过系统维护软件完成数据的建立和修改、画面建立和修改、历史数据库的管理、系统运行参数的定义和修改、系统程序的维护和开发。

③实时数据及报表打印功能。实时完成调度员操作记录、故障报警、事件顺序、遥测量越限等数据的记录和打印，打印当地监控系统中的各种报表，对画面进行拷屏。

远动通信单元主要用于变电所与调度中心信息的交换。

2. 间隔层

间隔层包括各种保护、测量和控制设备，主要实现对牵引主变压器、馈线、电容器的保护、测控和控制。

三、综合自动化系统的主要功能

牵引变电所综合自动化系统是多专业技术的综合，是对牵引变电所传统的继电保护、控制方式、测量手段、通信和管理模式的全面技术改造。

1. 监控子系统

监控子系统代替常规的测量系统，取代指针式仪表、常规的告警、报警、中央信号、光字牌以及 RTU 装置，改变常规的操作机构和模拟盘，主要包括如下功能。

(1)数据采集功能。包括模拟量、开关量和电能量。牵引变电所需采集的模拟量包括进线电压、电流、有功功率、无功功率、频率、相位、功率因数、27.5 kV 侧母线电压、馈线电流、电容器电流、牵引主变压器油温、直流电源参数等；牵引变电所的开关量包括断路器和隔离开关的状态、继电保护动作信号、告警信号等。

(2)事件顺序记录功能。包括对断路器跳合闸、保护动作顺序的记录。

(3)故障记录、故障录波和测距功能。故障记录主要指继电保护动作前后与故障相关的电气量。故障录波和测距可采用两种方法实现：一是由微机保护装置兼作故障录波和故障测距，将结果送监控子系统存储、打印输出或直接送调度主站；另一种方法是采用具有串行通信功能的专用微机故障录波器，可以直接与监控系统通信。

(4)操作控制功能。操作人员可通过 CRT 屏幕控制断路器和隔离开关的分/合闸操作及电容器的投/切，同时接受遥控操作命令，进行远动操作；为防止计算机系统故障时无法操作被控设备，同时保留人工分/合闸操作。

(5)安全监视功能。监控系统运行时，要对采集的电流、电压、变压器温度、频率等量不断进行越限监视，发现越限，立刻发出告警信号，同时记录并显示越限时间和越限值，并监视保护装置、自控装置等设备的状态。

2. 继电保护子系统

继电保护子系统应满足快速性、选择性、灵敏性和可靠性的要求，且不受监控等其他子系统的影响。继电保护子系统应具备如下功能：

(1)故障记录功能。

(2)统一时钟对时功能，以便准确记录发生故障和保护动作的时间。

(3)存储多种保护整定值。

(4)对保护整定值能当地显示、多处观察并授权修改。

(5)故障自诊断、自闭锁和自恢复功能。每个保护单元应有完善的故障自诊断功能，发现内部有故障，能自动报警，并能指明故障部位，以利于查找故障和缩短维修时间，对于 A/D 转换器、存储器等关键部位故障应自动闭锁保护出口；当受干扰造成"跑飞"的软故障时，软件具备自启动功能，以提高装置的可靠性。

继电保护子系统应能对牵引变电所全套主要设备进行保护，包括：变压器主保护、变压器后备保护、馈线保护、电容器保护、动力变保护等。

3. 通信子系统

通信子系统包括系统内部的现场级通信和牵引变电所自动化系统与上级调度的通信两部分。现场级通信主要解决系统内部各个子系统与监控子系统之间、各个子系统间的数据通信和信息交换问题，他们的通信范围在变电所内部；综合自动化系统须兼有 RTU 的全部功能，能够将所采集的模拟量、开关状态以及事件顺序记录等信息远传至调度端，同时能够接收调度端下达的各种操作、控制命令。

第六节　交、直流自用电源与操作电源

供变电工程中，监控控制系统、继电保护系统、变压器冷却系统、设备加热、室内外通风照

明、设备检修等都离不开电能，为此，通常设置专用供电系统，称为自用电系统，自用电系统分为交流自用电和直流自用电两个系统。自用电系统在供变电工程中占有重要地位，其工作状态直接影响主要电路的正常运行。

一、交流自用电系统

交流自用电系统要求有两回电源，因此，在供变电工程中常设两台自用变压器，容量根据自用电负荷大小确定，牵引变电所通常设两台容量为 50～100 kV·A 的自用电变压器，一台工作，一台备用，每台自用变压器都能单独承担变电所的自用电负荷，交流自用电系统配有备用电源自投装置，确保在运行中当自用电源发生故障时备用电源能够自动投入运行，自用电变压器一般从牵引侧母线取电，若有 10 kV 三相交流电源时，则自用电变压器中的一台应由该电源供电。

牵引变电所自用电变压器的接线方式和结构因主变压器接线方式的不同而不同，主要有以下形式：

主变压器采用三相变压器接线时，自用电变压器一般采用普通的三相动力变压器；主变压器采用三相/二相变压器接线时，根据具体情况采用与主变压器的反接线方式取得三相对称电源，例如，主变压器采用斯科特接线时，自用电变压器采用逆斯科特接线方式，并配置变比为 1∶1的 Y，yn 接线变压器；主变压器采用 V 形接线时，自用电变压器也相应由两台单相变压器连接成 V 形接线方式，但这种牵引变电所应备有应急的单相—三相电源，以保证牵引变电所中一相缺电时，仍可从单相电源上取得三相电源，从而使交流自用电负荷得到不间断供电，例如劈相机、劈相变压器、直—交逆变压器等。

三相 Y/d 接线主变压器变电所的交流自用电系统如图 4-23 所示，25 kV/380 V 的三相自用电变压器为主供电源，当该电源失压时，由自动装置使接触器 2C 自动断开，并将接于 10 kV 电源的备用自用电变压器自动(或手动)投入工作。图中 380/220 V 低压母线来自两个不同电源，不允许并列运行，故母联回路中设有接触器 3C，它只在 1C 或 2C 单独工作时才合闸(1C、2C 与 3C 间有闭锁电路)。

二、直流自用电系统

供变电工程自用电负荷中，一部分采用直流电源供电，如继电保护系统、控制系统、事故照明等。牵引变电所直流电源是一种非常重要的二次设备，其主要任务是给继电保护、开关分合控制提供可靠的直流操作电源，关系到牵引供电系统的稳定运行和设备安全。采用直流 220 V或 110 V 作为操作电源时，称为直流操作电源，它与直流自用电负荷馈线连接构成直流系统。

按获得直流电能方式的不同，牵引变电所直流系统一般分为两种：

1. 整流式直流系统

整流式直流操作电源分为相控整流和高频开关整流两种，前者依靠改变晶闸管的导通相位来控制整流器输出电压；后者采用功率半导体器件，通过周期性通断开关、控制开关元件的占空比来调整输出电压。整流式直流操作电源的容量大、造价低、使用寿命长、维修工作量小，但整流装置受交流系统运行情况影响大，供电可靠性不强。

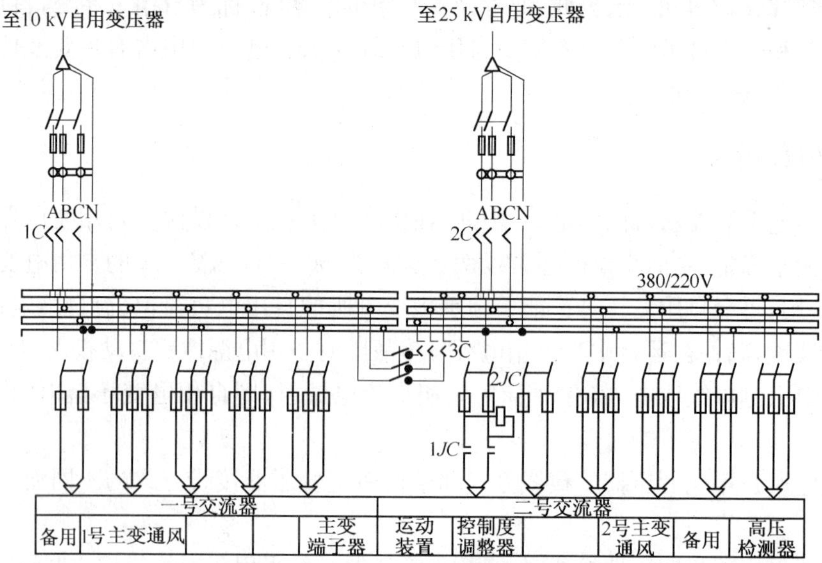

图 4-23　三相牵引变电所交流自用电系统

2．蓄电池组直流系统

牵引变电所的直流系统是一个不间断的直流电源，要求配置蓄电池。蓄电池组作为一种独立的电源，不受交流电源的影响，当整流系统交流失电或发生故障时，蓄电池继续给控制、信号、继电保护和自动装置供电，同时还要保证事故照明用电，由于蓄电池电压平稳、容量大，既适合各种复杂的继电保护和自动装置，也适于对各类型断路器的操作控制。

变电所具有庞大的、多分支的直流供电网络，为提高对重要负荷的供电可靠性，一般采用分段环形供电法，正常时开环运行，且按照负荷的种类和路径，分成各自独立的供电网。例如控制回路、信号回路和不同电压等级配电装置的断路器合闸回路，都形成一个各自独立的由直流母线引出的环形供电网络，当某一网络出现故障时，不致影响其他部分的供电，且便于检修和排除故障。

图 4-24 为主控制室内控制和信号回路的供电网络图，图中＋KM、－KM、＋XM、－XM 和(＋)SM 为控制屏上的控制、信号和闪光电源小母线，各小母线上的电源通过两根电缆分别从两组直流母线上引来，在控制屏上组成环形供电网络，图中小母线分为三段，各段之间通过电缆连接，电源进线和各分段之间都装有刀闸开关，运行中根据需要在适当的地方开环运行。

三、蓄电池组直流系统

蓄电池组是一种化学能源，是发电厂和变电所的独立直流电源。20 世纪 80 年代以前，我国多采用固定式铅酸蓄电池，现在多采用新型封闭式免维修铅酸蓄电池或碱性镉镍蓄电池，碱性电池具备体积小、寿命长、运行维护简便、技术性能好等优点，且产生腐蚀性气体少，有利于环境保护。

蓄电池作为供变电工程的后备电源，其容量(安时数)必须满足在交流电源消失后能够进行恢复变电所供电所需的开关操作。

1．结构与充放电原理

镉镍蓄电池由正极板、负极板、隔离物、电解液和外壳等部分组成，正极板以水合氧化镍 NiO(OH)作为活性涂层，负极板的活性涂层为镉粉 Cd，正负极板之间的隔板一般采用热塑性塑料隔栅，电解液为 21％的氢氧化钾 KOH 溶液，它们分别组装放置于用铁质或一定强度的塑料外壳中形成镉镍蓄电池。

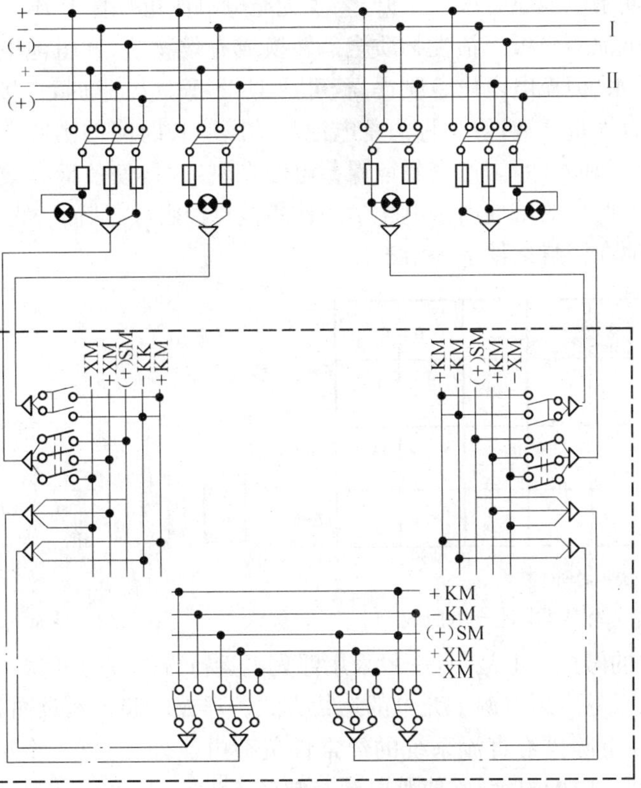

图 4-24　主控制室内控制、信号小母线供电网络图

蓄电池投入运行前，或者放电完毕后，必须进行充电，把正极板上的活性物质氢氧化亚镍转化为有效物质氢氧化镍；把负极板上的活性物质氢氧化镉转换成有效物质金属镉，即把电能转换成有效物质的化学能，才能使用；放电时，镉镍蓄电池与外电路接通，在蓄电池电势的作用下，外电路将有电流流通。充放电的总反应方程式为：

$$Cd(OH)_2+2Ni(OH)_2 \underset{放电}{\overset{充电}{\rightleftharpoons}} Cd+2H_2O+2NiOOH \tag{4-16}$$

从以上化学反应过程可知，放电和充电过程，分别是电池极板活性物质的化学变化过程，充放电时电解液不参加化学反应，故电池工作时不会消耗电解液，只作为电流的传导体，其浓度不发生变化，因此无法根据电解液密度判断充放电情况，电压的变化反映了充放电程度，这是碱性蓄电池特点之一。

2. 充放电特性及运行方式

蓄电池的充电过程，就是电能转换为化学能的过程，也是电池正负极板的有效物质还原的过程。充电特性曲线反映了充电时蓄电池的端电压、充电电流与充电时间三者的关系，如图4-25所示。

从曲线看出，电池在开始充电的初始阶段（0～2 h），蓄电池端电压很快上升到 1.4～1.5 V 左右，随后在第 2 h 至第 4 h 内蓄电池端电压缓慢上升，当电池电压升到 1.65 V 时即已充足，若再继续充电则处于过充电状态，此时大部分电能消耗在电解水过程中。充电初期，充电化学反应在极板表面进行，由于有效物质与电解液的接触面大，电化学反应剧烈，极板表面有效物质迅速增多，使蓄电池电势迅速提高，为维持恒定的充电电流，充电初期电压也必须相应的提高，因此电压上升较快；充电中期，电化反应在极板内部进行，电化反应比较平稳，产生有效物质比较缓慢，使蓄电池电势缓慢上升，表现为充电电压也平稳上升。

充电结束，蓄电池两极板上活性物质全部转换成有效物质，蓄电池电势不再提高，充电电流大部分用于电解水，但充电电压急剧提高，可达 1.7～1.9 V，这时，正极板析出氧气，负极板析出氢气，极板上有大量气泡逸出，称为蓄电池的沸腾。长时间的沸腾会使有效物质脱落，从而降低蓄电池的容量和寿命，国产密封镉镍蓄电池在制造时，使负极有效物质过量，可避免氢气的产生，正极板上产生的氧气由于电化学的作用被负极吸收，从而防止了蓄电池内部气体的聚集，保证了蓄电池在密封条件下正常工作。

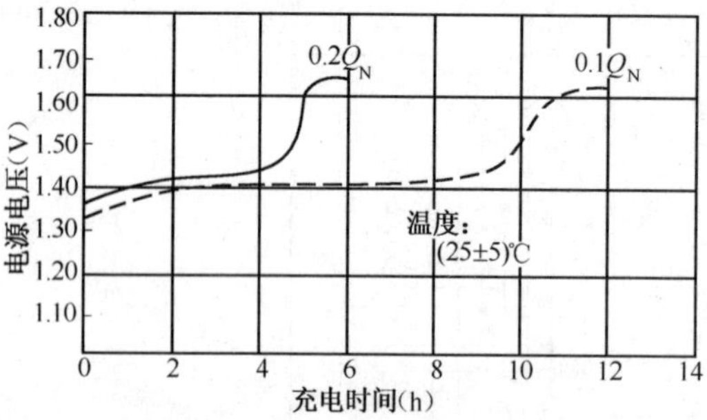

图 4-25　烧结式镉镍蓄电池充电曲线

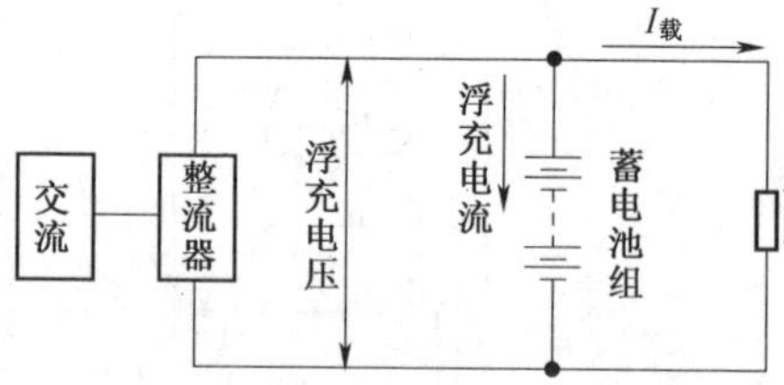

图 4-26　浮充电装置示意图

牵引变电所中的碱性蓄电池组，一般采用浮充电运行方式，就是将蓄电池并联在足以使其容量保持在较高水平的定压电源上充电的运行方式。浮充电装置示意图如图 4-26 所示。

正常时，浮充装置除供给直流系统的经常性负荷电流外，还以一个小电流向蓄电池组浮充，以补偿蓄电池白放电的损耗，并使蓄电池经常处于满充电状态，当直流系统中出现较大的冲击负荷时(如断路器合闸)，绝大部分电流由浮充装置供给，如浮充电源中断，则全部直流负荷由蓄电池组供给。

牵引变电所中的浮充电，一般采用恒压充电。小型直流系统采用一套硅整流设备，兼做蓄电池的充电和浮充用；对于较大型直流系统则将主充电设备和浮充电设备分开。由于浮充电装置功率较小，经常同蓄电池组并联工作。

思考题

1. 什么是二次接线？有何作用？
2. 二次接线图有哪些类型，各有什么特点，各有何用途？
3. 简述二次接线图的标号原则和标号方法。
4. 如何阅读二次回路图？
5. 断路器的控制回路应满足哪些基本要求？
6. 何谓断路器的“跳跃”现象？控制回路中有哪些防止“跳跃”的措施？其简要原理如何？
7. 中央信号装置包含哪几部分？各部分作用是什么？
8. 变电所有哪些信号，它们分别起什么作用？中央信号担负什么任务？
9. 牵引变电所综合自动化技术的概念是什么？有何特点？简述牵引变电所综合自动化系统的结构与功能。

第五章

牵引变电所设计

各种高压电器设备的选择和计算是供变电工程设计主要内容之一，其主要计算项目是高压电器设备承受长期最大负荷电流及短路电流情况下发热是否会导致设备温升过高以及是否具有承受短路电流电动力的足够能力。

合理选择电器设备，评估计算其承受短路故障能力，调整电气主接线和配电装置的设计，达到安全、经济运行的目的，是本章进行讨论的主要内容。

第一节　电气设备的发热与电动力

电器设备在运行过程中，承受一定的电压，导电部分流过负荷电流，当系统或设备发生故障时，还可能承受过电压和过电流。短路电流通过电气设备或载流导体时，会产生很大的电动力，使设备受到破坏，甚至产生永久性变形；而且，强大的短路电流所产生的热，会造成设备温度升高，使导体机械强度降低，以致变形或是接触部分连续状态恶化。另外，设备的温度升高还会使绝缘强度降低，加速老化，过高温度会使绝缘破坏。

一、电流的热效应

电气设备和载流导体通过电流时，导体及其接触部分的电阻产生的功率损耗、导体周围的金属材料（特别是铁磁物质）在交变磁场中因涡流产生的损耗、导体周围的绝缘材料在电场作用下产生的介质损耗等几乎全部转变为热能。其中一部分热能使导体本身发热，温度升高，当温度升高超过一定值后，将损坏电气设备；另一部分热能则以传导、辐射或对流方式散失到周围介质中去，因此，电能损耗产生的热量等于导体本身的吸热与导体散热之和。

电气设备流过负荷电流及短路电流时的温度变化曲线如图 5-1 所示，设备的环境温度为 θ_0，在零时刻到 t_1 时刻内，设备未投入运行，其本身温度等于环境温度 θ_0；t_1 到 t_2 时间段内设备投入运行，流过负荷电流 I_L，温度上升到 θ_L；t_2 时刻发生短路；t_3 时刻短路故障被切除，温度由 θ_L 上升到 θ_K；t_3 时刻后设备退出运行，则其温度由 θ_K 逐渐下降到 θ_0。

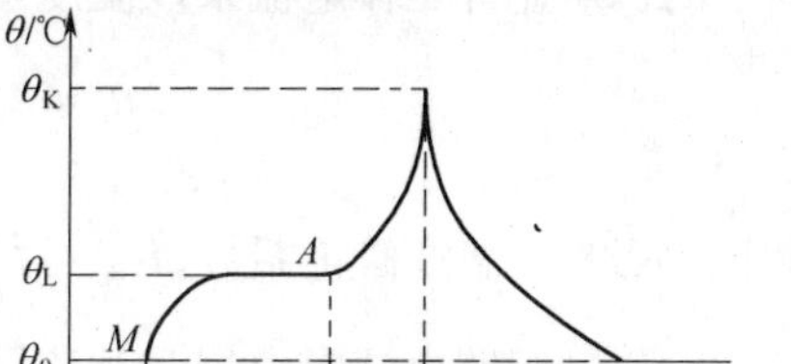

图 5-1　导体通过电流时温度变化曲线

1. 电气设备和载流导体的负荷电流发热

电气设备和载流导体连续通过恒定负荷电流 I_L 时，其温度上升如图 5-1 中曲线 *MA* 所示。起始时因设备与环境之间温差小、散热少、吸热多，温度上升较快；随着设备与环境之间温差增大，散热增多，吸热逐渐减小，温度上升速度减慢；

当单位时间内的发热等于散热时，导体本身不再吸收热量，温度不再升高，此时温度达到一个稳定值 θ_L。

我国规定的各种载流部分长期发热（正常发热）的允许温度列于表 5-1。

表 5-1　各种载流部分长期发热的容许温度

序号	电器部分名称	最高允许发热温度		介质温度 40℃时的温升	
		在空气中(℃)	在油中(℃)	在空气中(℃)	在油中(℃)
1	不与绝缘材料接触的载流与不载流的金属部分	115	90	75	50
2	与绝缘材料接触的载流和不载流金属部分以及由绝缘材料制成的零件，当绝缘等级为：Y	85	—	45	—
	A	100	90	60	50
	E、B、F、H、C	115	90	75	50
3	最上层变压器油 1. 作为灭弧介质时	—	80	—	40
	2. 只作绝缘介质时	—	90	—	50
4	接触连接 1. 由钢或其合金制成，没有银覆盖层： ①用螺栓、螺纹、铆钉和其他能保证紧固连接方法压紧	80	85	40	45
	②用弹簧压紧	75	80	35	40
	2. 由铜和其合金制成，有镀银层	90	90	50	50
	3. 由银制成或表面带有焊接的银片	105	90	65	50

当流过设备的负荷电流与长期允许工作电流不同时，在计算环境温度下，负荷电流发热的稳定温度可用下式计算：

$$\theta_L=\theta_{0N}+(\theta_{xu}-\theta_{0N})\left(\frac{I_L}{I_{xu}}\right)^2 \tag{5-1}$$

式中　I_{xu}——设备的长期允许工作电流；

θ_{xu}——设备的允许温度；

I_L——流过设备的负荷电流。

应用式(5-1)时，当实际环境温度 θ_0 不等于 θ_{0N} 时，其长期允许工作电流将发生变化，应将 θ_{0N} 下的长期允许工作电流乘以温度修正系数 K_θ 作为实际环境温度下的长期允许工作电流。

$$\theta_L=\theta_{0N}+(\theta_{xu}-\theta_{0N})\left(\frac{I_L}{K_\theta\cdot I_{xu}}\right)^2 \tag{5-2}$$

式中　K_θ——温度修正系数，$K_\theta=\sqrt{\dfrac{\theta_{xu}-\theta_0}{\theta_{xu}-\theta_{0N}}}$。

2. 通过短路电流时电器和载流导体的发热

图 5-1 中，t_2 到 t_3 是短路电流发热时间（即为短路电流持续时间），一般可以认为是主继电保护动作时间与断路器固有分闸时间之和，短路电流持续时间很短，导体产生的热量来不及向周围介质散失，几乎全部用于导体温升，导体温度由 θ_L 升高到 θ_K。为保证电器设备的热稳定，θ_K 必须小于设备允许的短时发热最高温度 θ_{Ka}。足够高的温度和足够长的发热时间将导致设备绝缘材料的老化和金属机械强度的降低，因为短路电流发热时间很短，故 θ_{Ka} 比正常发热允许温度要高，见表 5-2。

表 5-2　短时发热最高允许温度(℃)

<table>
<tr><th colspan="2">导体的材料和种类</th><th>短时最高允许温度</th><th colspan="2">导体的材料和种类</th><th>短时最高允许温度</th></tr>
<tr><td rowspan="5">母线</td><td>铜</td><td>300</td><td colspan="2" rowspan="5">充油纸绝缘电缆 60～330 kV
橡皮绝缘电缆
聚氯乙烯电缆</td><td rowspan="5">150
150
120</td></tr>
<tr><td>钢(有锡覆盖层接触面时)</td><td>200</td></tr>
<tr><td>铝</td><td>200</td></tr>
<tr><td>钢(不和电器直接连接)</td><td>420</td></tr>
<tr><td>钢(和电器直接连接)</td><td>320</td></tr>
<tr><td rowspan="3">油浸纸绝缘电缆</td><td>铜芯 10 kV 及以下</td><td>250</td><td rowspan="2">交联聚乙烯电缆</td><td>铜芯</td><td>230</td></tr>
<tr><td>铝芯 10 kV 及以下</td><td>200</td><td>铝芯</td><td>200</td></tr>
<tr><td>20～30 kV</td><td>175</td><td colspan="2">有中间接头的电缆(不包括聚氯乙烯电缆)</td><td>150</td></tr>
</table>

短路电流通过导体时，导体吸热导致温度升高，对于均匀导体：

$$I_{kt}^2 \cdot R_\theta \cdot dt = G \cdot C_\theta \cdot d\theta \tag{5-3}$$

式中　I_{kt}——t 时刻短路全电流有效值，A；

R_θ——导体电阻，Ω；

G——导体质量，kg；

C_θ——导体比热，J/kg·℃。

短路发热时，由于温度剧增，导体电阻 R_θ 和比热 C_θ 是随温度变化的量。若导体零度时电阻率为 ρ_0，温度系数为 α，导体截面积为 S(mm²)，长度为 l(m)，则任意温度 θ 时导体的电阻为：

$$R_\theta = \rho_0(1+\alpha\theta)\frac{l}{S} \tag{5-4}$$

若导体零度时的比热为 C_0，温度系数为 β，导体密度为 γ(g/cm³)，则任意温度 θ 时导体比热为：

$$C_\theta = C_0(1+\beta\theta) \tag{5-5}$$

将式(5-4)、式(5-5)代入式(5-3)中得：

$$\frac{I_{Kt}^2}{S^2} \cdot dt = \frac{C_0\gamma}{\rho_0} \cdot \frac{1+\rho\theta}{1+\alpha\theta} \cdot d\theta \tag{5-6}$$

令短路时刻为 $t=0$，短路切除时刻为 t_K，则导体温度相应地从 θ_L 升高到 θ_K。对(5-6)式积分得：

$$\frac{1}{S^2}\int_0^{t_K} I_{Kt}^2 dt = \frac{C_0\gamma}{\rho_0}\int_{\theta_L}^{\theta_K}\frac{1+\beta\theta}{1+\alpha\theta}d\theta \tag{5-7}$$

式(5-7)左边表示短时发热数据，右边表示导体短时发热脉冲，两者均可用于校验电器设备的热稳定性。

1. 短路电流发热数据的计算

如以 Q_{Kt} 表示任意时刻短路电流 t_K 的热效应，并将短路全电流分解为周期分量电流与非周期分量电流，则式(5-7)左边可得：

$$Q_{Kt} = \int_0^{t_K} i_K^2 \cdot dt = \int_0^{t_K}(\sqrt{2}\cdot I_K\cos\omega t - i_{npo}e^{-\frac{t}{T_{fi}}})^2 dt \tag{5-8}$$

假定故障切除时间为电流周波数的整数倍即 $t_K=2\pi n$；$\cos t_K=1$；$\sin t_K=0$，上式展开后中间相 $2\sqrt{2}\cdot I_K\cos\omega t\cdot i_{npo}e^{-\frac{t}{T_{fi}}}$ 的积分为零，则式(5-8)简化为：

$$Q_{Kt} = \int_0^{t_k} I_{Kt}^2 dt + i_{npo}^2 \cdot \frac{1}{2}T_{fi}\cdot(1-e^{-\frac{t}{T_{fi}}}) = Q_P + Q_{np} \tag{5-9}$$

式中，Q_P、Q_{np} 分别为短路周期分量电流和非周期分量电流的发热效应。

①短路周期分量电流热效应的计算

式(5-9)中的第一项，I_{Kt}^2 是随时间变化的曲线，在$(0,t_K)$区间中与时间轴组成的曲边形面积(相当于周期分量电流发热量)可利用辛普生求积公式求解，如图 5-2(a)所示，函数 $f(x)$在区间(a,b)之间的面积(将 ab 二等分，取 $n=2$)。用辛普生公式表示为：

$$\int_{x_0}^{x_2} f(x)\mathrm{d}x = \frac{x_2 - x_0}{3n}(f_0 + 4f_1 + f_2) = \frac{x_2 - x_0}{6}(f_0 + 4f_1 + f_2) \qquad (5\text{-}10)$$

式中，f_0、f_1、f_2 分别为 $x=x_0$、x_1、x_2 时的函数 $f(x)$的值。

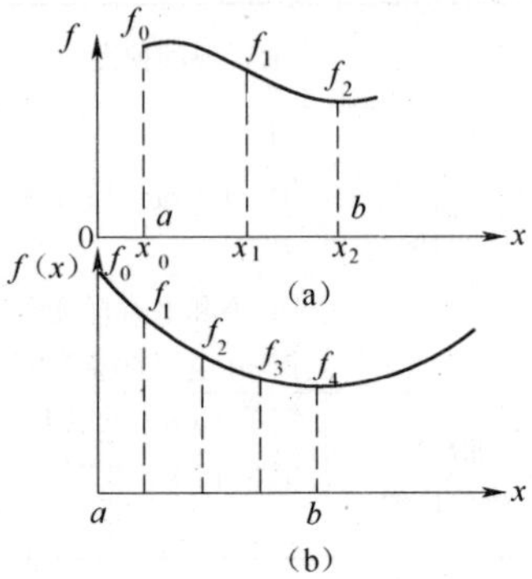

图 5-2　辛普生公式求积

(a)一般公式；(b)复化公式

若将区间(a,b)分为 4 等份，如图 5-2(b)所示，每二等分再利用辛普生公式求积，迭加后得复化辛普生公式：

$$\int_a^b f(x)\mathrm{d}x = \frac{b-a}{12}[f_0 + f_4 + 4(f_1 + f_3) + 2f_2] \qquad (5\text{-}11)$$

令 $f_1 + f_3 \approx 2f_2$，则

$$\int_a^b f(x)\mathrm{d}x \approx \frac{b-a}{12}(f_0 + f_4 + 10f_2) \qquad (5\text{-}12)$$

由式(5-12)可知，只要已知 f_0、f_2、f_4 的值，即可求得较准确的 $f(x)\mathrm{d}x$ 面积，这个方法可简称为 1-10-1 法。

利用式(5-12)计算短路电流周期分量热效应时，只需求出 $t=0$ 时短路电流 I_0，t_K 时的电流 I_{t_K} 以及$\frac{1}{2}t_K$ 时的电流 $I_{t_K/2}$，即可按下式计算出 Q_P：

$$Q_P = \frac{I_0^2 + 10(I_{t_K/2})^2 + I_{tK}^2}{12} \times t_K \quad (\mathrm{A \cdot s}) \qquad (5\text{-}13)$$

②非周期分量电流发热计算

由式(5-9)可知：

$$Q_{np} = i_{npo}^2 \cdot \frac{1}{2} T_{fi} \cdot (1 - e^{-\frac{t}{T_{fi}}}) \qquad (5\text{-}14)$$

由短路计算可知：$i_{npo} = \sqrt{2} \cdot I_0$，远端短路时 $T_{fi} \approx 0.05 \sim 0.064$，则按短路持续时间的长短，式(5-14)可表达为下列两种形式：

当 $t_K < 0.1$ s 时，

$$Q_{np} = 2 \cdot I_0^2 \cdot \frac{1}{2} T_{fi} \cdot (1 - e^{-\frac{t}{T_{fi}}}) = I_0^2 \cdot T_{fi} \cdot (1 - e^{-\frac{t}{T_{fi}}}) \quad (\mathrm{A^2 \cdot s}) \qquad (5\text{-}15)$$

当 $t_K \geqslant 0.1$ s 时，

$$Q_{np} = I_0^2 \cdot T_{fi} \quad (\mathrm{A^2 \cdot s}) \qquad (5\text{-}16)$$

(2)短路电流发热最终温度(热脉冲)的计算

式(5-7)右边积分结果如下：

$$\begin{aligned}&\frac{C_0\gamma}{\rho_0}\int_{\theta_L}^{\theta_K} \frac{1+\beta\theta}{1+\alpha\theta}\mathrm{d}\theta \\ &= \frac{C_0\gamma}{\rho_0}\left[\frac{\alpha-\beta}{\alpha^2}\ln(1+\alpha\theta_K) + \frac{\beta}{\alpha}\theta_K\right] - \frac{C_0\gamma}{\rho_0}\left[\frac{\alpha-\beta}{\alpha^2}\ln(1+\alpha\theta_L) + \frac{\beta}{\alpha}\theta_L\right] \\ &= A_K - A_L\end{aligned} \qquad (5\text{-}17)$$

A_K（A_L）是反映短路最终（或起始）温度的"热脉冲"，即导体短路发热达到的短时最高温度，它与导体的ρ_0、C_0、γ、α、β等参数有关，为简化计算，根据常用导体材料（铜、铝、钢）的平均参数作成$A_0=f(\theta)$曲线，如图 5-3 所示。

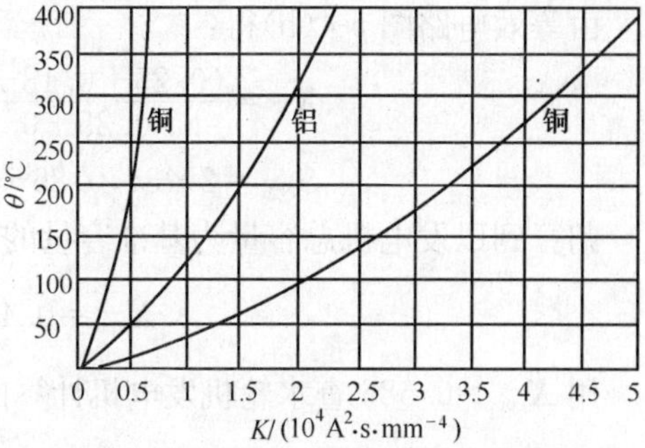

图 5-3　短路发热时 $A_0=f(\theta)$ 曲线

由式(5-7)可得如下关系式：

$$\frac{1}{S^2}(Q_P+Q_{np})=A_K-A_L \tag{5-18}$$

$$A_K=A_L+\frac{1}{S^2}(Q_P+Q_{np}) \tag{5-19}$$

A_L 可由式(5-1)计算出 θ_L，查图 5-3 可得。$\frac{1}{S^2}(Q_P+Q_{np})$可由式(5-13)、式(5-15)或式(5-17)计算得出，进而计算出 A_K，再查图 5-3 曲线，得出所求的短时发热最高温度 Q_K。

例如，图 5-4 所示网络 K 点三相短路时，求短路点电压及电器与导体的热效应，设切断短路电流的时间 $t_K=0.1$s，所有发电机均为水轮发电机，$S_{T1}=S_{T2}=40.5$ MV·A，$S_{T3}=31.5$ MV·A。

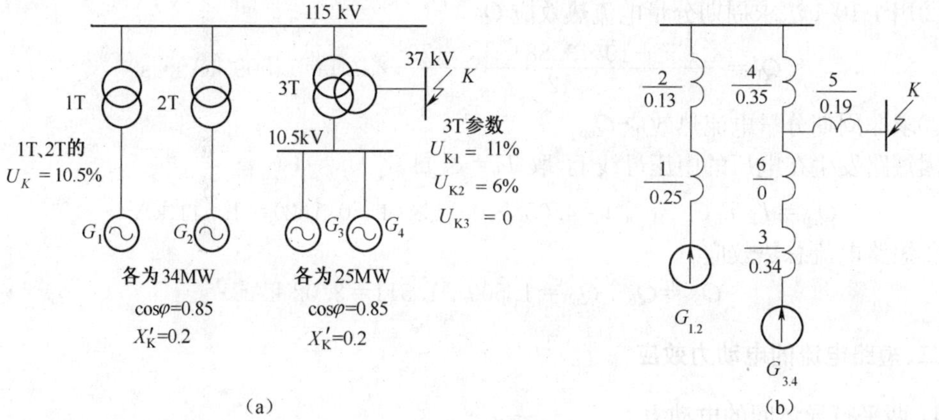

图 5-4　网络图

(a)网络接线图；(b)等值网络

①计算 $t=0$，$t_k=0.05$ s，$t_K=0.1$ s 的短路电流

设 $S_d=100$ MV·A　$U_d=U_{Nav}$

G_1 与 G_2 并联：$X_1=0.2\times\frac{100}{2\times34/0.85}=0.25$

1T 与 2T 并联：$X_2=\frac{10.5}{100}\times\frac{100}{2\times40.5}=0.13$

G_3 与 G_4 并联：$X_3=0.2\times\frac{100}{2\times25/0.85}=0.34$

3T 各绕组：　$X_4=0.11\times\frac{100}{31.5}=0.35$

$X_5=0.06\times\frac{100}{31.5}=0.19$

$X_6=0$

由等效电路图 5-4(b)得：

$$X_{\Sigma}=\frac{(0.25+0.13+0.35)\times 0.34}{0.25+0.13+0.35}+0.19=0.422$$

$$S_{N\Sigma}=2\times 34/0.85+2\times 25/0.85=138.8\ \text{MV}\cdot\text{A}$$

归算到以发电机总容量为基准容量的计算电抗为：

$$X_{cpu}=0.422\times\frac{138.5}{100}=0.586$$

用 $X_{cpu}=0.586$ 查水轮机发电机计算曲线中 $t=0$ 的曲线得：

$$I''_{Kpu}=1.87,I''_{K}=1.87\times\frac{138.8}{\sqrt{3}\times 37}=4.05\ \text{kA}$$

查 $t=0.05$ 的曲线的 $I_{Ktpu}=1.793$

$$I_{Kt}=1.793\times\frac{138.8}{\sqrt{3}\times 37}=3.884\ \text{kA}$$

查 $t=0.1$ 的曲线的 $I_{Ktpu}=1.717$

$$I_{Kt}=1.717\times\frac{138.8}{\sqrt{3}\times 37}=3.719\ \text{kA}$$

②用 1-10-1 法求周期分量电流热效应 Q_P

$$Q_P=\frac{4.05^2+10\times 3.884^2+3.179^2}{12}\times 0.1=1.509\ \text{kA}^2\cdot\text{s}$$

③求非周期分量电流热效应 Q_{np}

因短路发生在电厂的中压母线上，取 $T_{fi}=0.11$，

$$Q_{np}=I''_{K}T_{fi}(1-e^{\frac{-2t}{T_{fi}}})=4.05^2\times 0.11\times(1-0.162)=1.511\ \text{kA}^2\cdot\text{s}$$

④短路电流总热效应

$$Q_{Kt}=Q_P+Q_{nP}=1.509+1.511=3.02\ \text{kA}^2\cdot\text{s}$$

二、短路电流的电动力效应

1. 两平行导体间的电动力

对于两平行导体，通过电流分别为 i_1 和 i_2 时，如图5-5所示，其相互间的电动力可由比—沙定律计算：

$$F=2i_1i_2\frac{l}{a}\times 10^{-7}\quad(\text{N})\qquad(5\text{-}20)$$

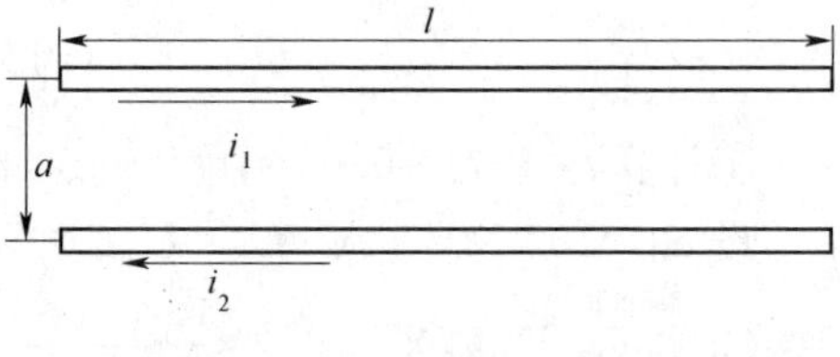

图 5-5　两平行导体间的电动力

式中　i_1、i_2——分别为两导体中的电流瞬时值，A；

l——平行导体的长度，m；

a——两平行导体中心距，m。

式(5-20)适用于导体为细长导线的情况，对于矩形截面的导体(如母线)相互距离较近时，其作用力仍可用上式计算，但需乘以形状系数 k_s 加以修正：

$$F=2k_si_1i_2\frac{l}{a}\times 10^{-7}\quad(\text{N})\qquad(5\text{-}21)$$

k_s 为导体形状系数，对于矩形导体可查图 5-6 的曲线求得。

图 5-6 中形状系数曲线是以$\frac{a-b}{h+b}$为横坐标，表示线间距离与导体半周长之比。曲线的参

变量 m 是宽与高之比，即$m=\dfrac{b}{h}$。

2. 三相平行导体间的电动力

在三相系统中，当三相导体在同一平面平行布置时，受力最大的是中间相。设有三相交流电通过导体，如图 5-7 所示，三相电流为：

$$i_A=I_m\sin(\omega t+120°),i_B=I_m\sin\omega t,i_C=I_m\sin(\omega t-120°) \tag{5-22}$$

则 B 相导体所受的力为：

$$F_B=F_{BA}-F_{BC}=2k_s\frac{l}{a}(i_Bi_A-i_Bi_C)\times10^{-7}$$
$$=2k_s\frac{l}{a}i_B(i_A-i_C)\times10^{-7}=\sqrt{3}k_s\frac{l}{a}I_m^2\sin2\omega t\times10^{-7} \tag{5-23}$$

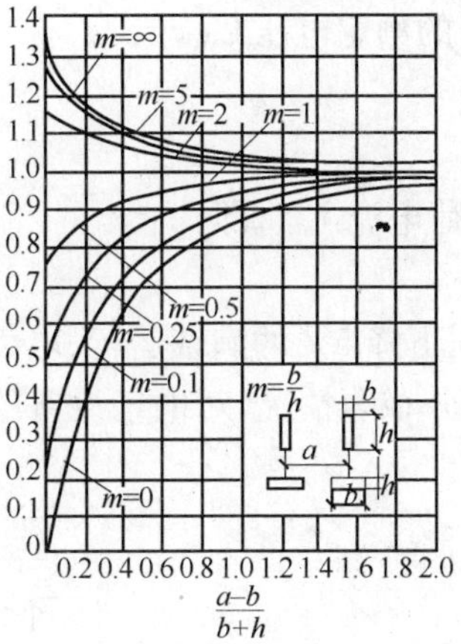

图 5-6　矩形导体形状系数

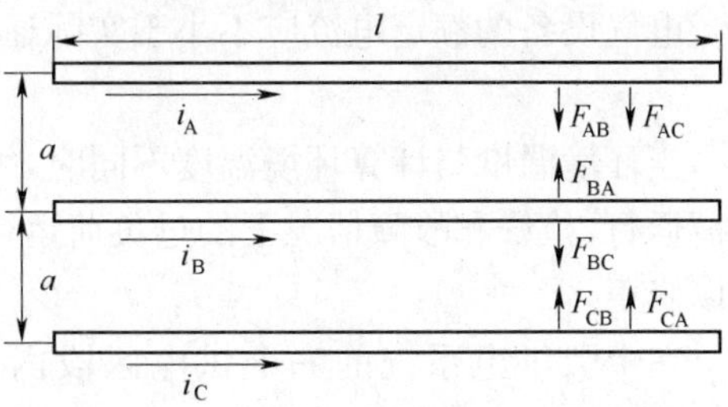

图 5-7　三相导体间的电动力

当 $2\omega t=\pm90°$时，得 B 相受力的最大值为：

$$F_{Bm}=\sqrt{3}k_s\frac{l}{a}I_m^2\times10^{-7}\quad(N) \tag{5-24}$$

当发生三相短路故障时，短路电流冲击值通过导体，中间相所受电动力的最大值为：

$$F_{Bm}=0.172k_s\frac{l}{a}i_{ch}^2\quad(N) \tag{5-25}$$

式中 i_{ch}——三相短路电流冲击值，kA；

对于成套电气设备，因其长度 l、导线间的中心距 a、形状系数 k_s 均为定值，电动力只与电流大小有关，因此，成套设备的动稳定性常用设备极限通过电流表示。当成套设备的允许极限通过电流峰值（或最大值）大于 i_{ch}时（或极限通过电流有效值大于 I_{ch}时），设备的机械强度就能承受冲击电流的电动力，即电气设备的动稳定性合格，否则不合格。

第二节　电气设备选择

电气设备的选择是变电所设计的重要步骤，遵循一定的原则合理选择电气设备是确保整个系统安全可靠运行的关键。本节及其后各节将分别介绍常用的高压断路器、高压隔离开关、仪用互感器、母线、绝缘子、高低压熔断器及成套配电装置（高压开关柜）等高低压电器的选择方法，为合理、正确使用电气设备提供依据。

一、电气设备选择的一般条件

电气设备的选择应根据以下原则：

1. 按工作环境及正常工作条件选择电气设备

根据电气装置所处的位置(户内或户外)、使用环境和工作条件，同一参数的电气设备，其结构形式可能不同，应进行经济技术分析及设备供应情况确定。

2. 按工作电压选择电气设备的额定电压

应使电气设备额定电压与安装地点的电网额定电压相匹配，一般电网首端电压比电网末端电压高 5%～10%，因此要求电气设备能在超过其额定电压 10%～15%的电压下长期工作，即电气设备的最高工作电压，如断路器额定电压为 110 kV，则其最高工作电压为 121 kV。

一般要求，电气设备的额定电压 U_N 不低于所在线路的额定电压 $U_{W\cdot N}$：

$$U_N \geqslant U_{W\cdot N} \tag{5-26}$$

3. 按最大负荷电流选择电气设备的额定电流

电气设备的额定电流应不小于实际通过它的最大负荷电流 I_{max}，即：

$$I_N \geqslant I_{max} \tag{5-27}$$

当环境温度与计算环境温度不同时，须考虑电源电压下降 5%的满载运行、电力变压器超负荷运行、检修和故障情况下的过负荷运行、母线中电流分布等情况，对电气设备的额定电流加以修正。

在牵引供电系统的一个供电区段内的线路坡道变化规律是固定的，列车数量及运行时间也基本不变，因此牵引负荷电流具有周期性和阶梯性，且会出现延续数分钟的最大负荷，典型的负荷电流曲线如图 5-8 所示。

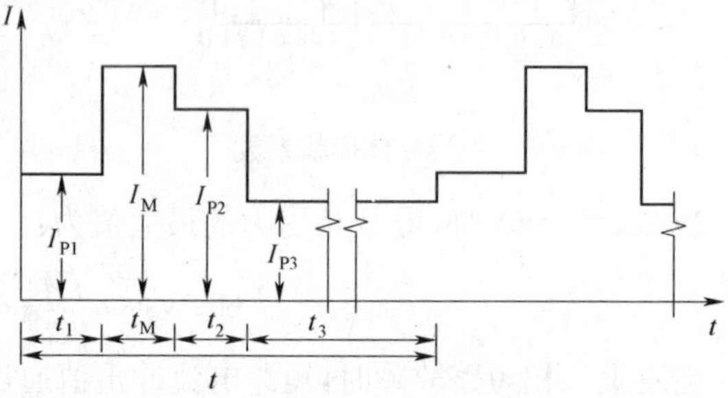

图 5-8　牵引供电系统典型负荷曲线

除最大负荷电流，其他负荷电流均小于电气设备额定电流，当牵引侧电气设备在单位时间内热损耗及散热条件、允许发热温度不变的情况下，过载能力大于 1，其过载系数为：

$$K_M = \sqrt{\frac{t_\Sigma}{K_p^2 \cdot t_\Sigma + t_M}} \tag{5-28}$$

式中　K_p——相对于最大负荷的负荷系数，$K_p = \dfrac{I_{Lav}}{I_M}$　(5-29)

其中　I_{Lav}——一周期中除掉 I_M 以外的其他电流平均有效值，A

$$I_{Lav} = \sqrt{\frac{I_{Lav1}^2 t_1 + I_{Lav2}^2 t_2 + \cdots + I_{Lavn}^2 t_n}{t_\Sigma}} \tag{5-30}$$

I_{Lav1}、I_{Lav2}…I_{Lavn}——分别为一周期中其他持续电流，A；

t_1、t_2…t_n——上述电流所持续的时间，min；

t_Σ——一周期总时间(包括 I_M 持续的时间)，min；

$$t_\Sigma = t_1 + t_2 + t_M + \cdots + t_n$$

t_M——一周期中最大负荷持续的时间。

4. 按短路条件校验电气设备的动稳定和热稳定

动稳定指电气设备承受短路电流电动力的能力，校验时，可用短路电流的最大幅值(i_b)与制造厂规定的最大允许电流 i_{Nes}(极限通过电流)进行比较，要求 $i_b \leqslant i_{Nes}$；也可用短路冲击电流流过设备时所产生的机械应力 σ_C 与设备的允许应力 σ_N 进行比较，要求 $\sigma_N \geqslant \sigma_C$。

热稳定校验时，要求短路电流通过电气设备时，其最高温度 θ_K 不应超过电气设备允许的短路发热温度，即 $\theta_K \leqslant \theta_{Ka}$；用短路电流发热数据进行校验时，要求短路电流通过时间内的发热 Q_{Kt}不超过电气设备短时允许发热 $I_{Nt} \cdot t$，即 $Q_{Kt} \leqslant I_{Nt} \cdot t$(电器制造厂一般给出 $t=1、4、5、10$ s 内允许通过的最大电流 I_{Nt}，为 t 秒钟热稳定电流)。

5. 开关电器断流能力校验

对具有断流功能的高压开关设备需校验其断流能力，要求开关设备的断流容量不小于安装地点最大三相短路容量。

二、电气设备校验时短路电流的计算

变电所的设计和运行中，不仅要考虑正常工作状态，还要考虑可能发生的故障及不正常运行情况(例如短路故障条件下的工作状态)。

选择电气设备时，需按照设备可能承受的最大短路电流进行动、热稳定校验，按短路条件校验电气设备和截流母线的电动力和热稳定性时，需计算可能通过电气设备各母线的最大短路电流值。计算最大短路电流值时，一方面要考虑电力系统远景规划中(一般按运行后 5～10 年)，系统容量的增加和最大运行方式的变化导致短路电流的增大；另一方面，考虑牵引变电所及其他供电装置自身的主接线和运行方式对短路电流的影响。初步确定主接线和主变压器运行方式后，选择电气设备可能处于最严重短路电流的短路计算点(简称短路点)，确定系统最大运行方式下通过各电气设备载流母线的最大短路电流。如图 5-9 所示，系统的短路点选择如下。

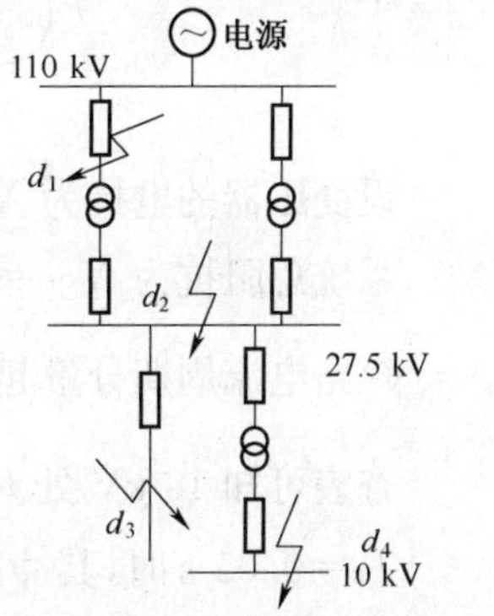

图 5-9　某牵引变电所简化接线图

1. 110 kV 进线短路电流计算

短路计算考验设备对最大短路电流的承受能力，是选择电气设备并进行动、热稳定校验的基础。进行短路计算时，电网电源容量按无限大考虑，取系统最大运行方式，综合电抗标么值为 X_f^*，系统容量基准值为 S_j。

短路点在 d_1 处时，短路等效电路如图 5-10 所示。

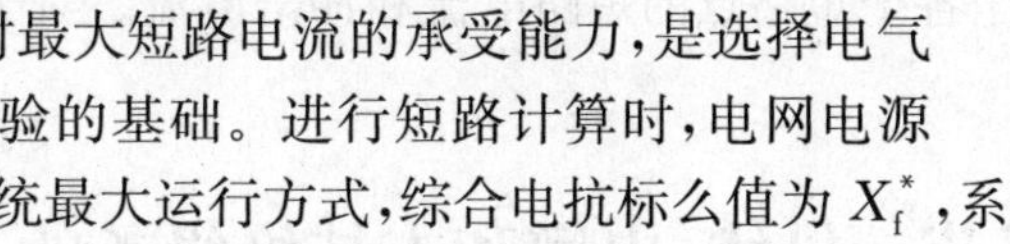

图 5-10　d_1 处短路等效电路图

设短路点到 110 kV 母线处电抗为 X_S^*，$U_j=115$ kV。

系统总阻抗 $X_{\Sigma 1}=X_f^*+X_S^*$。

短路电流周期分量起始有效值 $I''_Z=\dfrac{1}{X_{\Sigma 1}}\times\dfrac{S_j}{\sqrt{3}U_j}$。

查表可知 110 kV 处 $K_{ch}=1.8$。

当 $T_{fi}=0.05$ s 时，其冲击电流 $i_{ch}=1.05\sqrt{2}K_{ch}I''_Z$。

2. 27.5 kV 侧短路电流计算

短路点在 d_2 处时，短路等效电路如图 5-11 所示。

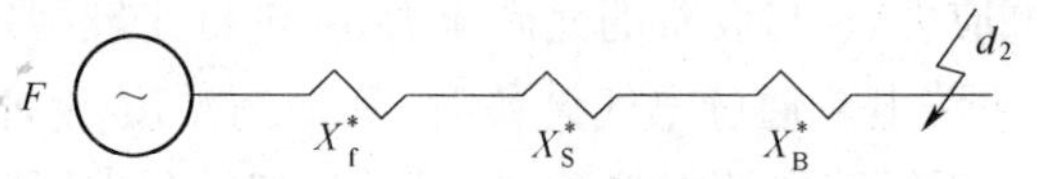

图 5-11　d_2 处短路等效电路图

设主变压器的电抗为 X_B^*，$U_j=26.3$ kV。

系统总阻抗 $X_{\Sigma 2}=X_f^*+X_S^*+X_B^*$。

短路电流周期分量起始有效值 $I''_Z=\dfrac{1}{X_{\Sigma 2}}\times\dfrac{S_j}{\sqrt{3}U_j}$。

查表可知 27.5 kV 处 $K_{ch}=1.7$。

当 $T_{fi}=0.05$ s 时，其冲击电流 $i_{ch}=1.05\sqrt{2}K_{ch}I''_Z$。

d_3，d_2 处于同一等势面，它们的短路电流相同，则 d_3 与 d_2 的计算方法一样。

3. 10 kV 侧短路电流计算

短路点在 d_4 处时，短路等效电路如图 5-12 所示。

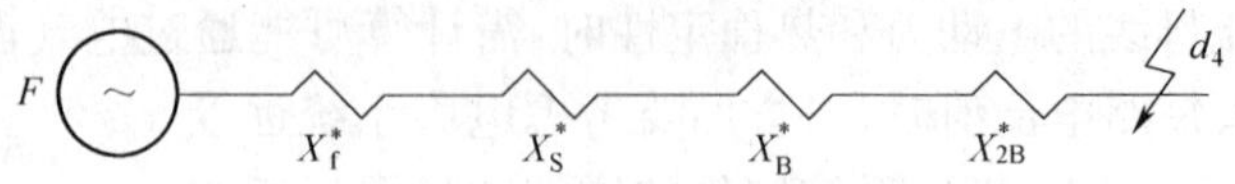

图 5-12　d_4 处短路等效电路图

设变压器的电抗为 X_{2B}^*，$U_j=10.5$ kV。

系统总阻抗为 $X_{\Sigma 3}=X_f^*+X_S^*+X_B^*+X_{2B}^*$。

短路电流周期分量起始有效 $I''_Z=\dfrac{1}{X_{\Sigma 3}}\times\dfrac{S_j}{\sqrt{3}U_j}$。

查表可知 10 kV 处 $K_{ch}=1.55$。

$T_{fi}=0.05$ s 时，其冲击电流 $i_{ch}=1.05\sqrt{2}K_{ch}I''_Z$。

通过以上计算，明确了各个短路点的短路电流和冲击电流。对于设备的选择起着指导性作用。

第三节　母线、电缆和支持绝缘子的选择

一、硬母线的选择

母线在配电装置中起着汇集、分配和传送电能的作用，运行中通过很大的电功率，短路时承受很大的热、电动力效应，因此，要合理选用母线材料、截面形状和截面积，以满足安全经济运行的要求。

1. 母线的材质、截面形状和布置、安装方式

配电装置的母线一般用铝、铜和钢制成。

35 kV 以上户外配电装置中，为防止产生电晕，一般采用圆形截面的钢芯铝绞线(软母线)；35 kV 以下的户内配电装置中，一般采用矩形截面的硬铝母线(硬母线)。一般，截面积相同时，矩形截面比圆形截面的周长大，因此散热面积大，冷却效果好。

矩形截面母线的散热条件、机械强度与母线的布置方式有关，应根据配电装置的具体情况确定母线布置方式。图 5-13 为常见的硬母线布置方式，其中图 5-13(a)的布置具有散热较好，但承受电动力的能力较差；图 5-13(b)的布置承受电动力能力强，但散热能力差；图 5-13(c)的布置是图 5-13(a)、(b)布置的综合。

室内各相母线通常以黄(A 相)、绿(B 相)、红(C 相)三种颜色区分，可用于识别相序。

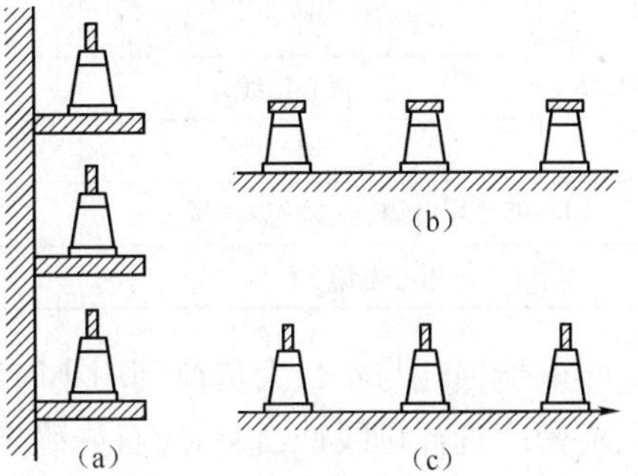

图 5-13　常见的硬母线布置方式

2. 母线截面积

变电所汇流母线的截面一般按长期最大工作电流选择，根据短路条件校验其动、热稳定性，对平均负荷较大、线路较长的主母线(如主变压器回路等)，母线截面可按经济电流密度选择。

(1)按长期最大工作电流选择母线截面

根据长期最大工作电流选择母线截面时，应满足下式要求：

$$I_{xu} \geqslant I_{max} \tag{5-31}$$

式中，I_{max}为通过母线的长期最大工作电流，若进线在母线中间，则按 0.6～0.8 倍总负荷电流取值；I_{xu}为母线截面的长期最大允许电流。

母线长期最大允许电流指环境温度为 25℃、导体最高发热温度为 70℃时的长期允许电流，当环境温度为 θ℃时，其长期允许电流按下式修正：

$$I'_{xu} = I_{xu}\sqrt{\frac{\theta_{xu}-\theta}{\theta_{xu}-25}} \tag{5-32}$$

式中，θ_{xu}为母线最高允许温度，一般为 70℃，经超声波探伤的母线可提高到 80℃。

矩形母线平放时散热较差，导致长期允许电流下降，当母线宽度大于 60 mm 时，电流降低 8%；宽度小于 60 mm 时降低 5%。

(2)按经济电流密度选择母线截面

母线截面积越大损耗越小，但会增加投资；从降低投资的角度，截面积越小越好，但须保证供电质量和安全。如图 5-14 所示，母线截面积大小与运行费用有密切关系，根据经济电流密度选择母线截面可降低年综合费用(包括电流通过导体所产生的年电能损耗费、导电投资、折旧费和利息等)。

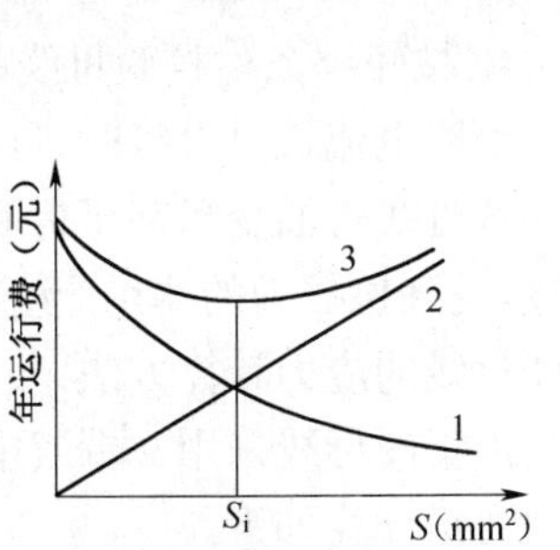

图 5-14　年运行费与导线截面的关系曲线

年综合费用最小时所对应的截面称为经济截面 S，对应的电流密度称为经济电流密度 J，我国现行的经济电流密度规定见表 5-3。

表 5-3 我国现行的经济电流密度取值

导体材料 \ T_{max}/h		1 000～3 000	3 000～5 000	5 000 以上
裸导体	铜	3	2.25	1.75
	铝(钢心铝线)	1.65	1.15	0.90
	钢	0.45	0.40	0.35
铜心纸绝缘电缆、橡皮绝缘电缆		2.5	2.25	2
铝心电缆		1.92	1.73	1.54

年电能损耗与年最大负荷利用小时数 T_{max} 有关,因此经济电流密度 J_{ec} 与 T_{max} 有关。按经济电流密度选择母线截面时,应首先确定 T_{max},然后根据导体材料查出经济电流密度 J,按线路正常运行最大长时工作电流 I_{max},由下式计算出母线经济截面 A_{ec}(mm^2):

$$A_{ec}=\frac{I_{max}}{J_{ec}} \tag{5-33}$$

从产品手册中选一种与 A_{ec} 最接近的标准截面母线,然后再校验其他技术条件是否满足要求。

3. 按短路条件校验母线的热稳定性

根据最大长期负荷电流选择的母线截面必须校验短路时的热稳定性,按热稳定性要求时,导体的最小允许截面 A_{min} 为:

$$A_{min}=\frac{\sqrt{Q_k K_S}}{C} \tag{5-34}$$

式中 K_S——集肤效应系数;

Q_k——短路电流的热效应,$kA^2 \cdot s$;

C——热稳定系数,与导体材料及短路前工作温度有关,见表 5-4。

表 5-4 各种起始温度下 C 值

工作温度(℃)	40	45	50	55	60	65	70	75	80	85	90
铝材导体	99	97	95	93	91	89	87	85	83	81	79
铜材导体	186	183	181	179	176	174	171	169	166	164	161

4. 按短路条件校验母线的动稳定性

短路电流通过母线时,母线间将产生巨大的电动力作用于固定在支持绝缘子上的母线,可能导致母线弯曲变形甚至折断,需根据短路时加于母线上的弯矩进行应力校验。不同形状的母线,受到机械力的作用产生的应力虽有所不同,但计算方法相似,下面着重介绍单条矩形截面硬母线的应力计算方法。

由于硬母线采用一端或中间固定在支持绝缘子上,可视为一端固定的均匀载荷多跨梁,其最大弯矩计算如下。

当母线跨距数小于或等于 2 时,

$$M=\frac{Fl}{8} \quad (N \cdot m) \tag{5-35}$$

式中 F——短路时母线每跨距导线所受的最大力 N;

L——母线跨距，m。

当母线跨距数大于 2 时，

$$M=\frac{Fl}{10}\quad (\mathrm{N/m}) \tag{5-36}$$

母线材料的计算弯曲应力为

$$\sigma=\frac{M}{W}\quad (\mathrm{N/m^2}) \tag{5-37}$$

式中，W 为母线的抗弯矩，单位为 $\mathrm{m^3}$。对矩形母线，竖放时 $W=\frac{bh^2}{6}$，平放时 $W=\frac{b^2h}{6}$（b 和 h 分别是矩形母线宽度与高度）；实心圆母线 $W\approx 0.1D^3$（D 为圆形母线直径）；管形母线 $W=\frac{\pi}{32}\left(\frac{D^4-d^4}{D}\right)$（$D$ 和 d 分别表示管形母线外径和内径）。

如式(5-38)所示，当材料的允许弯曲应力 σ_{xu} 大于或等于计算应力 σ 时，其动稳定性符合要求。

$$\sigma_{xu}\geqslant\sigma \tag{5-38}$$

铜的 $\sigma_{xu}=1.372\times10^8\ \mathrm{N/m^2}$，铝的 $\sigma_{xu}=0.686\times10^8\ \mathrm{N/m^2}$，钢的 $\sigma_{xu}=1.568\times10^8\ \mathrm{N/m^2}$。

母线的动稳定性不符合要求时，应采取下列措施：增大母线之间的距离；缩短母线跨距；将竖放的母线改为平放；增大母线截面；选择其他材料的母线等。其中以减小跨距效果最好。

二、电力电缆的选择

在户内配电装置中，电力线路的引入和引出可用架空线或电力电缆实现。电缆可减小配电装置的体积，简化电气安装工作，避免布线复杂，但投资增加较多，且电缆头的制作工艺较为复杂，故障隐患较多。

1. 电缆的结构

电力电缆种类较多，如 35 kV 及以下的电力电缆有油浸纸绝缘电缆、橡皮绝缘电缆、交联聚氯乙烯绝缘聚氯乙烯护套电缆（又称全塑料电缆）等，35 kV 以上的电力电缆有充油、静油、充气和气压电缆等。它们都由导电线芯、绝缘层和保护层三部分组成，但又有各自的特点，如图 5-15 所示。

电缆线芯一般由铜或铝绞线组成，其截面形状有扇形、弓形和圆形几种，如图 5-16 所示。

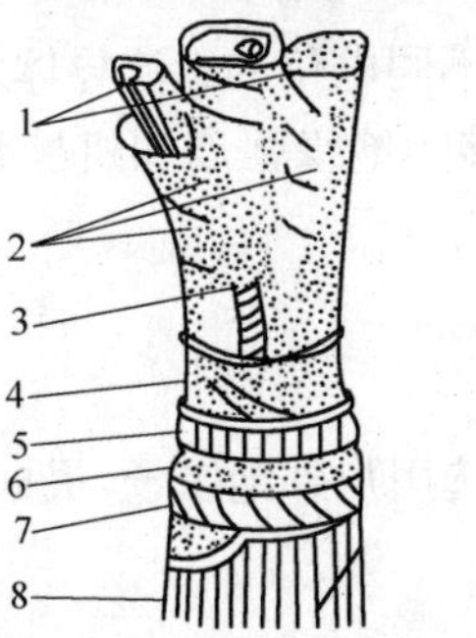

图 5-15　电力电缆结构示意图

1—载流线芯；2—电缆纸；3—黄麻填料；4 —束带绝缘；5—铅包皮；6—纸带；7—黄麻保护层；8—锯铠

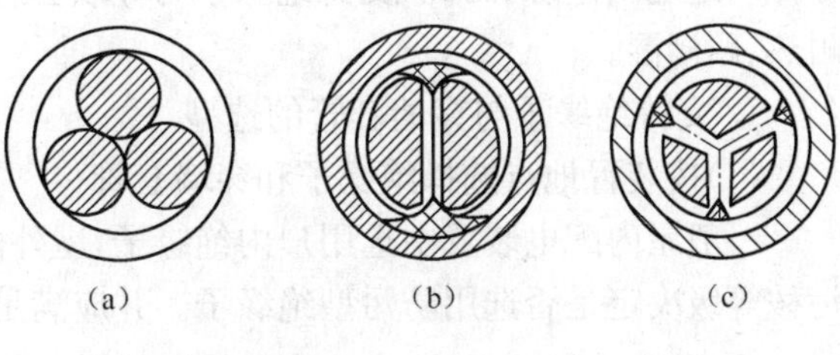

图 5-16　电缆线芯形状图

(a)圆形缆芯；(b)弓形缆芯；(c)扇形缆芯

绝缘层用于导体与导体间、导体与保护层间的互相绝缘。油浸纸绝缘电缆的绝缘层用一定厚度的青壳纸带在导体或多根芯线外面多层绕包，然后在变压器油和松香组成的黏性浸渍剂中浸渍而成。

保护层分为内保护层和外保护层。内保护层一般采用铅皮或铝皮沿电缆全长无缝包在线芯外面组成，其主要作用是防止绝缘层受潮和漏油，保证电缆的绝缘强度；外保护层主要作用是保护内保护层不受外界的机械损伤和化学腐蚀，分为三层：①内衬垫层，一般用浸以沥青的黄麻或电缆纸包绕而成，作用是保护密封层不受外部钢铠的机械损伤和周围介质的化学腐蚀。②钢铠层，承受外力，保护电缆不受机械损伤。③外皮层，保护钢铠不受外界腐蚀，由一层浸渍的电缆麻和两层沥青混合物组成。

电缆的敷设有明敷、直埋地下、用电缆隧道和电缆沟敷设等方式。其中电缆沟的投资和占地少，走向灵活，容纳电缆很数按多，但检修维护不便，适用于电缆更换机会较少的地方，在容易积灰、积水处应避免采用。

电缆从地下引出地面时，在高出地面 2 m 的一段，应穿金属管以免发生机械损伤；为防止电缆外部水分浸入、内部绝缘油流出，在电缆两端，必须制作电缆终端接头盒，以便可靠密封。

2. 电缆的选型

(1)按结构类型选择电缆

根据电缆的用途、敷设方法和敷设场所，合理选择电缆的芯数、芯线的材料、绝缘的种类、保护层的结构以及电缆的其他特征，最终确定电缆的型号，选择电缆时首先考虑以铝代铜、以铝包代铅包、以合成材料(塑料)代替橡胶等因素。

(2)按电压等级选择电缆

(3)按持续发热条件选择截面

当最大负荷利用小时超过 5 000 h，电缆长度大于 20 m 时，要按经济电流密度选择截面；考虑到电缆敷设时的弯曲半径要求，避免采用截面大于 185 mm^2 的电缆，当要求更大截流量时，可选用多条电缆。

(4)校验

电缆的热稳定校验方法与母线相同，不做动稳定校验。

三、支持绝缘子及穿墙套管的选择

支持绝缘子和穿墙套管用来支持和固定载流裸导体，使不同电位的载流导体之间、载流裸导体与地之间绝缘，因此，支持绝缘子与穿墙套管应具有足够的绝缘强度和机械强度，并能够耐热、耐潮湿。

1. 支持绝缘子与穿墙套管的选型

(1)按装置地点选择绝缘子和穿墙套管

一般屋内配电装置中选用户内绝缘子，屋外配电装置中选用户外绝缘子，根据安装地点的污秽等级决定是否选用防污型绝缘子。并应满足下列条件：

$$\delta_W \leqslant \delta_N \tag{5-39}$$

式中 δ_W——屋外支持绝缘子和穿墙套管的实际绝缘泄露比距，mm/kV；

δ_N——屋外支持绝缘子和穿墙套管在不同污秽等级时所允许的绝缘泄露比距，mm/kV。

(2)按电压条件选择支持绝缘子和穿墙套管

绝缘子能在超过其额定电压的 10%～15%（对 35 kV 及以下的为 15%，对 110～220 kV 的为 10%）的条件下可靠工作。

$$U_W \leqslant U_N \tag{5-40}$$

式中　U_W——母线的工作电压；

U_N——绝缘子和穿墙套管的额定电压。

(3)按最大长期工作电流选择穿墙套管

穿墙套管的额定电流 I_N 应大于等于最大长期工作电流 I_{max}，即：

$$I_N \geqslant I_{max} \tag{5-41}$$

上式中，I_N 是按 $\theta_{0N}=40℃$ 考虑的，当环境温度高于＋40℃，但不超过＋60℃时，穿墙套管的允许额定电流应按下式计算：

$$I'_N = I_N\sqrt{\frac{85-\theta_0}{85-40}} \tag{5-42}$$

式中　θ_0——使用时周围实际环境温度。

母线型穿墙套管本身不含导体，无需按长期工作电流选择，但要保证套管的形式与母线的形状和尺寸的配合。

2. 支持绝缘子与穿墙套管的校验

(1)按短路条件校验穿墙套管的热稳定

短路时，穿墙套管和母线一样承受短路电流的热效应和电动力效应，为满足热稳定的要求，应符合以下条件：

$$Q_{Kt}=(Q_P+Q_{np}) \leqslant I_{Nt}^2 \cdot t \tag{5-43}$$

式中　Q_{Kt}——短路电流热效应。

$I_{Nt}^2 \cdot t$——制造厂给定的短路时套管的允许发热量。制造厂通常以 t 秒内允许通过热稳定电流 I_{Nt} 所产生的热量 $I_{Nt}^2 \cdot t$ 来表示。

(2)按短路条件校验支持绝缘子和穿墙套管的动稳定

支持绝缘子和穿墙套管受短路电流电动力 F_{max} 时，应保证绝缘子和套管不受损坏，即：

$$F_{max} \leqslant 0.6F_N \tag{5-44}$$

式中　0.6——绝缘子和套管的潜在强度系数；

F_N——绝缘子和套管的允许抗弯破坏负荷，N。

抗弯破坏负荷就是均匀地作用于绝缘子帽平面上并与绝缘子轴线垂直的负荷力，当电动力大于或等于此负荷力时，绝缘子和套管在弯距的作用下可能发生折断、碎裂等损坏。绝缘子和套管允许承受的负荷力只是本身抗弯破坏负荷的 60%。

F_N 分为 A、B、C、D、E 5 个级别。同一级而额定电压不同的绝缘子具有不同的有效高度，不同级而额定电压相同的绝缘子具有不同的瓷件直径。

当三相母线(如硬母线)平行布置在同一平面内并发生三相短路时，中间相母线承受的机械力最大，用 $F_{max}^{(3)}$ 表示。母线是用支持绝缘子支撑的，母线每一跨距内的作用力由两端的支持绝缘子承担，如图 5-17 所示。

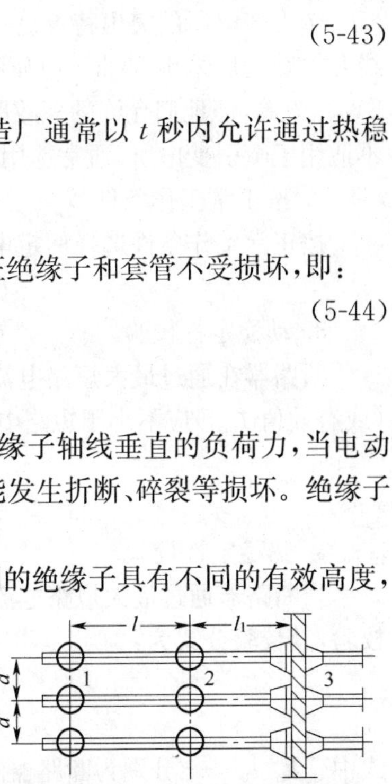

图 5-17　支持绝缘子和穿强套管的受力情况

如果绝缘子间的跨距和绝缘子与绝缘套管间的跨距不

同,分别为 l 和 l_1,则左端绝缘子和穿墙套管绝缘子 3 的受力分别为

$$F_{\max 1}^{(3)}=\frac{1}{2}\times\sqrt{3}[i_{\mathrm{b}}^{(3)}]^2\frac{l}{a}\times10^{-7}\quad(\mathrm{N})\tag{5-45}$$

$$F_{\max 3}^{(3)}=\frac{1}{2}\times\sqrt{3}[i_{\mathrm{b}}^{(3)}]^2\frac{l_1}{a}\times10^{-7}\quad(\mathrm{N})\tag{5-46}$$

式中 $i_{\mathrm{b}}^{(3)}$——三相冲击电流,A。

中间位置的支持绝缘子 2 上受力为:

$$F_{\max 2}^{(3)}=\frac{1}{2a}\times\sqrt{3}[i_{\mathrm{b}}^{(3)}]^2(l+l_1)\times10^{-7}\quad(\mathrm{N})\tag{5-47}$$

第四节　开关设备的选择

高压开关设备包括断路器、隔离开关、负荷开关、熔断器等。

一、高压断路器的选择

由于断路器要切除短路故障电流,高压断路器除应满足电气设备的一般选型原则外,还必须校验断流容量(或开断电流容量)。具体选择步骤如下:

1. 按工作环境选型

按使用地点的条件选择,如户内式、户外式,在井下等具有爆炸危险的地点选择防爆型设备。

牵引变电所的突出特点是牵引负荷变动剧烈,事故跳闸次数和操作次数频繁,27.5 kV 馈线开关曾先后采用 35 kV 电压级几乎全部的国家系列产品,如 SW1-35、DW2-35、SW2-35 和 SW3-35 等,但他们允许的事故跳闸次数远远少于电气化铁路的实际需要,且需要频繁检修,不适用于牵引变电所,通常选用真空断路器和六氟化硫断路器作为牵引变电所的馈线断路器。

2. 按正常工作条件

按正常工作条件选择额定电压 U_{N} 及额定电流 I_{N},要求:

$$U_{\mathrm{N}}\geqslant U\quad I_{\mathrm{N}}\geqslant I_{\max}\quad\text{或 } I_{\mathrm{xu}}\geqslant I_{\max}\tag{5-48}$$

3. 动稳定性校验

断路器在通过最大短路电流时不致变形损坏的条件是:断路器的允许通过电流峰值 $i_{\max}$(或有效值 $I_{\max}$)应不小于短路电流冲击值 i_{ch}(或短路冲击电流有效值 I_{ch})。

$$i_{\max}\geqslant i_{\mathrm{ch}}\tag{5-49}$$

$$I_{\max}\geqslant I_{\mathrm{ch}}\tag{5-50}$$

4. 热稳定性校验

当断路器通过最大短路电流时,应避免其温度超过最高允许温度,须对断路器进行热稳定校验,其校验公式为:

$$I_{\mathrm{ts}}\geqslant I_{\infty}\sqrt{\frac{t_{\mathrm{i}}}{t_{\mathrm{ts}}}}\tag{5-51}$$

式中 I_{ts}、t_{ts}——分别为断路器的热稳定电流及所对应的热稳定时间;

I_{∞}、t_{i}——分别为短路稳定电流及短路电流的持续时间。

断路器通过短路电流的持续时间按下式计算:

$$t_i = t_r + t_{off} \tag{5-52}$$

式中 t_r——继电保护动作时间；

t_{off}——断路器分闸时间。

断路器分闸时间 t_{off} 包括断路器的固有分闸时间和燃弧时间，由产品样本中查得或按下列数值选取。快速动作的断路器 t_{off} 取 0.11～0.16 s；中、低速动作的断路器 t_{off} 取 0.18～0.25 s。

5. 断流容量的校验

衡量断路器可靠切除短路故障的关键参数是其额定断流容量，断路器控制的线路的最大短路容量应小于或等于其额定断流容量，否则将损坏断路器，严重时电弧难于熄灭，使事故继续扩大，影响系统的安全运行。断路器的额定容量按下式校验：

$$S_{N\cdot QF} \geqslant S_{0.2}(\text{或 } S'') \tag{5-53}$$

式中 $S_{0.2}$（或 S''）——断路器所控制线路 0.2 s（或 0 s）时的最大短路容量，MV·A。

如果断路器安装在较其额定电压低的线路中，其额定断流容量也相应地降低：

$$S'_{N\cdot QF} = S_{N\cdot QF}\frac{U_N}{U_{N\cdot QF}} \tag{5-54}$$

式中 U_N、$U_{N\cdot QF}$——分别为电网及断路器的额定电压。

断路器选型时，除考虑上述条件外，还应考虑所控负荷的性质，在开断小电感电流回路时，不用灭弧能力过强的断路器；在开断电容性负荷时，需选用灭弧能力强的断路器，以免由于截流或多次重燃而产生过高的操作过电压。

二、高压隔离开关的选择

隔离开关主要用于电气隔离，不具备分断正常负荷电流和短路电流的功能，因此，只需考虑额定电压和额定电流，校验动、热稳定性。成套开关柜生产商一般提供开关柜的方案及柜内设备型号，用户可根据实际情况选定设备型号。开关柜内高压隔离开关分为带接地刀闸和不带接地刀闸两种类型。

1. 种类和型式的选择

根据安装地点不同，隔离开关分为户内和户外式；按绝缘支柱数目分为单柱式、双柱式和三柱式。隔离开关的选择应根据配电装置的布置特点和使用要求进行综合经济比较，有以下要求：

①隔离开关分开后应具有明显的断开点，易于鉴别设备是否与电网隔开。

②隔离开关断开点之间应有足够的绝缘距离，以保证过电压及相间闪络的情况下，不致引起击穿而危及工作人员的安全。

③隔离开关应具有足够的热稳定性、动稳定性、机械强度和绝缘强度。

④隔离开关开/合闸的同期性要好，要有最佳的开/合闸速度，以降低操作过电压。

⑤隔离开关结构简单，能可靠动作。

⑥带接地刀闸的隔离开关，需装设连锁机构，以保证隔离开关的正确操作。

(1)额定电压选择：

$$U_g \leqslant U_N \tag{5-55}$$

(2)额定电流选择：

$$I_g \leqslant I_N \tag{5-56}$$

2. 隔离开关校验

(1)动稳定校验：

$$i_{ch} \leqslant i_{max} \tag{5-57}$$

(2)热稳定校验：

$$i_{\infty}^{2} t_{dz} \leqslant I_{t}^{2} t \tag{5-58}$$

三、高压熔断器的选型

高压熔断器有户内和户外型两种，熔断器额定电压一般不超过 35 kV，熔断器没有触头，且分断短路电流后熔体熔断，故不必校验动稳定和热稳定，仅校验断流能力即可。

选择高压熔断器时，要注意以下几点。

(1)户内型熔断器有 RN1 型和 RN2 型：RN1 型用于线路和变压器的短路保护，RN2 型用于电压互感器保护。

(2)RN 型熔断器的额定电压应与线路额定电压相同，不得降低电压使用。

(3)户外型跌落式熔断器需校验断流能力上下限值，应使被保护线路的三相短路的冲击电流小于其上限值，而两相短路电流大于其下限值。

(4)选择高压熔断器时，除了选择合理的熔断器额定电流，还要选择合理的熔体额定电流。

1. 保护线路的熔断器的选择

(1)熔断器的额定电压 $U_{N\cdot FU}$ 应等于线路的额定电压 U_N

$$U_{N\cdot FU} = U_N \tag{5-59}$$

(2)熔体额定电流 $I_{N\cdot FE}$ 不小于线路计算电流 I_c，即

$$I_{N\cdot FE} \geqslant I_c \tag{5-60}$$

(3)熔断器额定电流 $I_{N\cdot FU}$ 不小于熔体的额定电流 $I_{N\cdot FE}$。

$$I_{N\cdot FU} \geqslant I_{N\cdot FE} \tag{5-61}$$

(4)熔断器断流能力校验

①限流式熔断器(如 RN1 型)的断流能力 I_{oc} 应满足

$$I_{oc} \geqslant I''^{(3)} \tag{5-62}$$

式中 $I''^{(3)}$——熔断器安装位置的三相次暂态短路电流的有效值。

无限大容量系统中 $I''^{(3)} = I_{\infty}^{(3)}$，因为限流式熔断器开断的短路电流是 $I''^{(3)}$。

②非限流式熔断器(如 RW4 型等)可能开断短路冲击电流，其断流能力应不小于三相短路冲击电流有效值 $I_{ch}^{(3)}$。

$$I_{oc} \geqslant I_{ch}^{(3)} \tag{5-63}$$

对有断流能力下限值的熔断器还应满足

$$I_{oc.\max} \leqslant I_{K}^{(2)} \tag{5-64}$$

式中 $I_{oc.\max}$——熔断器分断电流下限值；

$I_{K}^{(2)}$——线路末端两相短路电流。

2. 保护电力变压器(高压侧)的熔断器熔体额定电流的选择

考虑变压器 20%左右的正常过负荷能力、变压器低压侧尖峰电流及变压器空载合闸时励磁涌流等因素，熔断器熔体额定电流应满足：

$$I_{N\cdot FE} = (1.5 \sim 2.0) I_{1N\cdot T} \tag{5-65}$$

式中 $I_{N\cdot FE}$——熔断器熔体额定电流；

$I_{1N\cdot T}$——变压器一次绕组额定电流。

3. 保护电压互感器的熔断器熔体额定电流的选择

电压互感器二次侧电流很小，故选择 RN2 型专用熔断器作电压互感器短路保护，其熔体额定电流为 0.5 A。

如果串接两个及以上熔断器时，应满足保护合理匹配的要求。在同一短路电流作用下，上下级熔件熔断时间的最大误差为±5%的条件下，应该保证有 10%的时间配合裕度，即

$$(1-0.5)t_1-(1+0.5)t_2=10\%\left(\frac{t_1+t_2}{2}\right) \tag{5-66}$$

亦即

$$t_1=3.44t_2$$

式中 t_1 ——上一级熔断器的熔断时间，s；

t_2 ——下一级熔断器的熔断时间，s。

在最大短路电流时，查熔断器的安秒特性曲线，按时间配合裕度要求确定上下级熔件的额定电流，如图 5-18所示。

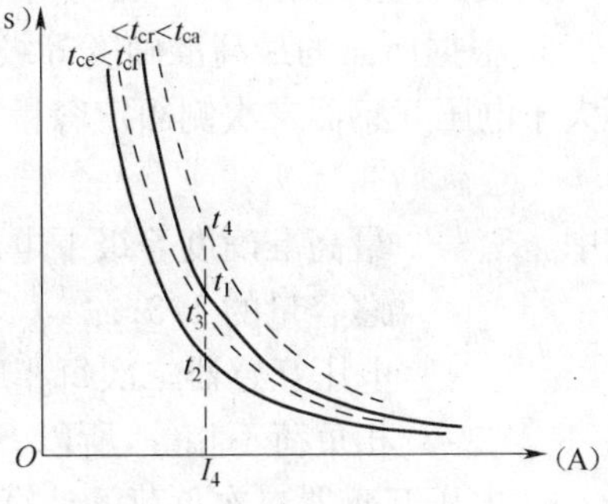

图 5-18 熔断器配合级差的意义

选取熔件 1 与熔件 2，因为 $t_1=3.44t_2$。

熔件 3 与熔件 2 的时间配合裕度不够，因为 $t_3<3.44t_2$。

熔件 4 与熔件 2 的时间配合裕度过大，因为 $t_4>3.44t_2$，没有必要。

设计手册中常常给出熔断器的配合级差表，可以直接选取上下级熔件的额定电流。

闸刀及组合开关、自动空气开关、交流接触器、磁力起动器等低压开关电器的选择方法基本上与高压开关电器相同。

第五节 仪用互感器的选择

仪用互感器是将一次回路的电压、电流按比例降低到某一标准(一般为线电压为 100 V、电流为 5 A 或 1 A)供给二次回路的测量仪表、继电保护和自动装置等，有利于设备标准化、降低绝缘水平、提高精度、减少造价、简化结构，还能保证工作人员的安全等。

一、电压互感器的选择

电压互感器的二次绕组的准确级规定为 0.1、0.2、0.5、1、3 等 5 个级别，保护用的电压互感器规定为 3P 级和 6P 级，用于小电流接地系统电压互感器(如三相五芯柱式)的零序绕组准确级规定为 6P 级。

电压互感器的一、二次侧均有熔断器保护，所以不需要校验短路时的动稳定和热稳定。

电压互感器应根据下列条件来选择。

1. 电压互感器的额定一次电压需与接入的电网额定电压一致，即 $U_N=U_W$。电压互感器副边额定电压可根据表 5-5 选择。

2. 根据安装地点选择户外式或者户内式。

一般电压为 35 kV 以下时选用户内式，电压为 35 kV 及以上时选用户外式。

3. 根据用途、负荷性质选择电压互感器的结构形式及其接线方式。

表 5-5　压互的副边额定电压

线圈	副绕组		接成开口三角形的附加绕组	
高压侧接线	接于原边线电压	接于原边相电压	在中性点接地系统	在中性点不接地或经消弧线圈接地系统中
副边电压(V)	100	$100/\sqrt{3}$	100	100/3

电压在 35 kV 及以上时，可选用单相的油浸瓷箱结构，采用 $Y_NY_ND_{11}$ 接线；电压为 10 kV 且需设绝缘监测装置时，可选用油浸三相五柱式钢箱结构，采用 $Y_NY_ND_{11}$ 接线。

4. 根据所接仪表的要求，确定电压互感器的准确度等级。

一般，电度表需用 0.5 级，一般仪表需用 1 级，继电保护装置需用 3P 或 6P 级。

5. 根据所需的最高准确度等级确定电压互感器的副边额定容量，保证二次侧负荷 S_2 应不大于电压互感器二次侧额定容量，即：

$$S_n \geqslant S_2 \tag{5-67}$$

式中　S_n——最高准确度等级下电压互感器二次每相的额定容量，V·A，一般为电压互感器总容量的 1/3；

S_2——电压互感器二次每相所接仪表的总容量，V·A，一般情况下，电压互感器二次各相负荷不相等，所以 S_2 应为电压互感器二次负荷最大相的容量。

6. 电压互感器二次负荷的计算

电压互感器二次各相负载的具体数值与电压互感器及仪表的接入方式有关。

牵引供电系统和三相供电系统中常用的接线方式和二次负载的计算方法见表 5-6、表5-7。

表 5-6　电压互感器接成星形时每相负荷的计算公式

负荷接线方式		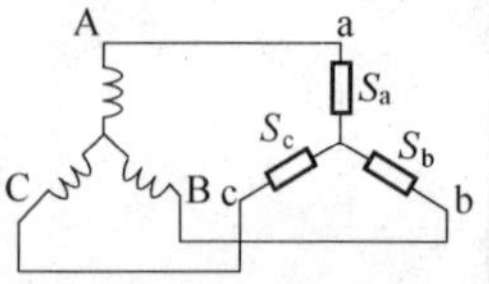	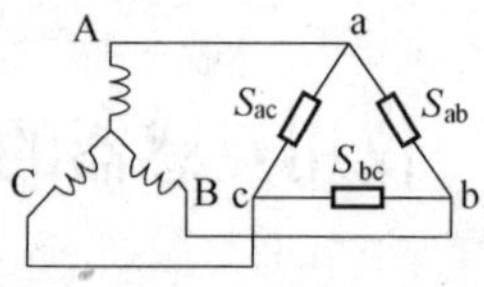	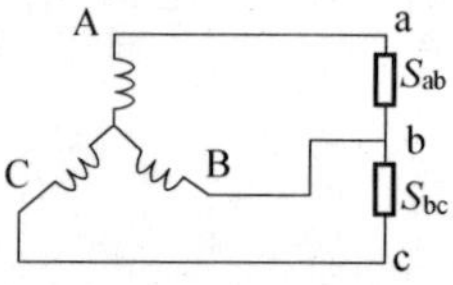
A 相	有功	$P_A=S_a\cos\varphi$	$P_A=\frac{1}{\sqrt{3}}[S_{ab}\cos(\varphi_{ab}-30°)+S_{ca}\cos(\varphi_{ca}+30°)]$	$P_A=\frac{1}{\sqrt{3}}S_{ab}\cos(\varphi_{ab}-30°)$
	无功	$Q_A=S_a\sin\varphi$	$Q_A=\frac{1}{\sqrt{3}}[S_{ab}\sin(\varphi_{ab}-30°)+S_{ca}\sin(\varphi_{ca}+30°)]$	$Q_A=\frac{1}{\sqrt{3}}S_{ab}\sin(\varphi_{ab}-30°)$
B 相	有功	$P_B=S_b\cos\varphi$	$P_B=\frac{1}{\sqrt{3}}[S_{ab}\cos(\varphi_{ab}+30°)+S_{bc}\cos(\varphi_{bc}-30°)]$	$P_B=\frac{1}{\sqrt{3}}[S_{ab}\cos(\varphi_{ab}+30°)+S_{bc}\cos(\varphi_{bc}-30°)]$
	无功	$Q_B=S_b\sin\varphi$	$Q_B=\frac{1}{\sqrt{3}}[S_{ab}\sin(\varphi_{ab}+30°)+S_{bc}\sin(\varphi_{bc}-30°)]$	$Q_B=\frac{1}{\sqrt{3}}[S_{ab}\sin(\varphi_{ab}+30°)+S_{bc}\sin(\varphi_{bc}-30°)]$
C 相	有功	$P_C=S_c\cos\varphi$	$P_C=\frac{1}{\sqrt{3}}[S_{bc}\cos(\varphi_{ab}+30°)+S_{ca}\cos(\varphi_{ca}-30°)]$	$P_C=\frac{1}{\sqrt{3}}S_{bc}\cos(\varphi_{ab}+30°)$
	无功	$Q_C=S_c\sin\varphi$	$Q_C=\frac{1}{\sqrt{3}}[S_{bc}\sin(\varphi_{ab}+30°)+S_{ca}\sin(\varphi_{ca}-30°)]$	$Q_C=\frac{1}{\sqrt{3}}S_{bc}\sin(\varphi_{ab}+30°)$

注：S——表计的负荷，V·A；φ——相角差；P_A，P_B，P_C——电压互感器每相的有功负荷，W；Q_A，Q_B，Q_C——电压互感器每相的无功负荷，Var；电压互感器的全负荷 $S_A=\sqrt{P_A^2+Q_A^2}$。

表 5-7　电压互感器接成不完全星形时每相负荷的计算公式

负荷接线方式			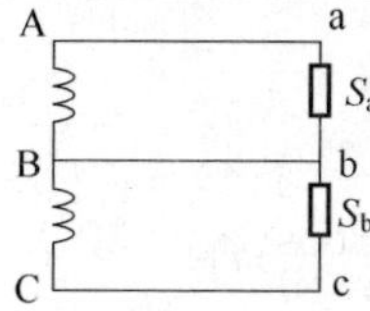	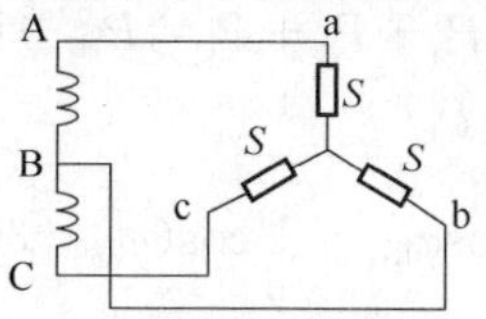	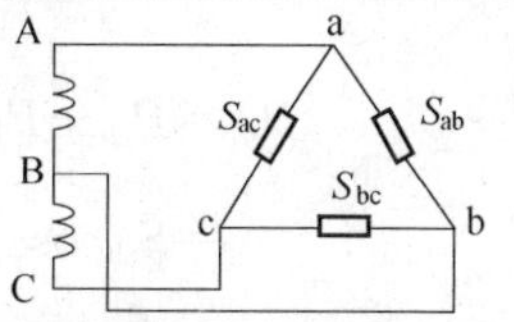
电压互感器每相的负荷	AB	有功	$P_{AB}=S_{ab}\cos\varphi_{ab}$	$P_{AB}=\sqrt{3}S\cos(\varphi+30°)$	$P_{AB}=S_{ab}\cos\varphi_{ab}+S_{ca}\cos(\varphi_{ca}+60°)$
		无功	$Q_{AB}=S_{ab}\sin\varphi_{ab}$	$Q_{AB}=\sqrt{3}S\sin(\varphi+30°)$	$Q_{AB}=S_{ab}\sin\varphi_{ab}+S_{ca}\sin(\varphi_{ca}+60°)$
	BC	有功	$P_{BC}=S_{bc}\cos\varphi_{bc}$	$P_{BC}=\sqrt{3}S\cos(\varphi-30°)$	$P_{BC}=S_{bc}\cos\varphi_{bc}+S_{ca}\cos(\varphi_{ca}-60°)$
		无功	$Q_{BC}=S_{bc}\sin\varphi_{bc}$	$Q_{BC}=\sqrt{3}S\sin(\varphi-30°)$	$Q_{BC}=S_{bc}\sin\varphi_{bc}+S_{ca}\sin(\varphi_{ca}-60°)$

注：S——表计的负荷，V·A；φ——相角差；P_{AB}，P_{BC}——电压互感器每相的有功负荷，W；Q_{AB}，Q_{BC}——电压互感器每相的无功负荷，Var；电压互感器的全负荷 $S_{AB}=\sqrt{P_{AB}^2+Q_{AB}^2}$，$S_{BC}=\sqrt{P_{BC}^2+Q_{BC}^2}$

由表 5-6、表 5-7 可知，当电压互感器副绕组接线方式与二次负荷接线方式一致时，如 Y/Y、V/V、△/△接线时，二次负荷一相的容量即电压互感器副绕组一相上的容量，二次负荷不用折算。

下面以 Y-Y 联结的三相电压互感器带不完全星形接线负载为例，推导计算二次负荷的方法，接线图如图 5-19 所示。

二次负荷接于相间，须换算成二次每相上所接负载才可根据 $S_n \geqslant S_2$ 选型，若二次负荷与压互二次绕组接线方式相同则不必进行换算。

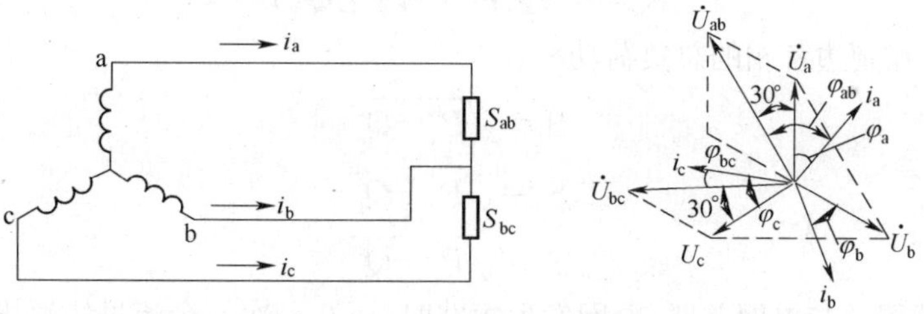

(a)　　　　(b)

图 5-19　Y/Y 接线压互与 V 形接线负载连接图

(a)接线图；(b)相量图

a 相功率：

$$P_a=U_a\cdot I_a\cdot\cos\varphi_a=U_a\cdot I_a\cdot\cos(\varphi_{ab}-30°)$$
$$=\frac{U_{ab}}{\sqrt{3}}\cdot I_a\cdot\cos(\varphi_{ab}-30°)=\frac{S_{ab}}{\sqrt{3}}\cdot\cos(\varphi_{ab}-30°) \tag{5-68}$$

$$Q_a=U_a\cdot I_a\cdot\sin\varphi_a=\frac{U_{ab}}{\sqrt{3}}\cdot I_a\cdot\sin(\varphi_{ab}-30°)=\frac{S_{ab}}{\sqrt{3}}\cdot\sin(\varphi_{ab}-30°) \tag{5-69}$$

同理，可得 c 相功率：

$$P_c=U_c\cdot I_c\cdot\cos\varphi_c=\frac{U_{bc}}{\sqrt{3}}\cdot I_c\cdot\cos(\varphi_{bc}+30°)=\frac{S_{bc}}{\sqrt{3}}\cdot\cos(\varphi_{bc}+30°) \tag{5-70}$$

$$Q_c=U_c\cdot I_c\cdot\sin\varphi_c=\frac{U_{bc}}{\sqrt{3}}\cdot I_c\cdot\sin(\varphi_{bc}+30°)=\frac{S_{bc}}{\sqrt{3}}\cdot\sin(\varphi_{bc}+30°) \tag{5-71}$$

根据功率守恒关系可得 b 相功率：

$$P_a+P_b+P_c=P_{ab}+P_{bc} \tag{5-72}$$

$$\begin{aligned}P_b&=P_{ab}+P_{bc}-P_a-P_c\\&=S_{ab}\cos\varphi_{ab}+S_{bc}\cos\varphi_{bc}-\frac{S_{ab}}{\sqrt{3}}\cos(\varphi_{ab}-30°)-\frac{S_{bc}}{\sqrt{3}}\cos(\varphi_{bc}+30°)\\&=\frac{S_{ab}}{\sqrt{3}}[\sqrt{3}\cos\varphi_{ab}-\cos(\varphi_{ab}-30°)]+\frac{S_{bc}}{\sqrt{3}}[\sqrt{3}\cos\varphi_{bc}-\cos(\varphi_{bc}+30°)]\\&=\frac{1}{\sqrt{3}}[S_{ab}\cos(\varphi_{ab}+30°)]+S_{bc}\cos(\varphi_{bc}-30°)\end{aligned} \tag{5-73}$$

$$\begin{aligned}Q_b&=Q_{ab}+Q_{bc}-Q_a-Q_c\\&=S_{ab}\sin\varphi_{ab}+S_{bc}\sin\varphi_{bc}-\frac{S_{ab}}{\sqrt{3}}\sin(\varphi_{ab}-30°)-\frac{S_{bc}}{\sqrt{3}}\sin(\varphi_{bc}+30°)\\&=\frac{S_{ab}}{\sqrt{3}}[\sqrt{3}\sin\varphi_{ab}-\sin(\varphi_{ab}-30°)]+\frac{S_{bc}}{\sqrt{3}}[\sqrt{3}\sin\varphi_{bc}-\sin(\varphi_{bc}+30°)]\\&=\frac{1}{\sqrt{3}}[S_{ab}\sin(\varphi_{ab}+30°)+S_{bc}\sin(\varphi_{bc}-30°)]\end{aligned} \tag{5-74}$$

式中　$S_{ab}=\sqrt{(\sum P_{ab})^2+(\sum Q_{ab})^2}$；

其中　$\sum P_{ab}$——接于 ab 相间仪表电压线圈的有功功率之和；

$\sum Q_{ab}$——接于 ab 相间仪表电压线圈的无功功率之和。

同理　$S_{bc}=\sqrt{(\sum P_{bc})^2+(\sum Q_{bc})^2}$

由此可得压互副边各相的总负荷功率：

$$S_a=\sqrt{P_a^2+Q_a^2} \tag{5-75}$$

$$S_b=\sqrt{P_b^2+Q_b^2} \tag{5-76}$$

$$S_c=\sqrt{P_c^2+Q_c^2} \tag{5-77}$$

7. 电压互感器总与电网并联，电网发生短路时，压互一次不会流过短路电流，因此不需进行短路时的热、动稳定性校验。

8. 电压互感器二次连接导线截面应满足压降不超过其额定电压的 3%，若二次接有功率表时，应不超过其额定电压的 0.5%，同时满足机械强度的要求。一般，铜导线截面不应小于 1.5 mm^2，铝导线不应小于 2.5 mm^2。

【例 5-1】 变电所 10 kV 母线上配置三只单相三绕组电压互感器，采用 $Y_N/Y_N/D_{11}$ 接法，作为母线电压、各回路有功电能和无功电能测量及母线绝缘监视用，电压互感器和测量仪器的接线如图 5-20 所示。假设该母线共有四路出线，每路出线装设三相有功电度表和三相无功电度表及功率表各一只，每个电压线圈消耗的功率为 1.5 V·A；母线设四只电压表，其中三只分别接于各相，作相电压监视，另一只电压表用于测量各线电压，电压线圈的负荷均为 4.5 V·A；电压互感器△侧电压继电器线圈消耗功率为 2.0 V·A。试选择电压互感器，校验其二次负荷是否满足准确度要求。

解：根据要求查表，选三只 JDZJ-10 型电压互感器电压比为 $10\ 000/\sqrt{3}:100/\sqrt{3}:100/3$ V，0.5 级二次绕组(单相)额定负荷为 50 V·A。

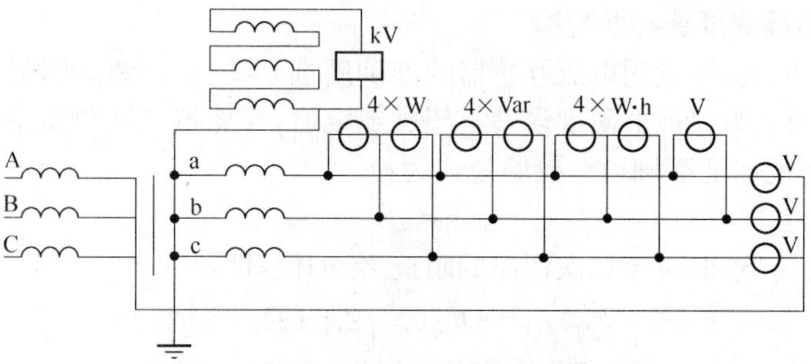

图 5-20　电压互感器和测量仪器的接线图

除三只电压表分别接于相电压外，其余设备的电压线圈均接于 AB 或 BC 线电压间，将其折算成相负荷，B 相的负荷最大，若不考虑电压线圈的功率因数，接于线电压的负荷折算成单相负荷为

$$S_{B\varphi}=\frac{1}{3}[\sqrt{3}S_{AB}+(3-\sqrt{3})S_{BC}]=S_{AB}$$

B 相的负荷为

$$\begin{aligned}S_2&=4.5+S_{B\varphi}+\frac{2}{3}=4.5+S_{AB}+\frac{2}{3}\\&=4.5+[4.5+4\times(1.5+1.5+1.5)]+0.67=27.67<50\ (\text{V}\cdot\text{A})\end{aligned}$$

故二次负荷满足准确度要求。

二、电流互感器选择

高压电流互感器二次侧线圈一般有一至数个不等，其中一个二次线圈用于测量，其他二次线圈用于保护。

电流互感器的主要性能如下：

(1)准确级。电流互感器测量线圈的准确级设为 0.1、0.2、0.5、1、3、5 等 6 个级别，保护用互感器或线圈的准确级一般为 5P 级和 10P 级两种，电流误差分别为 1%和 3%，复合误差分别为 5%和 10%。

(2)线圈铁芯特性。测量用电流互感器的铁芯在一次电路短路时易于饱和，限制二次电流的增长倍数以保护仪表。

(3)变流比与二次额定负荷。电流互感器的一次额定电流有多种规格，二次绕组回路所带负荷不应超过额定负荷值。

电流互感器的选择与校验主要有以下几个方面：

1. 根据安装地点和安装方式选择电流互感器型式，如户内式、户外式、穿墙式、套管式、支柱式等。

2. 电流互感器额定电压 U_N 应不低于装设点线路额定电压 U_W，即：

$$U_N \geqslant U_W \tag{5-78}$$

3. 电流互感器的原边额定电流 I_N 应不小于流过电流互感器原边的最大长期工作电流 $I_{L\max}$，即：

$$I_N \geqslant I_{L\max} \tag{5-79}$$

当电流互感器周围的实际环境温度 $\theta_0>40°$时，应乘以温度修正系数：

$$K_\theta=\sqrt{\frac{75-\theta_0}{75-40}}$$

4. 电流互感器准确度选择及校验

准确度选择的原则：计量用电流互感器的准确度选 0.2～0.5 级；测量用电流互感器的准确度选 1.0～3.0 级。为保证准确度误差不超过规定值，互感器二次侧负荷 S_2 应不大于二次侧额定负荷 S_{2N}，才能保证准确度。校验公式为：

$$S_2 \leqslant S_{2N} \tag{5-80}$$

二次回路的负荷 S_2 取决于二次回路的阻抗 Z_2 的值，即：

$$S_2 = I_{2N}^2 |Z_2| \approx I_{2N}^2 (\sum |Z_i| + R_{WL} + R_{tou}) \tag{5-81}$$

或

$$S_2 \approx \sum S_i + I_{2N}^2 (R_{WL} + R_{tou}) \tag{5-82}$$

式中 S_i、Z_i——二次回路中的仪表、继电器线圈的额定负荷和阻抗；

R_{tou}——二次回路中所有接头、触点的接触电阻，一般取 0.1 Ω；

R_{WL}——二次回路导线电阻。

其中，R_{WL}的计算公式为

$$R_{WL} = \frac{L_c}{\gamma S} \tag{5-83}$$

式中 γ——导线的导电率，铜线 $\gamma = 53\ \text{m}/(\Omega \cdot \text{mm}^2)$，铝线 $\gamma = 32\ \text{m}/(\Omega \cdot \text{mm}^2)$；

S——导线截面，mm^2；

L_c——导线的计算长度，m，与电流互感器到仪表的单向长度（l_1）有关，计算如下：

$$L_c = \begin{cases} l_1 & \text{星形接线} \\ \sqrt{3} l_1 & \text{两相 } V \text{ 形接线} \\ 2 l_1 & \text{一相式接线} \end{cases} \tag{5-84}$$

保护用电流互感器的准确度选 10P 级，其复合误差限值为 10%。由于二次电流与一次电流成线性关系，为正确反映一次侧短路电流的大小，需校验二次负荷。生产厂家提供的一次侧电流对其额定电流的倍数 $K_1(I_1/I_{1N})$ 与最大允许的二次负荷阻抗 $Z_{2.al}$ 的关系曲线，简称 10% 误差曲线，如图 5-21 所示。通常根据电流互感器接入位置的最大三相短路电流来确定 I_1/I_{1N} 的值，从相应互感器的 10% 曲线中找出横坐标上允许的二次负荷阻抗 $Z_{2.al}$，使接入二次侧的总阻抗 Z_2 不超过 $Z_{2.al}$，则互感器的电流误差保证在 10% 以内。

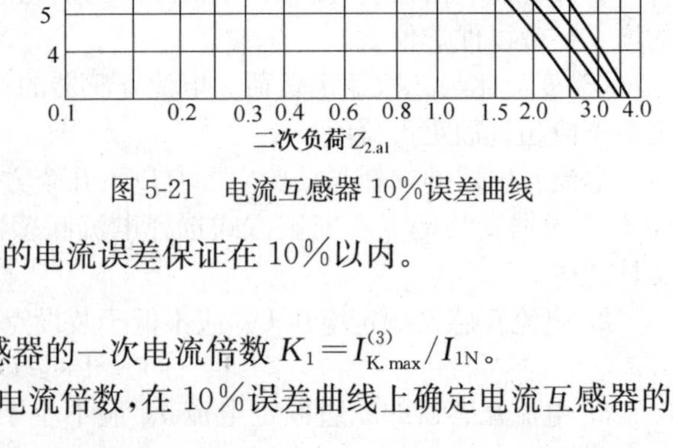

图 5-21 电流互感器 10% 误差曲线

电流互感器 10% 误差曲线校验步骤：

(1) 按照保护装置类型计算流过电流互感器的一次电流倍数 $K_1 = I_{K.max}^{(3)} / I_{1N}$。

(2) 根据电流互感器的型号、变比和一次电流倍数，在 10% 误差曲线上确定电流互感器的允许二次负荷 $Z_{2.al}$。

(3) 按照对电流互感器二次负荷最严重的短路类型，计算电流互感器的实际二次负荷 $Z_{2.al}$。

(4) 比较实际二次负荷与允许二次负荷，如实际二次负荷小于允许二次负荷，表示电流互感器的误差不超过 10%；若实际二次负荷大于允许二次负荷，则应采取下述措施，使其满足 10% 误差：

①增大连接导线截面或缩短连接导线长度以减小实际二次负荷；

②选择变比较大的电流互感器，减小一次电流倍数，增大允许二次负荷。

5. 电流互感器动稳定和热稳定校验。电流互感器的动稳定性包括内部动稳定性与外部动稳定性，内部动稳定性是考虑故障电流通过自身线圈产生的电动力，内部动稳定性用互感器的动稳定系数 K_{ps} 表示，它是互感器允许的极限通过电流峰值 i_{max} 与其一次额定电流幅值之比，即

$$K_{ps}=\frac{i_{max}}{\sqrt{2}I_{1N}} \tag{5-85}$$

满足动稳定性的条件是

$$\sqrt{2}I_{1N}k_{ps}\geqslant I_{ch} \tag{5-86}$$

外部动稳定性是异相电流对互感器产生的电动力，其大小与互感器安装情况有关，外部动稳定性校验又分为两种情况，一种是产品给出允许力 F_{al} 的互感器，可按下式校验：

$$F_{al}\geqslant\frac{1}{2}\times 0.172 i_{ch}^2\frac{l}{a} \tag{5-87}$$

式中　i_{ch}——短路电流冲击值，kA；

　　l——互感器出线端与相邻固定点的距离，m；

　　a——相间距离，m。

另一种是给出动稳定倍数 K_{ps} 及 a、l 尺寸的互感器，按下式校验：

$$\sqrt{2}I_{1N}k_{ps}\geqslant i_{ch} \tag{5-88}$$

当互感器安装尺寸与规定的 a、l 不符时，上式左边应乘以修正系数 k_s

$$k_s=\sqrt{\frac{a_s}{l_s}} \tag{5-89}$$

式中　a_s、l_s——互感器的 a、l 实际安装尺寸值。

电流互感器的热稳定性是用热稳定倍数 k_{ts} 表示，即互感器在一定时间 t（一般 t=1 s）内的热稳定性电流 I_{ps} 与其额定电流 I_{1N} 之比，即

$$k_{ts}=\frac{I_{ps}}{I_{1N}} \tag{5-90}$$

热稳定性按下式校验：

$$k_{ts}\geqslant\frac{I_{\infty}}{I_{1N}}\sqrt{t_i} \tag{5-91}$$

式中　t_i——假想时间，s；

　　I_{∞}——短路稳态电流，A。

【例 5-2】　按第一节中举例的电气条件，选择柜内电流互感器。已知电流互感器采用两相式接线，如图5-22所示，其中 0.5 级二次绕组用于测量，接有三相有功电度表和三相无功电度表各一只，每一电流线圈消耗功率 0.5 V·A，电流表一只，消耗功率 3 V·A。电流互感器二次回路采用 BV-500－1×2.5 mm² 的铜芯塑料线，互感器距仪表的单向长度为 2 m。

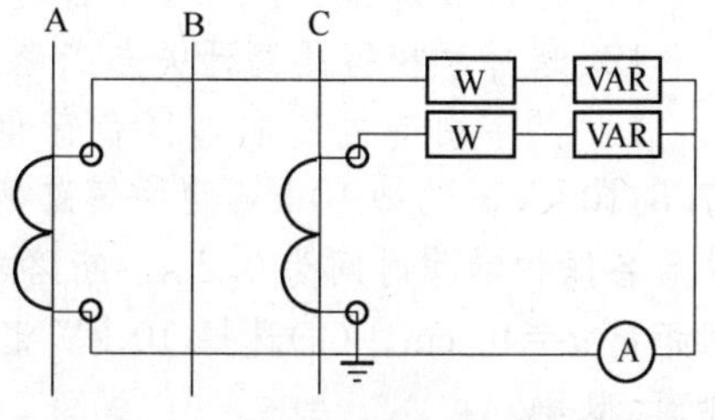

图 5-22　电流互感器两相式接线图

解：根据变压器 10 kV 额定电流 275 A，查表选变比为 400/5 A 的 LQJ-10 型电流互感器，K_{es}=160，K_t=75，0.5 级二次绕组的 Z_{2N}=0.4 Ω。

(1)准确度校验

$$S_{2n} \approx I_{2N}^2 Z_{2N} = 5^2 \times 0.5 = 10\ \mathrm{V \cdot A}$$

$$S_2 \approx \sum S_i + I_{2N}^2 (R_{WL} + R_{tou})$$

$$= (0.5 + 0.5 + 3) + 5^2 \times [\sqrt{3} \times 2/(53 \times 2.5) + 0.1] = 7.15 < 10(\mathrm{V \cdot A})$$

满足准确度要求。

(2)动稳定校验

$$\sqrt{2} I_{1N} k_{ps} = 160 \times 0.414 \times 0.4 = 90.50 > i_{sh} = 8.5\ (\mathrm{kA})$$

满足动稳定要求。

(3)热稳定校验

$$(K_t\ I_{1N})^2 \cdot t = (75 \times 0.16)^2 \times 1 = 144 > I_{\infty}^{(3)2} \quad t_{ama} = 3.35^2 \times 1.2 = 13.5\ \mathrm{kA^2 s}$$

满足热稳定要求，因此选择 LQJ-10 400/5A 型电流互感器满足要求。

思考题

1. 电器和导体在容许发热下的正常过载能力是如何确定的？长期稳定负载和周期性重复出现最大负荷的电力牵引负载能力为何不同？

2. 导体在短路电流通过时的短时发热与正常负荷下的长期发热有何不同？

3. 短路电流造成的短时发热计算中，数值积分法和等值时间法两种方法的基本原理有何不同？各适用于什么情况？

4. 短路电动力对导体和电器运行造成什么影响？

5. 电气设备选择中，短路计算点如何确定？

6. 在供电设计中遇到母线动稳定性校验不合格时，如何补救？

7. 何谓经济电流密度？什么情况下的导线或电缆要按“经济电流密度”选择？

8. 支柱绝缘子的作用是什么？按什么条件选择？为什么需要校验动稳定而不需要校验热稳定度？

9. 在进行导线截面的校验时，如果导线截面的某项校验不合格，通常可以采用哪些措施来处理？

10. 电压互感器选择中，为何不需要校验短路时的稳定性？电流互感器回路中能否设熔断器？

11. 电流互感器应按哪些条件选择？准确度级如何选用？

12. 选择和校验隔离开关与断路器。

13. 某牵引变电所向地区负荷供电的单台三相变压器容量为 1 000 kV・A。电压比为 27.5/10 kV。已知 10 kV 侧的短路数据为 $I''_k = 12$ kA、$I''_{k,t=0.2} = 11$ kA、$I''_{k,t=0.4} = 10.5$ kA。馈线后备保护动作时间为 0.2 s。断路器分闸时间 $t_0 = 0.2$ s。$\theta_0 = 30$℃、母线跨距 $l = 100$ cm、相间距离 $a = 40$ cm。(1)选择 10 kV 汇流母线；(2)与母线相连的电源进线为电缆，试选择电缆截面、型号。

14. 给出高压 110 kV 的进线交流牵引变电所主接线、主变容量和短路电流、保护动作时间、主变高压侧测量表计和电度计量表数量和配置方式，(1)选择主变回路高压断路器和 110 kV 的电压互感器、电流互感器；(2)给定牵引馈线负荷，选择馈线断路器、隔离开关。

第六章 接 地

接地是保障电气系统、电气设备正常工作以及故障情况下人身和设备安全的重要技术措施。不论高压电力系统还是低压电子系统，不论高压设备还是低压设备，不论交流设备还是直流设备，不论是固定式设备还是移动式设备，不论生产用电气设备还是生活用电气设备，都需要采用合适的方式接地。接地设计是电气化铁道供变电工程的重要组成部分，牵引变电所和接触网接地工程的好坏，直接影响电气化铁道的安全运行。本章第一节讲述接地基本原理，介绍接地相关概念和要求；第二节讨论电气化铁道钢轨电位及其抑制措施；第三节介绍我国在高速客运专线建设中采用的铁路综合接地技术；最后第四节简要介绍接地测量技术。

第一节 接地基本原理

一、基本概念

1. 接地

将电气设备的某些部分用导线（接地线）与埋设在土壤中或水中的金属导体（接地体或接地极）相连接称为接地。按作用不同，电气系统的接地通常分为工作接地、保护接地、防雷接地和防静电接地四种。

（1）工作接地

电力系统或电气设备因为正常工作或及时消除故障的需要，将电路中的某一点接地称为工作接地。例如，110 kV 及以上电力系统中，将部分变压器的中性点接地；电气化铁道牵引变电所采用星形三角形接线变压器时，变压器牵引侧的 c 端子接地。

（2）保护接地

当电气设备发生绝缘损坏时，其金属外壳或架构可能带电，为避免造成人身触电事故，将电气设备的外露可接近导体部分接地，称为保护接地，又称安全接地。例如，配电、控制和保护用的盘（台、箱）的框架；电力电缆的构架、接线盒和终端盒的金属外壳、电缆的金属护层和穿线的钢管；室内、外配电装置的金属构架或钢筋混凝土构架的钢筋及靠近带电部分的金属遮拦和金属门；变配电所各种电气设备的底座或支架；家用电器的金属外壳。

（3）防雷接地

将雷电流泄入大地、防止雷电过电压对人身或设备产生危害对防雷设备采取的接地措施，称为防雷接地。例如，避雷针、避雷线和避雷器的接地。

（4）防静电接地

为消除静电对人身和设备产生危害而采取的接地措施，称为防静电接地。例如，运油车、储油罐和输油管道的接地。

2. 接地装置

接地装置是接地体和接地线的总称，如图 6-1 所示。接地装置应有足够低的接地电阻和较强的防腐蚀能力，通过雷电流或工频短路电流时，应具有足够的热稳定性，在接地装置上形成的压降和在接地极附近形成的接触电势、跨步电势不应危及设备或人身的安全。

(1)接地体

接地体指埋入地下直接与大地接触的金属导体，也称为接地极，包括人工接地体和自然接地体。选择接地装置时，宜优先利用自然接地体，当自然接地体的接地电阻达不到要求时考虑增加人工接地体。

交流电气设备接地可以利用以下设施作为自然接地体：

①埋设在地下的金属管道，但不包括有可燃或爆炸物质的管道。

②金属井管。

③与大地有可靠连接的建筑物金属结构。

④水工构筑物及其类似的构筑物的金属管、桩。

人工接地体是人为埋入地下的金属构件，常采用钢材制品和铜材制品，敷设时有水平和垂直两种方式，水平敷设时采用圆钢、扁钢或铜条，垂直敷设时采用角钢、圆钢或铜棒；交流接地体的埋设深度一般为 0.6～0.8 m，直流接地体的埋设深度一般为 1.5～2 m；地下接地体受到腐蚀影响寿命，一般要求钢接地体的截面不应小于表 6-1 中所列数值，在腐蚀性较强场所采用钢接地体时，应采取热镀锡或热镀锌等防腐蚀措施或适当增大截面。

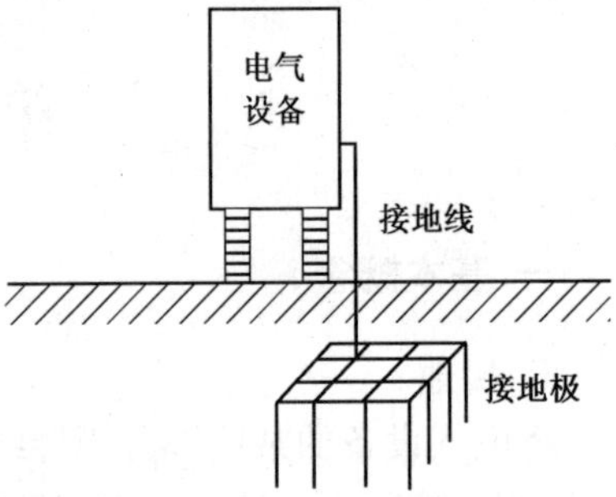

图 6-1　接地装置

土壤电阻率较低地区的线路接地体通常采用单根水平接地体或水平接地体与垂直接地体的组合；高土壤电阻率地区的线路接地体常采用多根射线型的水平接地体；土壤电阻率特别高时，可采用连续地线。发电厂、变电所的接地装置采用以水平接地体为主的网格形接地体，称为接地网或地网。

(2)接地线

将电气设备、金属部件与接地体连接用的金属导体，称为接地线，也称接地引下线。接地线一般采用钢质导体，从防腐蚀角度考虑，截面不应小于表 6-1 中所列的数值；低压电气设备地面上外露的铜和铝接地线的最小截面应符合表 6-2 的规定。

表 6-1　钢接地体和接地线的最小规格

种类、规格及单位		地上		地下
		室内	室外	
圆钢直径(mm)		6	8	8/10
扁钢	截面(mm^2)	24	48	48
	厚度(mm)	4	4	4
角钢厚度(mm)		2	2.5	4
钢管管壁厚度(mm)		2.5	2.5	3.5/2.5

注：1. 地下部分圆钢的直径，其分子、分母数据分别对应于架空线路和发电厂、变电所的接地装置。

2. 地下部分钢管的壁厚，其分子、分母数据分别对应于埋于土壤和埋于室内混凝土地坪中。

3. 架空线路杆塔的接地引出线的截面不应小于 50 mm^2，并应热镀锌。

表 6-2 低压电气设备地面上外露的铜和铝接地线的最小截面 （单位:mm^2）

名 称	铜	铝
明敷的裸导体	4	6
绝缘导体	1.5	2.5
电缆的接地芯或与相线包在同一保护外壳内的多芯导线的接地芯	1	1.5

3. 接地电阻

(1)定义

电流 I 经接地体流入大地时接地体电位 U 和 I 的比值，称为接地电阻，接地电阻由三部分组成：(1)接地极自身(金属部分)的电阻；(2)接地极与其接触的土壤之间的接触电阻；(3)接地极到无穷远处的土壤的电阻。实际应用中，前两个组成部分由于相对很小，通常忽略不计，接地极周围土壤的电阻率 ρ 是影响接地电阻的最重要因素，直流或工频接地电阻通常根据接地极埋设情况用恒流场计算求出。

(2)垂直接地体

单根垂直接地体(图 6-2)的工频接地电阻为

$$R=\frac{\rho}{2\pi l}\left(\ln\frac{8l}{d}-1\right) \quad (\Omega) \tag{6-1}$$

式中 ρ——土壤电阻率，$\Omega\cdot m$；

l——接地极长度，m；

d——接地极直径，m。

接地极为圆钢时，d 为圆钢直径；当用其他型式钢材时，采用等效直径，其计算方法为：钢管，$d=d_1$；扁钢，$d=b/2$；等边角钢，$d=0.84b$；不等边角钢 $d=0.71\sqrt[4]{b_1b_2(b_1^2+b_2^2)}$。

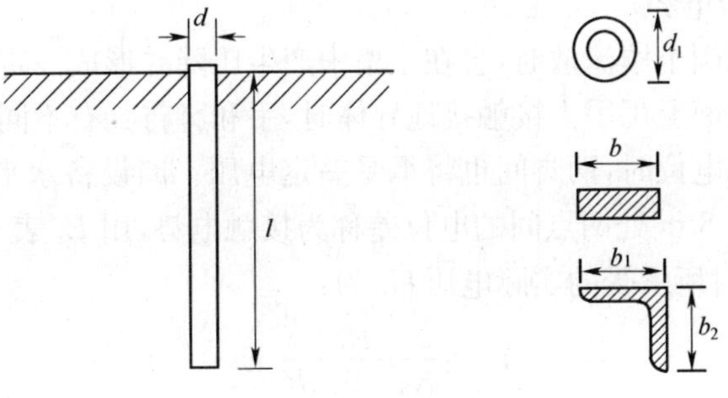

图 6-2 单根垂直接地极

n 根垂直接地极并联后，总的接地电阻 R_n 并不是单根垂直接地极接地电阻 R 的 $1/n$，而是

$$R_n=\frac{R}{\eta n} \tag{6-2}$$

式中 η——利用系数，$\eta\leqslant 1$，当相邻接地极之间的距离为接地极长度的 2 倍时，η 值约为0.9(2 根并联)或 0.7(6 根并联)。

(3)水平接地体

水平接地极的工频接地电阻为

$$R=\frac{\rho}{2\pi L}\left(\ln\frac{L^2}{dh}+A\right)\quad(\Omega)\tag{6-3}$$

式中 L——接地极的总长度，m；

h——接地极的埋设深度，m；

d——水平接地极的直径或等效直径，m；

A——形状系数，其值见表 6-3。

表 6-3　水平接地极的形状系数 A

水平接地极形状	—	L	人	○	+	□	⚹	✳	✴	✱
形状系数 A	−0.6	−0.18	0	0.4	0.89	1	2.19	3.03	4.71	5.65

(4)发电厂、变电所地网

发电厂、变电所地网的工频接地电阻可按下面的经验公式粗略估算：

$$R=\frac{0.443\rho}{\sqrt{S}}+\frac{\rho}{L}\approx\frac{0.5\rho}{\sqrt{S}}\quad(\Omega)\tag{6-4}$$

式中 L——垂直和水平接地极的总长度，m；

S——地网的面积，m^2。

(5)冲击接地电阻

冲击电流经接地体流入大地时，接地体上最大电压出现的时刻不一定是电流最大的时刻，这种情况下，接地电阻定义为接地体的最大电压和经接地体入地的最大电流之比，称为冲击接地电阻。集中接地极的冲击接地电阻通常比工频接地电阻小，一般根据接地极形状利用经验公式求得一个冲击系数，用冲击系数乘以工频接地电阻得到冲击接地电阻。

4. 接触电势与跨步电势

电流自接地极经周围土壤流散时，会在土壤中产生压降并形成一定的地表电位分布，当人站立于接地极附近的地面上用手去接触接地导体时，手和脚将具有不同的电位；当两只脚所站立的地面两点具有不同电位时，两脚间也将承受一定电压。离设备水平距离为 0.8 m 的地面与设备外壳距地面高 1.8 m 处两点间的电位差称为接触电势，用 E_t 表示。根据图 6-3 中的等值电路，人接触这两点时所承受的实际电压 U_t 为：

$$U_t=\frac{R_b}{R_b+0.5R_0}E_t\tag{6-5}$$

式中 R_b——人体电阻；

R_0——人的每只脚和大地间的接触电阻(包括鞋的绝缘电阻)。

相距 0.8 m 的地面两点间电位差称为跨步电势(0.8 m 相当于人的一步跨距，有些国家取 1 m)，用 E_s 表示。根据图 6-3 中的等值电路，两脚接触该两点时人体所承受的实际电压 U_s 为：

$$U_s=\frac{R_b}{R_b+2R_0}E_s\tag{6-6}$$

尽管直接对人造成电击伤害的是人体实际承受接触电压和跨步电压，但在接地装置设计时，为方便计算，通常控制接触电势和跨步电势不超过一定水平。计算接触电势和跨步电势时，首先确定通过接地装置入地的电流，然后考虑接地体结构对附近地表电位分布的影响，工程中采用的计算方法可参考相关标准。

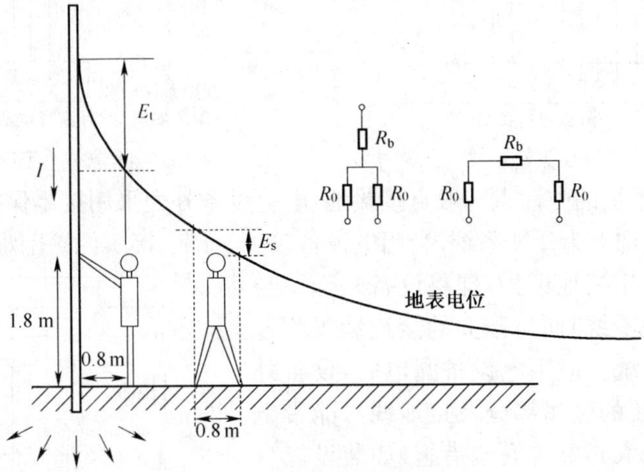

图 6-3　接触电势与跨步电势

5. 低压电力系统的接地与接零

三相低压电力系统接地可采用以下几种形式。

(1)TN 系统

系统有一点直接接地，装置的外露导电部分用保护线与该点连接，根据中性线与保护线的组合情况，TN 系统有以下 3 种形式：

①TN-S 系统。整个系统的中性线 N 与保护线 PE 分开，如图 6-4 所示。

②TN-C-S 系统。系统中有一部分中性线与保护线合一(PEN 线)，如图 6-5 所示。

③TN-C 系统。整个系统的中性线与保护线合一，如图 6-6 所示。

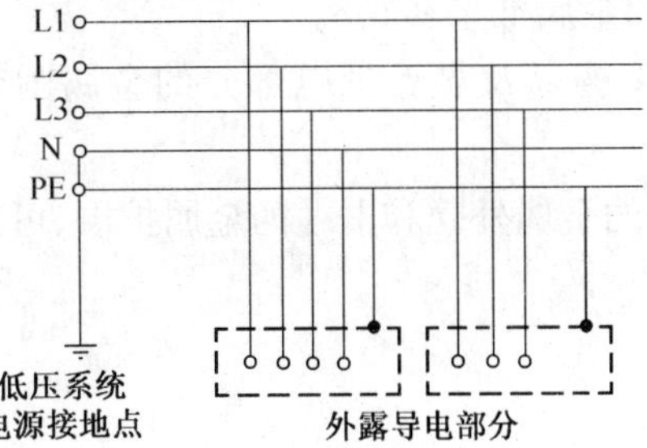

图 6-4　TN-S 系统

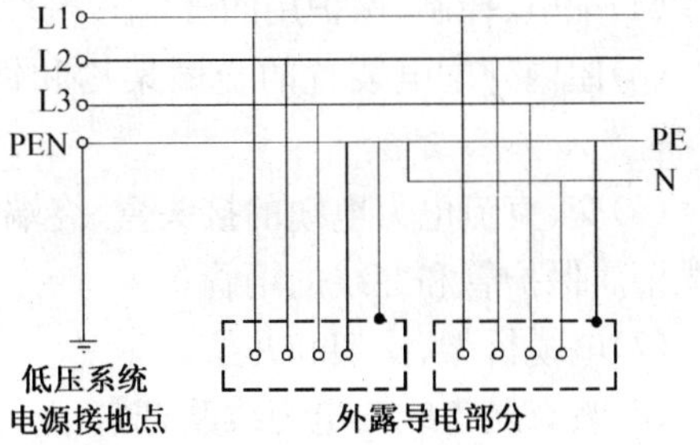

图 6-5　TN-C-S 系统

(2)TT 系统

TT 系统有一个直接接地点，电气装置的外露导电部分接至电气上与低压系统的接地点无关的接地装置，如图 6-7 所示。

(3)IT 系统

IT 系统的带电部分与大地间不直接连接(经阻抗接地或不接地)，电气装置的外露导电部分接地，如图 6-8 所示。

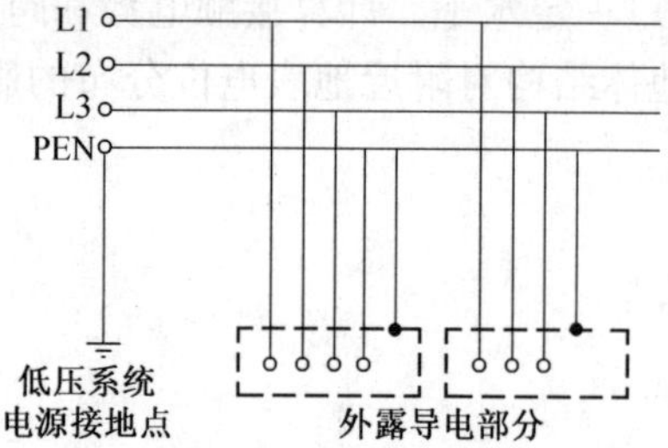

图 6-6 TN-C 系统

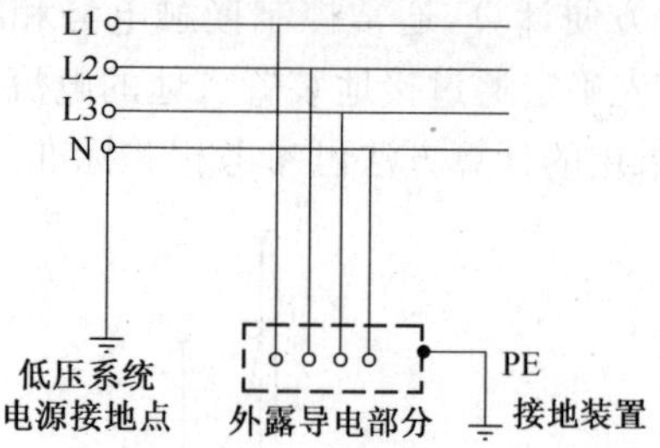

图 6-7 TT 系统

我国低压电力系统的中性点一般直接接地，电力设备外壳采用接零保护，即将外壳与零线（保护线）相连接，结构上为 TN 系统；当用电设备较少、分散、接零保护困难、土壤电阻率较低、容易做接地时，可采用接地保护，即将设备外壳不与零线相连接（或不设零线）而与独立的接地装置相连接，通常构成 TT 系统。但用电设备漏电时，设备外壳和与其有电气连接的金属部分及接地线可能带电危及人身安全，应采取必要的安全措施，如装设能自动断开接地故障的继电保护装置、使用绝缘垫、安装保护围栏或在设备周围敷设闭合的均压带等。

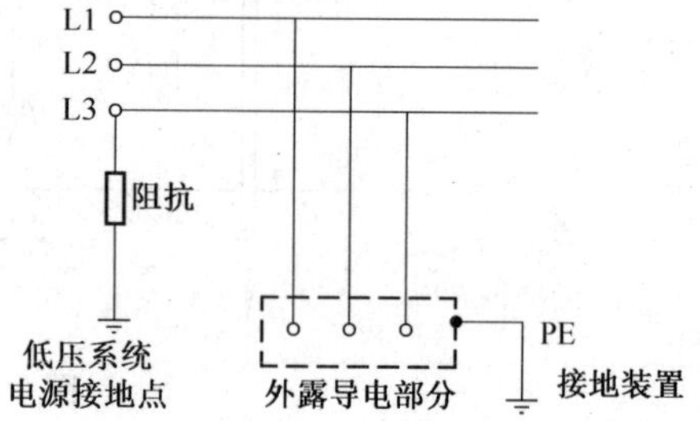

图 6-8 IT 系统

二、接地要求

1. 一般要求

电力系统中电气设备的下列金属部分，除有特殊规定外，均应接地或接零：

（1）电机、变压器、电器、携带式或移动式用电器具等的金属底座和外壳；

（2）电气设备的传动装置；

（3）互感器的二次绕组；

（4）配电、控制、保护用的屏（柜、箱）及操作台等的金属框架和底座；

（5）屋内外配电装置的金属架构和钢筋混凝土架构以及靠近带电部分的金属围栏和金属门；

（6）交、直流电力电缆的接头盒、终端头和膨胀器的金属外壳和电缆的金属护层、可触及的电缆金属保护管和穿线的钢管；

（7）电缆桥架、支架和井架；

（8）装有避雷线的电力线路杆塔；

（9）装在配电线路杆上的电力设备；

（10）在非沥青地面的居民区内，无避雷线小接地短路电流架空电力线路的金属杆塔和钢筋混凝土杆塔；

（11）电除尘器的构架；

（12）封闭母线的外壳及其他裸露的金属部分；

（13）六氟化硫封闭式组合电器和箱式变电站的金属箱体；

（14）电热设备的金属外壳；

（15）控制电缆的金属护层。

电力设备的下列金属部分，除有特殊规定外，不需接地或接零：

(1)在木质、沥青等不良导电地面的干燥房间内，交流额定电压为 380 V 及以下或直流额定电压为 440 V 及以下的电气设备的外壳(当有可能同时触及上述电气设备外壳和已接地的其他物体时，仍应接地)；

(2)在干燥场所，交流额定电压为 127 V 及以下或直流额定电压为 110 V 及以下的电气设备的外壳；

(3)安装在配电盘、控制台和配电装置间隔墙壁上的电气测量仪表、继电器和其他低压电器的外壳，以及当发生绝缘损坏时，在支持物上不会引起危险电压的绝缘子金属底座等；

(4)安装在已接地金属构架上的设备，如穿墙套管等；

(5)额定电压 220 V 及以下的蓄电池室内的金属支架；

(6)由发电厂、变电所和工业、企业区域内引出的铁路轨道；

(7)与已接地的机床、机座之间有可靠电气接触的电动机和电器的外壳。

直流系统的接地装置应符合下列要求：

(1)能与地构成闭合回路且经常流过电流的接地线应沿绝缘垫板敷设，不得与金属管道、建筑物和设备的构件有金属连接。

(2)在土壤中含有电解能产生腐蚀性物质时，不宜敷设接地装置，必要时可采取外引式接地装置或改良土壤的措施。

(3)直流电力回路专用的中性线和直流两线制正极的接地体、接地线不得与自然接地体有金属连接(无绝缘隔离装置时，相互间的距离不应小于 1 m)。

(4)三线制直流回路的中性线宜直接接地。

为保证接地的可靠性，电气设备的同一部分有时需要有一个以上的接地点。例如：保护变压器用的避雷器，除了应与变电所主地网相连接外，还需在避雷器附近加装集中接地装置；低压架空线的零线，在其两端、分支处、每隔 1 km 处进行重复接地。

各种不同电压等级和不同用途的电气设备一般可以共用一个总的接地装置，发电厂、变电所内的通信等弱电设备一般也与电力设备共用一个接地体。

电气设备的接地应满足规定的接地电阻值的要求，当不同电压等级的电气设备共用一个接地装置时，接地电阻应符合其中最小值的要求；为保证接地电阻的稳定性，一般在设计接地装置时还应考虑接地极的发热、腐蚀、季节变化对接地电阻的影响，保证任何情况下都能满足要求；防雷装置的接地电阻，只需考虑在雷季中土壤干燥状态的影响。

2. 变电所地网接地电阻

电气化铁道的牵引变电所、开闭所、分区所、自耦变压器所中不同用途和不同电压等级的电气设备，除有特殊规定外，应采用一个总的接地体(地网)，接地电阻应符合其中最小值的要求。

牵引变电所地网的接地电阻要求：接地故障状态下，经接地网流入地中的故障电流 I 在接地电阻 R 上造成的电位升高 IR 不致危及设备的绝缘；同时还应保证接触电势和跨步电势不超过安全值。按大接地短路电流系统的要求，牵引变电所地网的接地电阻应满足：

$$R \leqslant \frac{2\,000}{I} \quad (\Omega) \tag{6-7}$$

式中 I——经地网流入地中的最大短路电流周期分量起始值，A，即使 I 较小时，接地电阻也不宜超过 4Ω；当 $I > 4\,000$ A 时，可取 $R \leqslant 0.5$ Ω。 (6-8)

电气化铁道开闭所、分区所、自耦变压器接地装置的接地电阻不宜超过 5 Ω。

电力调度所中，交流工作接地的接地电阻不宜大于 4 Ω；安全保护接地的接地电阻不宜大于 4 Ω；防雷保护接地的接地电阻不宜大于 10 Ω(处在有防雷设施的建筑群中可不设此接地)。

在小接地短路电流系统中，对于仅用于高压电力设备的接地装置：

$$R \leqslant \frac{250}{I} \quad (\Omega) \tag{6-9}$$

式中 I——经地网入地的故障电流。

对于与低压电力设备共用的接地装置：

$$R \leqslant \frac{120}{I} \quad (\Omega) \tag{6-10}$$

注意，即使 I 较小时，接地电阻也不宜超过 10 Ω。

3. 接触电势和跨步电势要求

电气化铁道正常运行时，列车牵引电流要通过沿线接地回流网络流回牵引变电所，引起牵引变电所、开闭所、分区所和自耦变压器所接地装置对地电位的升高，此时接触电势和跨步电势不应超过下列数值：

$$E_t = 50 + 0.05\rho \tag{6-11}$$

$$E_s = 50 + 0.2\rho \tag{6-12}$$

式中 E_t——接触电势，V；

E_s——跨步电势，V；

ρ——为人脚站立处地表面的土壤电阻率，Ω·m。

牵引变电所进线侧(110 kV 或 220 kV 侧)、牵引侧(27.5 kV 侧)或接触网发生短路故障时，牵引变电所、开闭所、分区所和自耦变压器所接地装置的接触电势和跨步电势不应超过下列数值：

$$E_t = \frac{250 + 0.25\rho}{\sqrt{t}} \tag{6-13}$$

$$E_s = \frac{250 + \rho}{\sqrt{t}} \tag{6-14}$$

式中 t——接地短路(故障)电流的持续时间，s。

如果人工接地网局部的接触电势和跨步电势超过规定值，可采取局部增设水平均压带、垂直接地体或铺设砾石路面、沥青路面等措施进行防护。

4. 独立避雷针的接地要求

牵引变电所、开闭所、分区所、自耦变压器所中独立的避雷针宜设独立的集中接地装置，独立避雷针的接地装置与主地网的地中距离不应小于 3 m；独立避雷针及其接地装置与道路或建筑物的出入口等的距离应大于 3 m，当小于 3 m 时，应采取均压措施或铺设卵石或沥青地面。非高土壤电阻率地区，避雷针的接地装置接地电阻不宜超过 10 Ω；高土壤电阻率地区，接地电阻降到 10 Ω 确有困难时，可与主地网连接，但要保证避雷针和 35 kV 及以下设备在主地网的接入点间的距离，一般要求沿接地体的长度不得小于 15 m，且应符合防止避雷针对被保护设备反击的要求。

5. 接触网接地要求

牵引网本身是一个特殊的单相含地输电网络，作为重要回流导体的钢轨与大地处于不良绝缘状态，供电臂上没有列车通过时，钢轨与大地同电位，牵引网的回流线或保护线隔一定距离通过吸上线或 CPW 线与钢轨相连（在无信号轨道电路区段直接接钢轨，在有信号轨道电路区段接扼流变压器或空心线圈中点），因此回流线、保护线也基本与大地同电位。铁路沿线接触网设备、设施的接地应该充分利用钢轨、回流线、保护线。

接触网 25 kV 设备均应设置闪络保护接地装置，开关、避雷器、吸流变压器等设备应单独设接地极将其底座实现安全接地；其余接触网设备宜采用集中接地方式接地。

接触网支柱悬挂有回流线、保护线时，应利用回流线、保护线作闪络保护接地。当回流线、保护线采用绝缘悬挂时，接触网 25 kV 设备宜采用双重绝缘进行闪络保护接地（双重绝缘是将接触网的绝缘元件分为主绝缘和副绝缘两段，标称绝缘电压等级分别为 25 kV和 3～6 kV，两段绝缘元件的连接处用对地绝缘的双重绝缘接地跳线、闪络保护线与回流线、保护线相连，当主绝缘发生闪络时，接触网 25 kV 设备将通过闪络保护线与回流线和保护线接通，构成闪络保护回路）。回流线、保护线在混凝土支柱上也可以不绝缘悬挂，但出于安全考虑应符合下列要求：

(1)混凝土支柱的混凝土保护层厚度大于 20 mm；

(2)接触网短路状态下回流线或保护线对地工频电压小于 3 kV；

(3)接触网短路时间小于 0.5 s。

零散的支柱应直接或间接（通过火花间隙或信号扼流变压器）与钢轨相连，也可采用单独设接地极实现安全接地；没有悬挂回流线、保护线的混凝土支柱及成排的钢支柱可增设架空地线实现集中接地。采用架空地线集中接地时，规定如下：

(1)架空地线的终端及沿线每 2 500 m 处应设置双接地；

(2)在钢支柱区段每隔 500 m 应重复设接地极；

(3)在混凝土支柱区段每隔 1 000 m 应重复设接地极；

(4)在隧道区段每隔 500 m 直接或间接与钢轨相连，并在隧道口设接地极。

此外，为避免出现危险的静电感应电压，距离接触网带电体 5 m 以内的金属结构（桥栏杆、水鹤、信号机等）均应单独设接地极实现安全接地。为确保人身安全，下列接触网设备的接地应设置双支接地连线，其中一支连接地极，另一支直接或间接与钢轨相连。

(1)站台上或其他人员活动频繁处的支柱；

(2)开关、避雷器、吸流变压器等设备；

(3)油库及其他易燃易爆品库房附近的支柱。

接触网设备接地装置的接地电阻值不应大于表 6-4 规定的数值。

表 6-4　接触网设备接地装置的接地电阻值

类　别	接地电阻值(Ω)
开关、避雷器、吸流变压器	10
架空地线	
零散的接触网支柱	30
距接触网带电体 5 m 以内的金属结构	

第二节　钢轨电位及其抑制措施

一、简化分析

最简单的单线直接供电方式牵引网如图 6-9 所示，牵引变电所通过接触网向电力机车供电，牵引电流从机车钢轮向下流到钢轨上，由于钢轨与大地之间存在分布漏泄电阻（取值范围约 0.5～500 Ω·km），在电力机车两侧附近，钢轨中电流逐渐向大地漏泄，其中沿钢轨流向右侧的电流会全部通过大地返回，到变电所附近，地中电流又逐渐返回到钢轨中，实际上，由于牵引变压器供电端口通常有一个端子在所内接地，会有一部分地中电流到牵引变电所附近后，直接通过变电所的接地网回到牵引变压器，而不再通过钢轨，由于钢轨与大地之间存在电流的漏泄和吸上，导致钢轨对地存在电位。

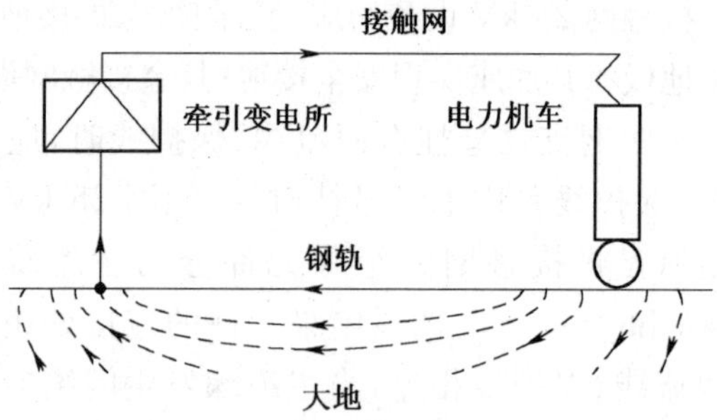

图 6-9　钢轨—大地回路回流径路示意图

为分析方便，暂不考虑牵引变电所地网的影响，设列车距变电所距离为 l，列车电流为 I_1，认为钢轨向两侧无限延伸，在 $0\sim l$ 之间有微分方程：

$$\begin{cases} -\dfrac{dV_2(x)}{dx}=Z_{22}I_2(x)+Z_{12}I_1 \\ -\dfrac{dI_2(x)}{dx}=YV_2(x) \end{cases} \tag{6-15}$$

而在 $0\sim l$ 之外：

$$\begin{cases} -\dfrac{dV_2(x)}{dx}=Z_{22}I_2(x) \\ -\dfrac{dI_2(x)}{dx}=YV_2(x) \end{cases} \tag{6-16}$$

式中　$V_2(x)$——x 处钢轨电位，V；

Z_{22}——钢轨自阻抗，Ω/km；

Z_{12}——钢轨与接触网间的互阻抗，Ω/km；

$I_2(x)$——x 处钢轨电流，A；

Y——钢轨对地漏泄导纳，S/km。

忽略钢轨与地间的分布电容时，$Y=1/R_g$，R_g 为钢轨漏泄电阻（Ω·km）。

利用 $x=0$、l 处的边界条件：

$$\begin{cases} I_2(0_-)-I_2(0_+)=I_1 \\ I_2(l_+)-I_2(l_-)=I_1 \end{cases} \tag{6-17}$$

可解得钢轨电流和电位：

$$I_2(x)=\begin{cases}\dfrac{1-n}{2}I_1(e^{\gamma x}-e^{-\gamma(1-x)}) & (x<0)\\ -\dfrac{1-n}{2}I_1(e^{-\gamma x}+e^{-\gamma(1-x)}-nl_1 & (0<x<l)\\ \dfrac{1-n}{2}I_1(-e^{-\gamma x}+e^{\gamma(1-x)}) & (x>l)\end{cases} \tag{6-18}$$

$$V_2(x)=\begin{cases}-\dfrac{1-n}{2}Z_0I_1(e^{\gamma x}-e^{-\gamma(1-x)}) & (x\leqslant 0)\\ -\dfrac{1-n}{2}Z_0I_1(e^{-\gamma x}-e^{-\gamma(1-x)}) & (0\leqslant x\leqslant l)\\ \dfrac{1-n}{2}Z_0I_1(-e^{-\gamma x}+e^{\gamma(1-x)}) & (x\geqslant l)\end{cases} \tag{6-19}$$

式中 $n=\dfrac{Z_{12}}{Z_{22}}$；

$\gamma=\sqrt{Z_{22}Y}$——钢轨传播常数，1/km；

$Z_0=\sqrt{Z_{22}/Y}$——钢轨特征阻抗，Ω；

根据式(6-18)和式(6-19)画出钢轨电流、电位分布曲线如图 6-10 所示。

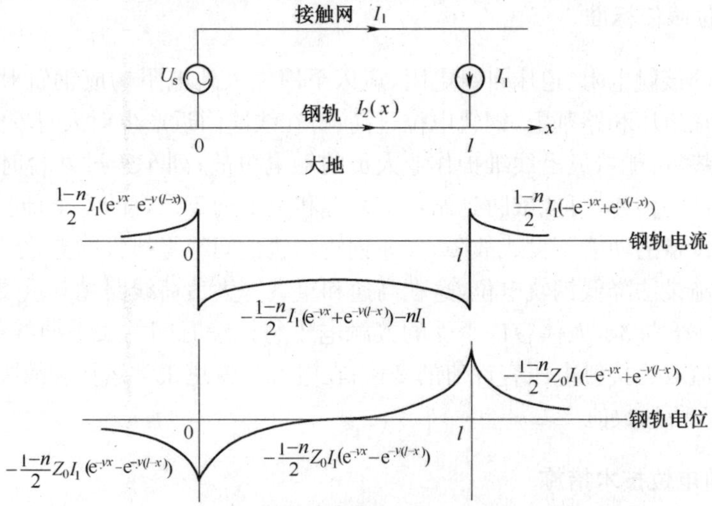

图 6-10 钢轨电流与电位

(1)有电流集中注入或流出钢轨的地方(负荷点和电源点)，钢轨电流发生跳变，跳变量即为注入或流出的电流值。

(2)钢轨电位的分布是连续的。

(3)因为交流情况下钢轨传播常数是复数，钢轨电流和电压在幅值变化的同时，伴随着相位的变化，图 6-10 反映了电流和电位的幅值变化情况，在 $x=0$ 和 $x=l$ 处用正负极性表示相位相反。

(4)钢轨电流与电压表达式中有两个指数衰减项，第一项由电源点的流出电流引起，第二项由负荷点的注入电流引起；当牵引网上有多个列车时，每个列车都存在对钢轨的集中注入电流，则钢轨电流与电压由各负荷点的注入电流与电源点的流出电流共同确定。

(5)若钢轨漏泄导纳为 0，负荷电流全部沿钢轨返回，在 0～l 之外，钢轨中无电流；理论上，此时钢轨对地为浮空状态；实际上，即使钢轨与地完全绝缘，仍会存在分布电容；

(6)若钢轨漏泄导纳为无穷大，则钢轨电流不存在渐变过程，在 $0\sim l$ 之间，沿钢轨返回的电流为 nI_1，其余电流从大地返回。

另外，负荷点和电源点钢轨电位最高，如果 l 较大，可得：

$$V_{2\max}\approx\frac{1-n}{2}Z_0I_1 \tag{6-20}$$

因此，最大钢轨电位与列车电流和钢轨特性阻抗成正比，并受钢轨与接触网间电磁耦合程度影响。

与直接供电方式牵引网不同，带回流线的直接供电方式、BT 供电方式和 AT 供电方式牵引网是多网孔电路，除了在电源点和负荷点存在钢轨集中注入或流出电流外，在吸上线处、AT 中点等处也存在钢轨集中注入或流出电流，如果确定了这些电流值，按照牵引网拓扑结构进行适当的电流回路划分，则钢轨电流与电位分布不难给出；此外，牵引变电所、开闭所、分区所和自耦变压器所地网接地电阻或钢轨某处的集中接地电阻也会引起钢轨的集中注入或流出电流，进而影响钢轨电流和电压分布，当遇到较复杂网络时，只有借助机算机的仿真计算才能得到比较准确的结果。

二、钢轨电位限值标准

钢轨对道床的接触电阻、道床自身电阻、道床至周围大地电阻构成钢轨对地漏泄电阻，钢轨电位主要降落在道床和路基上，钢轨电位过高，将在线路附近产生对人身安全构成威胁的接触电势和跨步电势，可能造成沿线维护作业人员的触电事故；列车经过站台时，钢轨电位通过站台接地金属构件的传递，可能威胁到站台上乘客和上下列车乘客的安全；同时还容易引起同轨道相连的信号设备的功能不良或故障，加速钢轨与轨枕间绝缘垫板的老化等。因此，必须采取适当的技术措施设法降低钢轨电位，这在高速和重载等大负荷线路尤其重要。

根据 IEC 62128 标准，人体容许承受的接触电压与持续时间的关系曲线如图 6-11 所示，一般钢轨电位限值取为接触电压容许值的 2 倍；在电气化铁道正常运行和故障条件下，钢轨电位不得超过表 6-5 所列数值。

三、降低钢轨电位技术措施

根据直接供电方式牵引网的分析结果，列车电流一定时，可通过减小钢轨特征阻抗或增强钢轨与接触网间的电磁耦合程度降低钢轨电位；对于带回流线的直接供电方式、BT 供电方式和 AT 供电方式，钢轨是牵引回流途径的一部分，牵引网中可能存在同钢轨并联的其他回流导线，如回流线(NF 线)、保护线(PW 线)、贯通地线(GW 线)等，要降低钢轨电位应该采取减小回流网的纵向串联阻抗、降低回流网的横向对地漏泄电阻、增强回流网与供电网间的电磁耦合等方法。概括起来，降低钢轨电位的技术措施主要有以下几种：

(1)将上下行钢轨充分横向连接。在一定频率下，钢轨的阻抗与电流大小有关，钢轨型号确定后，钢轨阻抗随之确定，但对于复线或多线铁路，可以通过将不同轨道的钢轨进行横向连接，以减小回流阻抗。

(2)将回流线、保护线与钢轨充分横向连接。对带回流线的直接供电方式牵引网，增设吸上线；对 AT 供电方式牵引网，增设 CPW 线。带回流线的直接供电方式的 NF 线和 AT 供电方式的PW线与钢轨的并联，起到分流作用，能够减小整个回流网的阻抗，因此要尽量增设CPW线和吸上线。

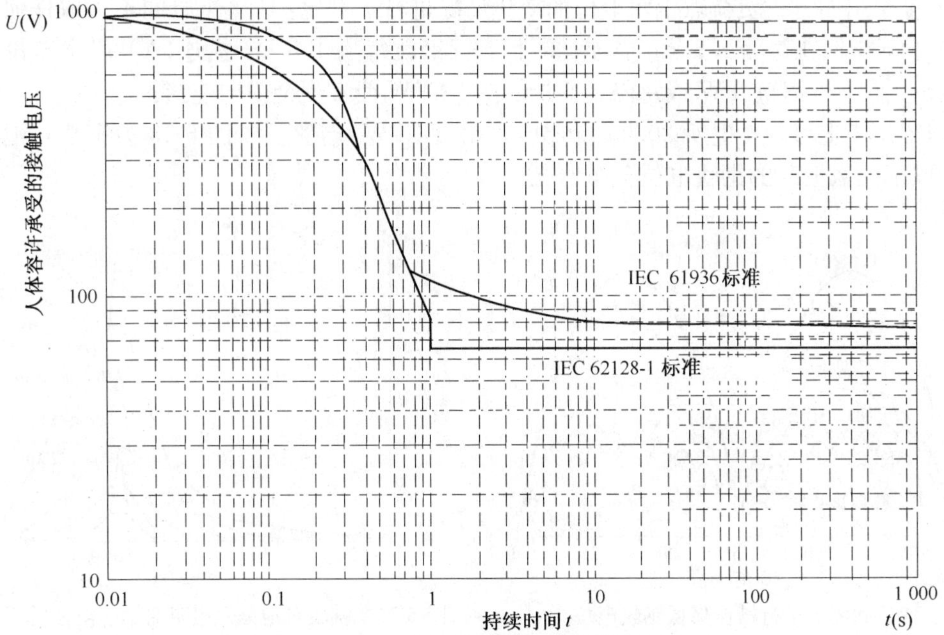

图 6-11 容许接触电压与持续时间

表 6-5 钢轨电位限值

系统运行状态	接触电压允许值(V)	钢轨电位(V)
正常运行状态下($t>300$ s)	60	120
正常运行状态下($t=300$ s)	65	130
故障状态下($t=100$ ms)	842	1 684

(3)利用接触网支柱基础作接地极，并把带回流线的直接供电方式的NF线和AT供电方式的PW线不绝缘悬挂。NF线和PW线由于同接触线和承力索同杆架设，距离较近，实际上增大了回流网与供电网的电磁耦合作用；钢轨对地漏泄电阻受轨道结构、道床脏污程度、土壤电阻率以及季节、天气条件等影响，且由于钢轨同时用于信号轨道电路，不能随意接地，但把带回流线的直接供电方式的NF线和AT供电方式的PW线不绝缘悬挂，并利用接触网支柱基础作接地极，能减小同钢轨并联的NF线或PW线的对地漏泄电阻，进而减小整个回流网的特征阻抗。

(4)沿线路增设一条或两条埋地裸导线作贯通地线，并与上下行的钢轨、PW线或NF线等充分互连，则能显著降低回流网的综合对地漏泄电阻，并有助于减小回流网的阻抗。

(5)充分利用线路本身和线路旁边的各种建筑物、构筑物基础(高架区段的桥墩等)作为自然接地极，将回流网接地。

(6)必要时特设集中接地极，将回流网接地。在土壤电阻率较高或GW线无法直接埋地的情况下，有必要设置集中接地极以降低回流网络的综合对地漏泄电阻。

在降低钢轨电位的各种技术措施中，凡是涉及到同钢轨作连接的，都要受到信号专业轨道电路的限制，一般只能连在相邻轨道电路的关节处，对绝缘轨道电路为扼流变压器中点，对无绝缘轨道电路为空心线圈中点，避免在两轨道中产生不平衡牵引电流，对轨道电路造成不良影响。

图 6-12～图 6-15 为利用机算机程序对一个长 30 km 具有两个 AT 段的复线 AT 牵引网进行钢轨电位仿真计算的结果。当电流为 1 000 A 的列车在 30 km 长供电臂移动时，图 6-12 对以下 4 种牵引网方式负荷点钢轨电位的变化情况进行了对比：① 上下行间不采取任何横连措施；② 上下行钢轨每隔 1.5 km 横连；③ 上下行钢轨每隔 1.5 km 横连，AT 段中点设一个 CPW 线；④ 上下行钢轨、PW 线每隔 1.5 km 增设 CPW 线实现全横向连接。

当列车位于上行距变电所 20.25 km 处，在增设 CPW 线情况下，图 6-13 为钢轨对地漏泄电阻 R_g 取不同数值时的钢轨电位分布情况。

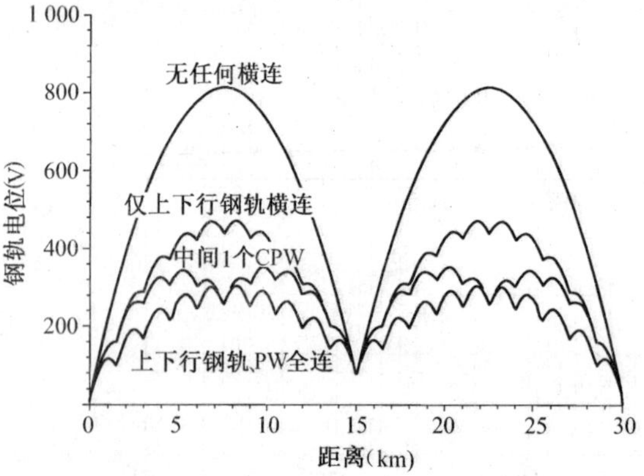

图 6-12　利用上下行横连降低钢轨电位

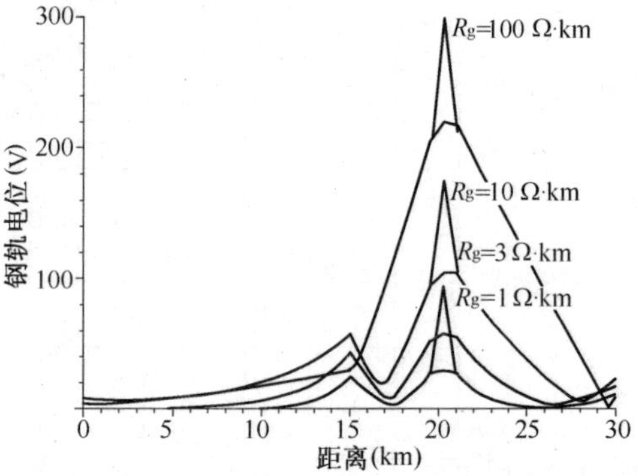

图 6-13　钢轨对地漏泄电阻对钢轨电位的影响

图 6-14、图 6-15 为在增设贯通地线的情况下，正常运行和接触网短路时的钢轨电位。

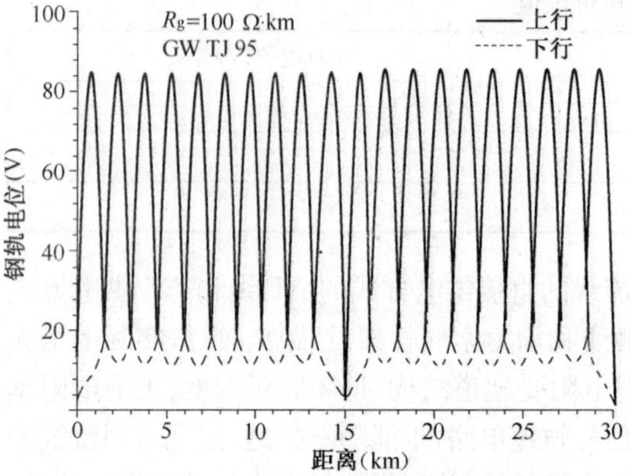

图 6-14　增设贯通地线后负荷引起的钢轨电位

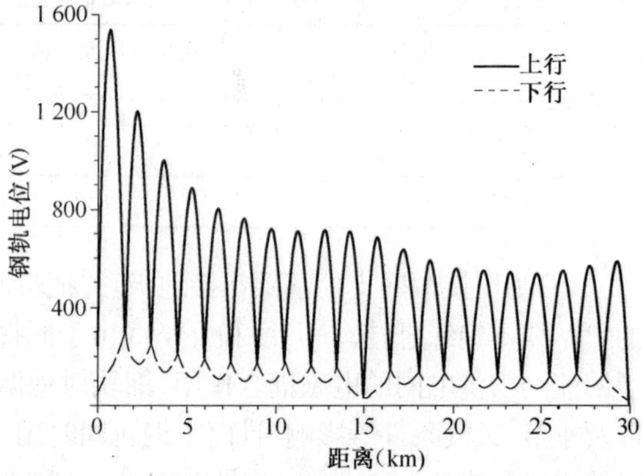

图 6-15　增设贯通地线后接触网短路时的钢轨电位

大量计算和实际测试表明，贯通地线的主要作用不在分流，而在降低牵引回流网络的综合对地漏泄电阻，选择截面时主要考虑由牵引网发生短路故障情况下的短时承受短路电流能力以及防腐蚀等因素，一般为 35～70 mm^2。

第三节　铁路综合接地

一、共用接地系统概念

随着现代工业的发展，以高低压电力网络为代表的电力设备（强电系统）和以计算机信息网络为代表的电子装置（弱电系统）得到了广泛应用，大量电力设备和电子装置以分布式形态出现在同一民用或工业建筑中。起初各个电气系统接地装置分别设置，受设备占地面积等因素限制，接地电阻很难达到要求，容易出现遭受雷击后或强电系统发生短路故障后对弱电系统造成反击现象，为此近年来国内外普遍采用了共用接地系统。共用接地系统是以建筑基础接地作为接地装置，以结构钢筋作为接地系统骨架形成法拉第笼，并将各种已与此笼做了等电位连接的设备金属外壳、金属管道、电气和信号线路的金属护套、桥架等连接到一起，构成了多个大小不同的金属等电位接地网络，在确保相互之间干扰限值在一定水平下的前提下，将电气电子设备的工作接地、保护接地、防静电接地以及建筑物防雷接地等共用一个接地系统。实现等电位连接是共用接地系统的主要工程措施。

二、客运专线综合接地系统

1. 必要性

铁路本身是一个分布式多专业协同运行的复杂大系统，涉及桥梁、隧道、路基、信号、通信、电气化、电力、机械、环工、给排水等多个专业，电气化(牵引供电)、电力、信号、通信等电气电子系统设施分散设置在铁路沿线，为保证人身、设备安全和系统正常运行，各系统均有相应的接地要求。我国普速铁路设计中一直采用各专业接地装置独立设置、相互隔离的方式，实际运行中由于强电系统故障引起弱电设备损坏或工作不良的案例常常发生。鉴于共用接地系统近年来在大型民用和工业建筑应用并取得了良好的应用效果，参考国外高速铁路的成功经验，我国在新建的客运专线上也采用了综合接地技术。

客运专线具有以下特征：桥隧比例大，多采用无砟轨道，轨道漏泄电阻大；列车运行速度的提高导致牵引电流增大(8 辆编组动车组在 350 km/h 速度下电流可达 400～500 A)，且牵引变电所普遍采用 220 kV 电源供电，牵引网故障时，短路电流比普速铁路大，容易引起较高钢轨电位；沿线各专业电气和电子设备多，如果各自独立设置接地装置，则可能因不同接地装置间的电位差对设备造成危害。结合“以人为本”的设计理念，在铁路工程中将各专业接地装置综合起来考虑，在各专业设备间实现等电位连接形成铁路综合接地系统，从而减少不同设备、不同系统之间存在的电位差及可能造成的人身和设备的安全隐患，切实提高铁路运行的安全性。

2. 关键技术

客运专线综合接地系统是一个非常典型的多专业集成系统，必须有一个整体的系统规划，建立必要的接口管理规则。我国客运专线综合接地系统实施中关键技术如下：

(1)贯通地线

在铁路两侧敷设的截面 35～70 mm^2 铜质贯通地线作为接地干线，将铁路沿线各专业电气电子系统设备、建筑物和构筑物内部结构钢筋、长大金属件等以等电位连接方式连接成一体的多专业分布式共用接地系统。路基区段一般应将贯通地线埋设于信号电缆槽下；在桥梁、隧道区段，贯通地线敷设于电缆槽中，并铺砂防护；贯通地线的引接线应与贯通地线同材质、同截面。

(2)接地电阻

接入铁路综合接地系统的电气电子设备较多，各专业接地要求不尽相同，接地电阻值必须按接入设备中要求的最小值确定。我国目前已建成、在建和正在设计高速客运专线综合接地系统均要求接地电阻不大于 1 Ω。

(3)等电位连接

等电位连接是指为达到等电位目的而进行的导体间的横向连接，目的是防止设备与设备之间、系统与系统之间出现有危害的电位差，确保设备和操作人员的安全。国内外大量运行经验表明，等电位连接是设备过电压保护、防止触电的有效措施。等电位连接是共用接地系统和铁路综合接地系统的核心技术措施，有如下要求：① 除长度小于 2 m 的钢筋混凝土结构物外，距接触网带电体 5 m 范围内轨旁设备、设施，如接触网支柱底座、信号设备外壳、电力电缆金属屏蔽层、构筑物(桥梁、隧道等)的结构钢筋、建筑物的接地系统等均应进行等电位连接，以最短的距离就近与贯通地线作可靠连接。② 车站上旅客可接触的建筑物也应采取等电位连接措施，如站台、雨棚的边缘应设纵向接地钢筋，纵向接地钢筋外缘距混凝土表面不大于30 mm，且至少每 100 m 与贯通地线连接一次。③ 贯通地线间的横向连接，原则上在每段轨道电路的中间点设一处。

(4)线旁建筑物、构筑物

建筑物接地设计中，除了应按相关规范完成接地、等电位连接及 EMC 设计外，特别对交、直流牵引共存的大型车站，还应重视直流杂散电流的防护和接地体的耐久性设计；同时注意在建筑物内外墙的适当位置预留室内设备接地以及与接地网、贯通地线、环形接地装置连接的接地端子或接地母排。

石质路堑地段两侧各 150 m 以及牵引变电所两侧各 500 m 范围内的每个上、下行接触网支柱基础钢筋应与电缆槽中接地端子或接地母排连接；当接触网支柱为钢筋混凝土结构时，每个支柱的基础钢筋应与电缆槽中接地端子或接地母排连接；当接触网支柱为钢结构时，轨道电路分界和中间点处的接触网支柱基础钢筋应与电缆槽中接地端子或接地母排连接。

铁路上的钢筋混凝土结构物，其内部的非预应力结构钢筋必须接地。

(5)桥梁

无砟轨道桥梁应在梁体上表面设纵向接地钢筋，纵向接地钢筋设于防撞墙和无砟轨道板间的 1/2 处和上、下行无砟轨道板间的 1/3 和 2/3 处并贯通整片梁；纵向接地钢筋距混凝土表面的距离应小于 100 mm，并与梁端的横向结构钢筋连接，该横向结构钢筋作为横向接地钢筋应与梁底的接地端子连接。有砟轨道桥梁应利用梁端的横向结构钢筋作为接地钢筋并与梁底的接地端子连接；道砟厚度小于 0.3 m 的梁体上表面适当位置处应设纵向接地钢筋；当梁体上表面的纵向结构钢筋距混凝土表面的距离小于 100 mm 时，应将纵向结构钢筋作为纵向接地钢筋使用；梁体上预留的接触网支柱基础应与梁体上表面的纵向或横向接地钢筋连接。

桥梁的每根桩基础中应有一根接地钢筋，桩中的接地钢筋在承台中应环接；桥墩中应有两根接地钢筋一端与承台中的环接钢筋相连，另一端与墩帽处的接地端子(或接地母排)相连，以上接地钢筋均可用桩、承台、桥墩中的结构钢筋。

桥梁的扩大基础在基底底面设一层钢筋网作为水平接地极，水平接地极钢筋网格约为 1 m×1 m；在各层基础的四周设置垂直接地钢筋，垂直接地钢筋的间隔为层高的 2 倍；垂直接地钢筋在基顶顶面处用连接钢筋环接，并用墩身中的两根结构钢筋引至墩帽处的接地端子(或接地母排)。水平接地极钢筋网格、垂直接地钢筋的外缘距混凝土表面不大于 70 mm；水平接地极钢筋网格节点应焊接。

(6)隧道

Ⅲ、Ⅳ、Ⅴ级围岩隧道应利用锚杆和专用环向接地钢筋(Ⅲ级围岩隧道)、钢架(Ⅳ、Ⅴ级围岩隧道)作为接地极，并在左侧或右侧墙角附近，用连接钢筋将多根(个)专用环向接地钢筋、钢架串接为一个接地装置；Ⅱ级围岩隧道应利用隧道底板的下层结构钢筋作为接地极，接地极内的纵、横向钢筋间施以双面点焊，多个接地极组成一个接地装置。每个接地装置应与贯通地线连接，原则上以 100 m 为间隔设置隧道接地装置，以不小于锚杆长度的 2 倍为原则，确定锚杆间距以及钢架、专用环向接地钢筋的间距。每一接地装置中，钢架、专用环向接地钢筋的数量以及底板接地极的面积和数量，应结合不同隧道的地质和环境条件，以达到 1 Ω 的接地标准为原则确定。

在两侧电缆槽的线路侧外缘应各设一根纵向接地钢筋，纵向接地钢筋外缘距混凝土表面不大于 30 mm；二次衬砌中有钢筋的隧道，应利用二次衬砌的内层纵、环向结构钢筋作为接地钢筋；接触网基础附近的纵向结构钢筋应与接触网基础连接作为纵向接地钢筋；接触线垂直向上在拱顶的投影线两侧，以 0.5 m 为间隔，各选 3 根纵向结构钢筋作为纵向接地钢筋；上述投影线两侧各 1.5 m 外的其他位置，以 1 m 为间隔，选择纵向结构钢筋作为纵向接地钢筋，并且可以与连接接触网基础的纵向接地钢筋合用；纵向接地钢筋在每个作业段间应连接，约 100 m 断开一次；在纵向接地钢筋每隔约 50 m 处，选一根环向结构钢筋作为环向接地钢筋，纵、环向接地钢筋间应连接，并且环向接地钢筋应与两根贯通地线连接；二次衬砌无钢筋时，设环向接地钢筋与接触网基础连接，并且环向接地钢筋应与两根贯通地线连接。

原则上，接地钢筋与贯通地线的连接间隔不大于 100 m。Ⅲ、Ⅳ、Ⅴ级围岩隧道墙角附近用于串接钢架、专用环向接地钢筋的连接钢筋应左、右侧间隔设置，该连接钢筋应先与连接接触网基础的环向接地钢筋连接后，再与贯通地线连接；Ⅱ级围岩隧道，连接接触网基础的环向接地钢筋和底板接地极应通过电缆槽线路侧外缘内的纵向接地钢筋实现与两根贯通地线的连接。

第四节 接 地 测 量

接地测量是接地工程的重要技术内容。通过测量接地装置的接地电阻，校验其是否达到要求，可以对工程设计的合理性和施工质量做出评价；投入运行的接地装置也需要定期测量接地电阻，掌握接地装置的工作状态。我国建成的高速客运专线，联调联试期间都把铁路综合接地系统的性能测试作为重要内容。土壤电阻率是设计接地装置的基础和前提，往往需要首先测量得到。

一、变电所接地装置的接地电阻

1. 测量原理

接地装置工频接地电阻等于接地装置的对地电压与通过接地装置流入地中的工频电流的比值。接地装置的对地电压是指接地装置与地中电流场的实际零电位区之间的电位差，实际零电位区是指沿被测接地装置与测量用的电流极 C 之间连接线方向上电位梯度接近于零的区域。图 6-16 为测量工频接地电阻的电极布置和电位分布的示意图，图中点 P 是实际零电位区中的一点，实际零电位区范围与测量用的电流极离被测接地装置的距离 d_{GC}、通过被测接地装置流入地中测试电流以及测量用的电压表的分辨率等因素有关，因此，用电压表和电流表分别测量接地装置 G 与电压极 P 之间的电位差 U_G 和通过接地装置流入地中的测试电流 I，由 U_G 和 I 得到接地装置的工频接地电阻：

$$R_G=\frac{U_G}{I} \tag{6-21}$$

2. 三极法

三极法的三极指图 6-17 所示的被测接地装置 G、测量用的电压极 P 和电流极 C，测量用的电流极 C 和电压极 P 与被测接地装置 G 边缘的距离分别为：

$$d_{GC}=(4\sim5)D$$

$$d_{GP}=(0.5\sim0.6)d_{GC}$$

式中 D——被测接地装置的最大对角线长度。

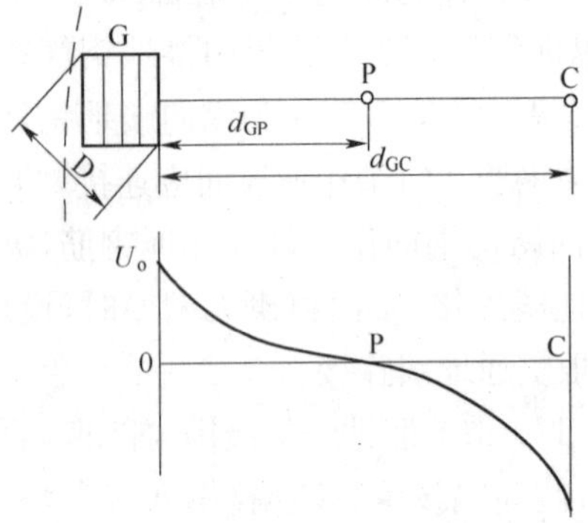

图 6-16 测量接地装置工频接地电阻的电极布置和电位分布示意图

G—被测接地装置；P—测量用的电压极；C—测量用的电流极；D—被测接地装置的最大对角线长度

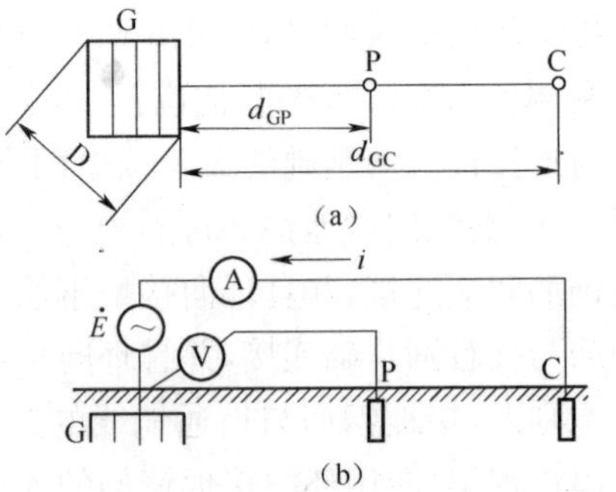

图 6-17 三极法的原理接线图

(a)电极布置图；(b)原理接线图

G—被测接地装置；P—测量用的电压极；C—测量用的电流极；E—测量用的工频电源；A—交流电流表；V—交流电压表；D—被测接地装置的最大对角线长度

可以认为点 P 处在实际的零电位区内，如果想较准确地找到实际零电位区，可以把电压极沿测量用电流极与被测接地装置之间连接线方向移动三次，每次移动的距离约为 d_{GC} 的 5%，每次均测得电压极 P 与接地装置 G 之间的电压，如果电压表的三次指示值之间的相对误差不超过 5%，可以把中间位置作为测量用电压极的位置。

3. 四极法

当被测接地装置的最大对角线 D 较大或某些地区（如：山区或城区）布置电流极和电压极较困难时，可以利用变电所的一回输电线的两相导线分别作为电流线和电压线，但由于两相导线之间的距离较小，电压线与电流线之间的互感会引起测量误差。为消除电压线与电流线之间互感影响，图 6-18 为的四极法的接线原理图，增加的辅助电极 S 与被测接地装置边缘的距离 d_{GS}=30～100 m，用高输入阻抗电压表测量点 2 与点 3、点 3 与点 4 以及点 4 与点 2 之间的电压 U_{23}、U_{34} 和 U_{42}，再由电压 U_{23}、U_{34} 和 U_{42} 以及通过接地装置流入地中的电流 I 可得到被测接地装置的工频接地电阻：

$$R_G=\frac{1}{2U_{23}I}(U_{42}^2+U_{23}^2-U_{34}^2) \tag{6-22}$$

4. 测量仪表

为增加测量结果的可信度，要求电压表和电流表的准确度不低于 1.0 级，电压表的输入阻抗不小于 100 kΩ，最好用分辨率不大于 1%的数字电压表（满量程约 50 V）。当通过接地装置的测试电流大时，接地装置中可能存在的零序电流和干扰电压对测量结果的影响小，因此为减小工频接地电阻实测值的误差，要求通过接地装置的测试电流不宜小于 30 A，为获取较大的测试电流，一般要求电流极的接地电阻不大于 10 Ω，可以利用杆塔的接地装置作为电流极。

为在带电运行时测量牵引变电所接地网的接地电阻，需同时测量变电所的地回流和地网电位，测量接地网电位的参考电极应远离牵引变电所和电气化线路。

二、输电线杆塔接地装置的接地电阻

输电线杆塔接地装置接地电阻的测量方法原理与变电所接地装置接地电阻的测量原理基本相同，但由于输电线杆塔离城乡较远，没有交流电源，其接地电阻一般用接地电阻测量仪测量。按工作原理可将传统接地电阻测量仪分为电桥型、流比计型和电位计型三类，国内应用最为广泛的 ZC-8 型接地摇表，属电位计型；近年来，一些新型数字式接地电阻测量仪和不需打辅助接地极的钳式接地电阻测量仪应用越来越多。

图 6-19 为用接地电阻测量仪测量输电线杆塔接地电阻的接线原理图，电压极 P 和电流极 C 与杆塔基础边缘的直线距离 $d_{GP}=2.5l$ 和 $d_{GC}=4l$，l 为接地装置的最大射线长度。

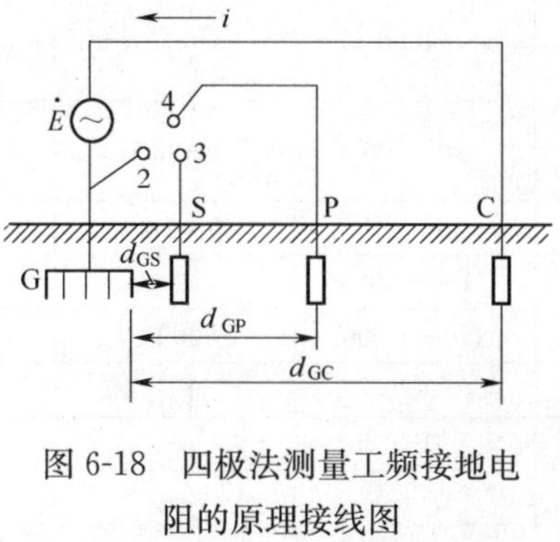

图 6-18 四极法测量工频接地电阻的原理接线图

G—被测接地装置；P—测量用的电压极；C—测量用的电流极；E—工频电源；S—测量用的辅助电极

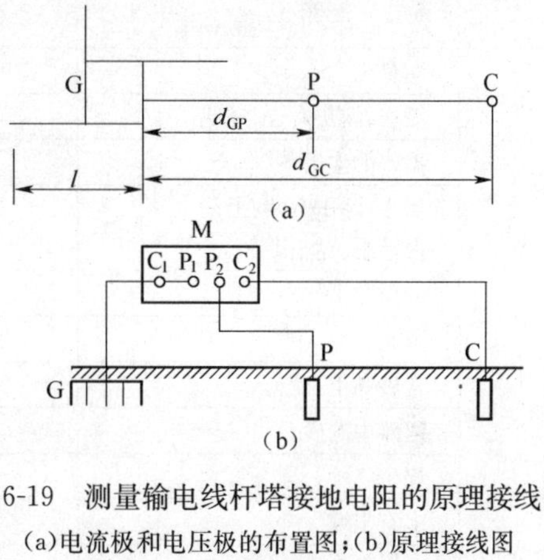

图 6-19 测量输电线杆塔接地电阻的原理接线图

(a)电流极和电压极的布置图；(b)原理接线图

G—被测杆塔的接地装置；P—测量用的电压极；C—测量用的电流极；M—接地电阻测量仪；l—接地装置的最大射线长度

当发现接地电阻的实测值与以往测量结果有明显的增大或减小时，应改变电极的布置方向，重复测量一次；测量杆塔的接地电阻时，应把杆塔与接地装置的电联结断开，避免把测量用的电压极和电流极布置在接地装置的射线上面，测量用的电流极和电压极应与土壤接触良好。

三、土壤电阻率

土壤电阻率是决定接地体接地电阻的重要因素。不同性质的土壤有不同的电阻率；同一种土壤，由于温度和含水量等不同，电阻率也会发生显著的变化。

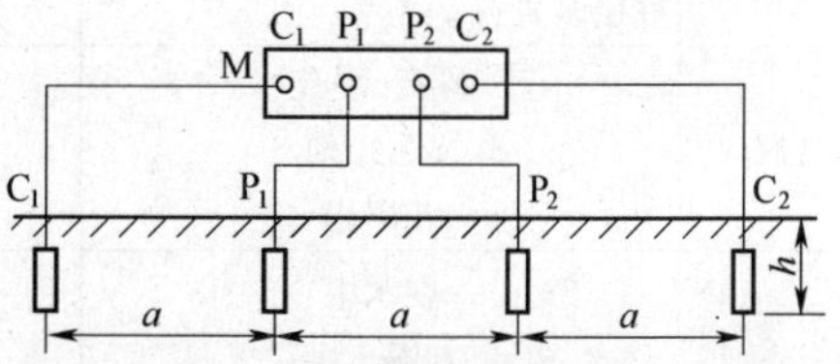

图 6-20 四极法测量土壤电阻率的原理接线图

C_1、C_2—测量用的电流极；P_1、P_2—测量用的电压极；M—接地电阻测量仪；h—测量电极的埋设深度；a—测量电极之间的距离

测量土壤电阻率的经典方法是等极距四极法，图 6-20 是其接线原理图，要求两电极之间的距离 a

应大于或等于电极埋设深度 h 的 20 倍，即 $a \geqslant 20h$。由接地电阻测量仪的测量值 R，计算得出被测场地的视在土壤电阻率：

$$\rho = 2\pi aR \tag{6-23}$$

测量电极建议用直径不小于 1.5 cm 的圆钢或不小于 25 mm×25 mm×4 mm 的角钢，长度不小于 40 cm。被测场地土壤中电流场的深度（即被测土壤的深度）与极间距离 a 有密切关系，而当被测场地的面积较大时，极间距离 a 应相应地增大，为了得到较合理的土壤电阻率的数据，最好改变极间距离 a，求得视在土壤电阻率 ρ 与极间距离 a 之间的关系曲线 $\rho = f(a)$，极间距离的取值可为 5、10、15、20、30、40 m 等，最大的极间距离 a_{max} 可取拟建接地装置最大对角线的 2/3。

测量电气化铁道沿线土壤电阻率时，测量电极应该顺线路方向排列。

表 6-6 给出了不同类别土壤的电阻率，当缺少实测数据时，可暂时作为设计参考依据。

表 6-6　土壤电阻率参考值

类别	名　称	电阻率近似值 Ω·m	不同情况下电阻率的变化范围（Ω·m）		
			较湿时（一般地区、多雨区）	较干时（少雨区、沙漠区）	地下水含盐碱时
土	陶黏土	10	5～20	10～100	3～10
	泥炭、泥灰岩、沼泽地	20	10～30	50～300	3～30
	捣碎的木炭	40	—	—	—
	黑土、园田土、陶土 白垩土、黏土	50 60	30～100	50～300	10～30
	砂质黏土	100	30～300	80～1 000	10～80
	黄土	200	100～200	250	30
	含砂黏土、砂土	300	100～1 000	1 000 以上	30～100
	河滩中的砂	—	300	—	—
	煤	—	350	—	—
	多石土壤	400	—	—	—
	上层红色风化黏土、下层红色页岩	500（30%湿度）	—	—	—
	表层土夹石、下层砾石	600（15%湿度）	—	—	—
砂	砂、砂砾	1 000	250～1 000	1 000～2 500	3～30
	①砂层深度大于 10 m ②地下水较深的草原 ③地面黏土深度不大于 1.5m 底层多岩石	1 000	—	—	—
岩石	砾石、碎石	5 000	—	—	—
	多岩山地	5 000	—	—	—
	花岗岩	200 000	—	—	—
混凝土	在水中	40～55	—	—	—
	在湿土中	100～200	—	—	—
	在干土中	500～1 300	—	—	—
	在干燥的大气中	12 000～18 000	—	—	—
矿	金属矿石	0.01～1	—	—	—

四、钢轨对地漏泄电阻

根据轨道电路设置情况，取一段长为 l km 的钢轨，断开两端的绝缘节，测量设备接线如图 6-21 所示，测量地应远离电源地，距离应在 50 m 以上，最好分别位于线路两侧。

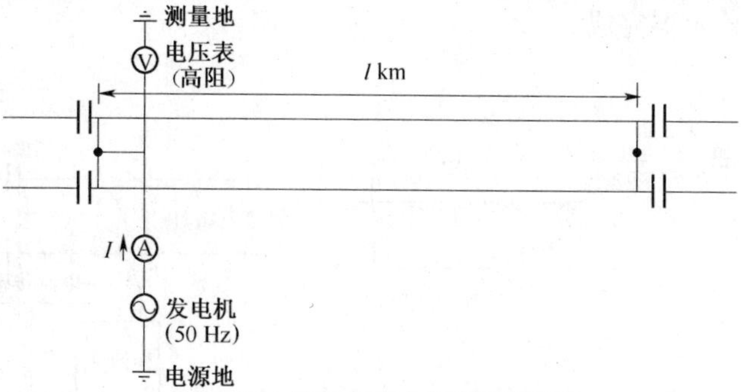

图 6-21 钢轨漏泄电阻测试原理

把钢轨视作分布参数电路，设 Z_{22} 为单位长钢轨自阻抗（Ω/km），R_g 为单位长漏泄电阻（Ω·km），单位长漏泄导纳 $Y=1/R_g$（S/km）。按二端口网络，在钢轨始端，钢轨电位为：

$$U_1=U_2\text{ch}\gamma l+Z_0 I_2\text{sh}\gamma l \tag{6-24}$$

流入钢轨电流：

$$I_1=I_2\text{ch}\gamma l+\frac{U_2}{Z_0}\text{sh}\gamma l \tag{6-25}$$

末端开路时，$I_2=0$，式(6-24)和式(6-25)变为：

$$U_1=U_2\text{ch}\gamma l \tag{6-26}$$

$$I_1=\frac{U_2}{Z_0}\text{sh}\gamma l \tag{6-27}$$

由式(6-26)和式(6-27)得：

$$U_1=Z_0 I_1\frac{\text{ch}\gamma l}{\text{ch}\gamma l} \tag{6-28}$$

即：

$$\frac{U_1}{I_1}=\frac{Z_0}{\text{th}\gamma l} \tag{6-29}$$

实际应用中，γl 通常比较小，有 $\text{th}\gamma l\approx\gamma l$，将其代入上式得：

$$\frac{U_1}{I_1}=\frac{Z_0}{\gamma l}=\frac{\sqrt{Z_{22}R_g}}{\sqrt{Z_{22}/R_g}\,l}=\frac{R_g}{l} \tag{6-30}$$

于是有：

$$R_g=\frac{U_1}{I_1}l \tag{6-31}$$

式(6-31)表明，测量得到的电压除以电流，再乘以钢轨长度，就是钢轨的单位长度漏泄电阻。

严格地说，钢轨对地有分布电容，它与 R_g 并联，式(6-31)中的 R_g 应是 Z_g。从 Z_g 中去掉容抗才是 R_g，但对工频交流电路，分布电容影响极小，可忽略容抗，认为 $R_g\approx Z_g$。

五、钢轨电位与电流

如图 6-22 所示，测量钢轨电位需要在远离线路的地方打接地极，应距离线路 50 m 以上。

牵引网回流线、保护线、贯通地线的电位测量方法与钢轨电位测量方法一样。

钢轨电流的测试，只能在信号轨道电路绝缘节处进行。如图 6-23 所示，需在两个扼流变压器或空心线圈中点连接线上夹接钳式电流传感器，如果要测单根钢轨中的电流则需在连接钢轨和扼流变压器的连接线上夹接钳式电流传感器。牵引网回流线、保护线、贯通地线电流的测量可用钳式电流传感器完成。

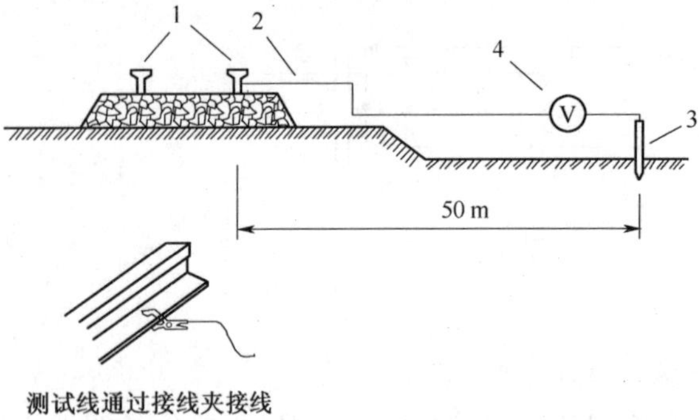

图 6-22 钢轨电位测量

1—钢轨；2—测试线；3—钢针电极；4—电压表

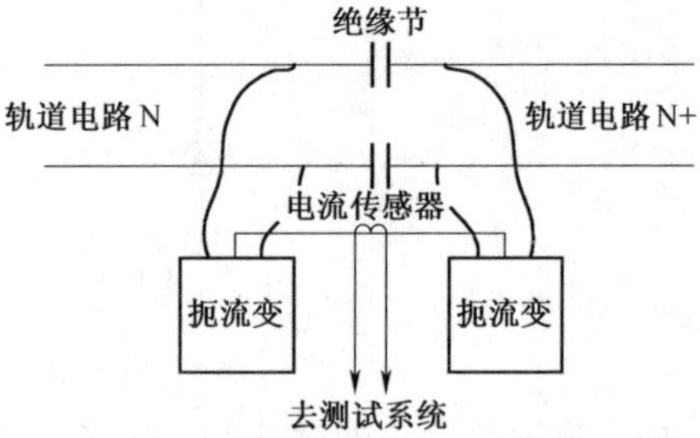

图 6-23 钢轨电流测量

思考题

1. 接地的方式有哪几种？它们的作用分别是什么？
2. 对接地体有什么基本要求？
3. 什么是接地电阻？工频接地电阻和冲击接地电阻存在什么差别？
4. 接地电阻测量有几种方法？
5. 综合接地系统有什么特点？

附　录

附表 1　LGJ 钢芯铝绞线载流量

标称截面铝/钢(mm^2)	长期允许载流量(A)		标称截面铝/钢(mm^2)	长期允许载流量(A)		标称截面铝/钢(mm^2)	长期允许载流量(A)	
	+70℃	+80℃		+70℃	+80℃		+70℃	+80℃
16/3	115	121	120/7	408	417	240/30	655	662
25/4	154	160	120/25	425	433	300/15	735	742
35/6	189	195	120/70	440	447	300/40	746	754
50/8	234	240	150/8	463	472	300/70	766	770
50/30	250	257	150/25	478	487	400/25	879	882
70/10	289	297	185/10	539	548	400/65	900	902
70/40	307	314	185/25	552	560	500/35	1 025	1 024
95/15	357	365	210/10	577	586	630/55	1 211	1 204
95/55	378	385	210/35	599	607	800/70	1 410	1 396

注：本表载流量系按基准环境温度+25 ℃、风速 0.5 m/s、辐射系数及吸热系数为 0.5，海拔高度为 1 000 m 的条件计算的。最高允许温度+70 ℃未考虑日照影响，最高允许温度+80 ℃，考虑 0.1 W/cm^2 日照的影响。

附表 2　裸铜、铝及铝管线的允许载流量
按环境温度+25 ℃，最高允许温度+70 ℃

铜线			铝线			铝管	
导线型号(数字为截面)	载流量(A)		导线型号(数字为截面)	载流量(A)		内径/外径(mm)	截流量(A)
	屋外	屋内		屋外	屋内		
TJ-10	95	60	JT-16	105	80	13/16	295
JT-16	130	100	LJ-25	135	110	17/20	345
TJ-52	180	140	TL-35	170	135	27/30	500
TJ-35	220	175	LJ-50	215	170	26/30	575
TJ-50	270	220	LJ-70	265	215	36/40	765
TJ-60	315	250	LJ-95	325	260	35/40	850
TJ-70	340	280	LJ-120	375	310	40/45	935
TJ-95	415	340	LJ-150	440	370	40/50	1 040
TJ-120	485	405	LJ-185	500	425	50/55	1 145
TJ-150	570	480	LJ-240	610	—	54/60	1 340

附表 3 LMY(LMR)矩形铝母线长期允许载流量

导体尺寸 h×b (mm)	单条(A)		双条(A)		导体尺寸 h×b (mm)	单条(A)		双条(A)	
	平放	竖放	平放	竖放		平放	竖放	平放	竖放
15×3	156	165			50×6	703	740		
20×3	204	215			60×6	826	870	1 282	1 350
25×3	251	265			60×8	973	1 025	1 596	1 680
30×4	292	308			60×10	1 097	1 155	1 909	2 010
40×4	346	365			80×8	1 214	1 320	1 876	2 040
40×4	456	480			80×10	1 361	1 480	2 217	2 410
40×5	513	540			100×8	1 495	1 625	2 198	2 390
50×5	636	670			100×10	1 674	1 820	2 631	2 860

注:1. 载流量系按最高允许温度+70 ℃,基准环境温度+25 ℃,无风,无日照条件计算的。

2. 上表导体尺寸中,h 为宽度,b 为厚度。

3. LMY 为硬铝母线,LMR 为软铝母线。

附表 4 10 kV 铝芯黏性油浸纸绝缘电力电缆长期载流量

型号:ZLQ_{20}(铝芯黏性油浸纸绝缘铅套裸钢带铠装电力电缆)

主线芯数×截面 (mm^2)	空气中敷设(A)	直埋敷设(A)		主线芯数×截面 (mm^2)	空气中敷设(A)	直埋敷设(A)	
		土壤热阻系数 (80 ℃·cm/W)	土壤热阻系数 (120 ℃·cm/W)			土壤热阻系数 (80 ℃·cm/W)	土壤热阻系数 (120 ℃·cm/W)
3×16	60(50)	65	60	3×95	180(160)	185	165
3×25	80(70)	90	75	3×120	205(185)	215	185
3×35	95(85)	105	95	3×150	235(210)	245	215
3×50	120(105)	130	115	3×185	270(245)	275	240
3×70	145(130)	150	140	3×240	320(285)	325	280

注:1. 缆芯最高工作温度为+60 ℃,基准环境温度为+25 ℃。

2. 括号内数字适用于裸铅包或裸铝包电缆。

3. 土壤热阻系数的取值和适用地区,参见附表 5.3(注)。

附表 5 电缆载流量按敷设条件进行修正的各种校正系数

附表 5.1 电缆在土壤中多根并列埋设时载流量的校正系数

电缆之间净距 (mm)	不同敷设根数时载流量的校正系数				
	1 根	2 根	3 根	4 根	6 根
100	1.00	0.88	0.84	0.80	0.75
200	1.00	0.90	0.86	0.83	0.80

附表 5.2 环境温度变化时电缆载流量的校正系数

缆芯工作温度(℃)	不同环境温度(℃)下的载流量校正系数								
	+5	+10	+15	+20	+25	+30	+35	+40	+45
+80	1.17	1.13	1.09	1.04	1.0	0.954	0.905	0.853	0.798
+65	1.22	1.17	1.12	1.06	1.0	0.935	0.865	0.791	0.707
+60	1.25	1.20	1.13	1.07	1.0	0.926	0.845	0.756	0.655
+50	1.34	1.26	1.18	1.09	1.0	0.895	0.775	0.623	0.447

注:不同环境温度下载流量的校正系数 K_t 可按下式计算:

$$K_t=\sqrt{\frac{\theta_M-\theta_2}{\theta_M-\theta_1}}$$

式中,θ_M 为电缆缆芯最高工作温度,℃;θ_1 为对应于额定载流量的基准环境温度,℃;θ_2 为实际环境温度,℃。

附表 5.3 不同土壤热阻系数时电缆载流量的校正系数

缆芯截面(mm^2)	不同土壤热阻系数 ρ_0(℃·cm/W)时载流量校正系数				
	60	80	120	160	200
2.5～16	1.06	1.0	0.90	0.83	0.77
25～95	1.08	1.0	0.88	0.80	0.73
120～240	1.09	1.0	0.86	0.78	0.71

注:当缺乏实测的土壤热阻系数时 ρ 可取以下值:潮湿土壤取 60～80,如沿沿海、湖、河畔及多雨地区的华东、华南等;普通土壤取 120,如平原地区的华北、华东等;干燥土壤取 160～200,如高原地区雨量少的山区、丘陵、干燥地带等。

附表 5.4 电缆在空气中多根并列敷设时载流量的校正系数

电缆根数		1	2	3	4	5
排列方式		○	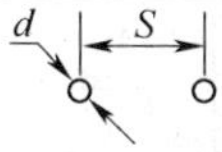	○○○	○○○○	○○○○○
电缆中心距离	$S=d$	1.0	0.9	0.85	0.82	0.80
	$S=2d$	1.0	1.0	0.98	0.95	0.90
	$S=3d$	1.0	1.0	1.0	0.98	0.96

注:本表是相同外径电缆并列数设时的载流量校正系数,d 为电缆的外径,当并列数设的电缆外径不同时,d 值可近似地取电缆外径的平均值。

附表 6 高压断路器

一、型号说明

S—少油断路器;D—多油断路器;K—空气断路器;Z—真空断路器;L—六氟化硫断路器;N—户内式;W—户内式;C—手车式(位于型号后);G—改进型。

二、技术数据

附表 6.1 少油断路器计算数据

型号	额定电压(kV)	额定电压(A)	断流容量(MV·A)	额定断流量(kA)	极限通过电流(kA)		热稳定电流(kA)			固有分闸时间(s)	合闸时间(s)	总重(kg)	使用操动机构型号
					峰值	有效值	1 s	5 s	10 s				
SN10-10 Ⅰ	10	600	350	20.2	52	30		20.2 (4 s)		0.05	0.2	104	CD13,CS2,CT7CT4-G

续上表

型号	额定电压(kV)	额定电压(A)	断流容量(MV·A)	额定断流量(kA)	极限通过电流(kA)		热稳定电流(kA)			因有分闸时间(s)	合闸时间(s)	总重(kg)	使用操动机构型号
					峰值	有效值	1 s	5 s	10 s				
SN_{10}-10 Ⅱ	10	1 000	500	28.9	74	42		28.9 (4 s)		0.05	0.2	120	CD13,CS2,CT7,CT4-G
SN_{11}-10/600～1 000	10	600～1 000	350	20	52	30	30	20	14				CD12
SN_8-10/600	10	600	200	11.6	33	19		11.6 (4 s)		0.05	0.25	100	CD2 或 CT4-G
SN_3-10/2000	10	2 000	500	29	75	43.5	43.5	30	21	0.14	0.5	620	CD3
SN_3-10/3000	10	3 000	500	29	78	43.5	43.5	30	21	0.14	0.5	620	CD3
SM_2-35	35	1 000	1 500	24.8	63.4	39.2		24.8 (4 s)		0.06	0.4	1 200	CD3-XG 或 CT2-XG
SW_2-35C	35	1 500	1 500	24.8	63.4	39.2		24.8 (4 s)		0.06	0.4	1 200	CD3-XG 或 CT2-XG
SM_3-35/600	35	600	400	6.6	17	9.8		6.6 (4 s)		0.06	0.12	663	液压机构（无型号）
SW_4-110/1000	110	1 000	3 500	18.4	55	32	32	21	14.8	0.06	0.25	3 350	CT6-X CY3 一台 } 或 CD5-XG
SW_6-110/1200	110	1 200	4 000	21	55	32		21 (4 s)		0.04	0.2	2 160	
SW_4-200/1000	220	1 000	7 000	18.4	55	32	32	21	14.8	0.05	0.25	7 830	CT6-X 三台分组操作
SW-220/1200	220	1 200	8 000	21	55	32		21 (4 s)		0.04	0.2	5 700	CY3 三台分相操作

附表 6.2　六氟化硫断路器技术数据

型号	额定电压(kV)	最大工作电压(kV)	额定电流(A)	极限通过电流(kA)		4s 热稳定电流(kA)	额定开断电流(kA)	断流容量(MV·A)	操作机构	合闸时间(s)	分闸时间(s)	重量(kg)
				峰值	有效值							
LN_1-27.5	25	31.5	600	25	14.5	8.5	6.6	440（三相）	CD2	0.3	0.06	280（单相）
LM-110 (0FPI-110)	110	126	1 250 1 600 2 000 3 150	80		31.5 3 s	31.5		液压或压缩空气	＜0.12	＜0.03	＜2 300

续上表

型号	额定电压(kV)	最大工作电压(kV)	额定电流(A)	极限通过电流(kA)		4秒热稳定电流(kA)	额定开断电流(kA)	断流容量(MV·A)	操作机构	合闸时间(s)	分闸时间(s)	重量(kg)
				峰值	有效值							
LW_1-220	220	252	2 000 3 150	80		31.5	31.5	12 000	液压机构	≤0.15	≤0.04	约2 000（每相连机构）

附表 6.3 真空断路器技术数据

型号	额定电压(kV)	额定电流(kA)	额定开断电流(kA)	额定开断电流时开断次数(次)	极限通过电流(峰值)(kA)	4秒热稳定电流(kA)	固有分闸时间(s)	固有合闸时间(s)	机械寿命(次)	重量(kg)	操动机构
ZN-10	10	600	8.7		22	8.7	≤0.05	≤0.0	>10 000	85	CD-25
		1 000	17.3		44	17.3					
ZN_6-27.5	25	600	16	15	25	10	≤0.06	≤0.2	>6 000	350	CD2-40GⅡ
		1 000									
		1 250									
ZN-35	35	630	8	20	20	8	≤0.06	≤0.2	>5 000	614	CD2-40GⅡ
		1 250	16		40	16					
ZW□-25	25	1 250	25	20	63	25	0.08	0.09	6 000		
ZW□-50	50	1 250	20	20	50	20(3 s)			10 000		

附表 7 直流快速自动开关技术数据

型号(国别)	极性	额定电压(V)	额定电流(A)	整定电流范围(kA)	分断能力		固有动作时间(ms)	全分断时间(ms)	机械寿命(次)	保持方式	重量(kg)
					电流(kA)	di/dt(A/s)					
DS11-40/08(中国)	双向	800	4 000	3.2～1.2	50	3×10^6	1～3	≤20	5 000	机械	145
DS12-30/08 DS12-30/16 DS12-60/08 DS12-60/08 (中国)	双向	800 1 600 800 1 600	3 000 3 000 6 000 6 000	2.4～6 4.8～12	50 50	3×10^6 3×10^6	5 5	≈20 ≈20	5 000 5 000	机械 机械	124 174
3WV5 R892 (德西门子)	双向	1 500 1 500	4 000 6 000	2～12 6～18	100 100	3×10^6 3×10^6	3 2～7	16～20 ≤15	20 000 10 000	机械 机械	97 250
HD (日本日立)	双向	1 500	4 000	4～8	50	3×10^6	5	≤25	2 000	电磁	—

附表 8　电气化铁道专用隔离负荷开关技术数据

型　　号	额定电压(kV)	最高电压(kV)	额定电流(A)	额定线路充电开断电流(A)	额定短路关合电流(峰值)(kA)	2 秒热稳定电流(kV)	合闸时间(s)	分闸时间(s)	配 CJ 口型电动操动机构的操作电压		机械寿命(次)	重量(kg)
									合闸、分闸线圈(V)	电动机(V/W)		
FW-25/1250 单极	25	30	1 250	6.3	31.5	12.5	≤6	≤3	交流 220 直流 110、220	交、直流 110、220/ 360～410	10 000	230
FW□-55/27.5/1250 单极	50/25	60/30										420

附表 9　隔离开关技术数据

一、型号说明

G—隔离开关；W—户外式；N—户内式；D—接地刀闸；K—快分式；G—改进型；T—统一设计型号末位数字表示设计序号；短路后的数字表示电压(kV)。

附表 9.1　户内隔离开关技术数据

型　　号	额定电压(kV)	额定电流(A)	极限通过电流(kA)		5 s 热稳定电流(kA)	操动机构型号	重量(kg/组)
			峰值	有效值			
GN_2-10/2000	10	2 000	85	50	51	CS6-2	80
GN_2-10/3000	10	3 000	100	60	70	CS7-2	91
GN_2-35/400	35	400	52	30	14	CS6-2	83
GN_2-35/600	35	600	64	30	25	CS6-2	84
GN_2-35T/400	35	400	52	30	14	CS6-2T	110
GN_2-35T/600	35	600	64	37	25	CS6-2T	111
GN_2-35/1000	35	1 000	70	49	27.5	CS6-2T	111
GN_6-10T/200，GN_8-10T/200	10	200	25.5	14.7	10	CS6-1T	25.51
GN_6-10T/400，GN_8-10T/400	10	400	40	30	14	CS6-1T	26.51
GN_6-10T/600，GN_8-10T/600	10	600	52	30	20	CS6-1T	271
GN_6-10T/1000，GN_8-10T/1000	10	1 000	75	43	30	CS6-1T	501
GN_{10}-10T/3000	10	3 000	160	90	75	CS9 或 CJ2	43

附表 9.2　户外隔离开关技术数据

型　　号	额定电压(kV)	额定电流(A)	极限通过电流(kA)		5 s 热稳定电流(kA)	操动机构型　　号	不带机构重量(kg/组)
			峰值	有效值			
GW_4-27.5/630T	25	630	50		20(2 s)	CS-11	
GW_2-27.5/1250T	25	1 250	63		25(2 s)	CS-11	
GW_2-35G/600	35	600	50		14	CS_8-3	345
GW_2-35GD/600	35	600	50		14	CS_8-2D	375
GW_4-35/1000	35	1 000	80		21.5	CS-11	204
GW_4-35D/1000	35	1 000	80		21.5	CS_8-6D	204
GW_5-35G/600～1000	35	600，1 000	50	29	14	CS-G	276
GW_5-35GK/600～1000	35	600，1000	50	29	14	CSI-XG (分闸时间<0.25 s)	276
GW_4-110/600	110	600	50		14	CS_{14}G，CQ_2-110	705

续上表

型　号	额定电压(kV)	额定电流(A)	极限通过电流(kA)		5 s热稳定电流(kA)	操动机构型　号	不带机构重量(kg/组)
			峰值	有效值			
GW_4-110D/600	110	600	50		14	CS14G，CQ_2-110	705
GW_5-110G/600～1000	110	600，1 000	50	29	14	CS-G	465
GW_5-110GK/600～1000	110	600，1 000	50	29	14	CS_1-XG（分闸时间＜0.35 s）	465
GW_4-220	220	1 250	55	32	21(3 s)	CJ_5	1 750
GW_{10}-220	220	1 600			40	CJ_6	

附表10　高压熔断器

一、型号说明

R—熔断器；N—户内式；W—户外式；H—带有限流电阻器；Z—带重合闸；T—带热脱扣带。

二、计算数据

型　号	额定电压(kV)	额定电流范围(A)	最大切断电流(kV)	最大切断容量（三相）不小于(MV·A)	切断极限短路电流时电流最大峰值(限流)(kA)
RN_1-10	10	2，5，10，20/30，50/70，100	12	200	4.5/8.6/15.5
RN_1-35	35	2，5/10/20/30/40	3.5	200	1.5/1.6/2.8/3.6/4.2
RW_1-35	35	0.5，3，5，7，10，15，20，25，40，50，75，100，30	—	400	8
RW_1-60	60	0.5，3，5，7，10，15，20，25，30，40，50，75，100	—	250	4
RW_1-35Z	35	3，5，7，10，15，20，25，30，50，75，100	＜0.6	400	8
RW_1-60Z	60	3，5，7，10，15，20，25，30，50，75，100	＜0.6	250	4

附表11　瓷绝缘子与穿墙套管基本特性数据

一、型号说明

Z—户外胶装支柱；ZS—户外实心式支柱；A、B、C、D、E—抗弯破坏符合1分别表示3.75、7.5(户外针式支柱为5)、12.5、20、30 kN；Y、T、F—户内支柱下附件形状，分别表示圆形、椭圆形及正方形；GY—高原型，适用于1 000～3 000 m海拔地区；C—户内铜导体穿墙套管；CW—户外铜导体穿墙套管；CL—户内铝导体穿墙套管；CLW—户外铝导体穿墙套管；CM—户内母线式穿墙套管；CMW—户外母线式；字母后数字表示设计顺序；连字符号后数字表示额定电压U_e(kV)，I_e—额定电流。

二、技术数据

附表 11.1　支柱式绝缘瓷瓶和绝缘瓷套管技术数据

支柱式绝缘瓷瓶

型　号	U_e(kV)	破坏荷重(kN)
ZA-10Y(T)	10	3.75
ZA-35Y	35	3.75
ZNA-10MM	10	3.75
ZB-10Y(T)	10	7.5
ZB-35F	35	7.5
ZNB-10MM	10	7.5
ZNB_2-10MM	10	7.5
ZC-10F	10	12.5
ZS-10/5	10	5
ZS_2-10/5	10	5
ZS-35/8	35	8
ZS-35/4	35	4
ZS-10/3	35	10
ZS-110/3	110	3
ZS-110/3GY	110	3
ZS-110/8	110	8
ZS-220/4	220	4

穿墙绝缘瓷套管

型　号	U_e(kV)	I_e(A)	破坏荷重(kN)	备注
CLB-6/250 400 600	6	250 400 600	7.5	户内式
CLB-10/250 400 600 1000 1500	10	250 400 600 1 000 1 500	7.5	户内式
CLB-35/250 400 600 1000	35	250 400 600 1 000	7.5	户内式
CLC-10/2000	10	2 000	12.5	户内式
CLD-10/2000	10	2 000	20	户内式
CWLB-6/250 400 600	6	250 400 600	7.5	户外式
CWLB-10/250 400 600 1000	10	250 400 600 1 000	7.5	户外式
CWLC-10/1000 2000	10	1 000 1 000	12.5	户外式
CWLB-35/250 400 600 1000	35	200 400 600 1 000	7.5	户外式

附表 11.2　高压穿墙套管热稳定电流

额定电流(A)	热温度电流(kA)不小于		额定电流(A)	热温度电流(kA)不小于	
	10 s(铜导体套管)	5 s(铝导体套管)		10 s(铜导体套管)	5 s(铝导体套管)
250	3.8	5.5	1 500	23.0	30.0
400	7.6	7.0	2 000	27.0	40.0
600	12.0	12.0	2 500	29.0	—
1 000	20.0	20.0	3 000	31.0	60.0

附表 12　电压互感器

一、型号说明

第一个字母:J—电压互感器。

第二个字母:D—单相;S—三相;C—瓷相式;F—分列式。

第三个字母:J—浸油式;Z—浇注式;C—串级式;F—六氟化硫气体绝缘式。

第四个字母:W—五柱三绕组;B—带补偿绕组;J—接地保护即带零序电压绕组。

二、技术数据

型号	额定电压(kV)			额定容量(V·A)			最大容量(V·A)	绝缘形式
	原线圈	副线圈	辅组线圈	0.5 级	1 级	3 级		
JDZ-10	10	0.1		80	150	300	500	环氧树脂浇注
JDZJ-10	$0.1/\sqrt{3}$	$0.1/\sqrt{3}$	0.1/3	30	50	120	200	环氧树脂浇注
JSJB-10	10	0.1		120	200	480	960	油浸式

续上表

型号	额定电压(kV)			额定容量(V·A)			最大容量(V·A)	绝缘形式
	原线圈	副线圈	辅组线圈	0.5 级	1 级	3 级		
JDJ-10	10	0.1		80	150	320	640	油浸式
JDJW-10	10	0.1	0.1/3	120	200	480	960	油浸式
JDJ-35	35	0.1		150	250	600	1 200	油浸式
JDJJ-35	$35/\sqrt{3}$	$0.1/\sqrt{3}$	0.1/3	150	250	600	1 200	油浸式
$JDJJ_1$-35	$35/\sqrt{3}$	$0.1/\sqrt{3}$	0.1/3	150	250	500	1 200	油浸式
JDJ-27.5	25	0.1		150	250	600	1 200	油浸式
JCC-110	$110/\sqrt{3}$	$0.1/\sqrt{3}$	0.1		250	1 000	2 000	油浸单相式瓷外套
JCC_6-110	$110/\sqrt{3}$	$0.1/\sqrt{3}$	0.1/3	300	500	500	2 000	油浸单相式瓷外套
$JDFB_1$-110	$110/\sqrt{3}$	$0.1/\sqrt{3}$	$0.1/\sqrt{3}$	250	400	1 000	2 000	
JCCB-220	$220/\sqrt{3}$	$0.1/\sqrt{3}$	0.1		500	1 000		
JCC-220	$220/\sqrt{3}$	$0.1/\sqrt{3}$	0.1	300	500	300		油浸单相式瓷外套
JDFB-220	$220/\sqrt{3}$	$0.1/\sqrt{3}$		250	400	1 000	2 000	

附表 13 电流互感器

一、型号说明

第一个字母：L—电流互感器。

第二个字母：M—母线型：F—复匝贯穿式；C—瓷绝缘。

第三个字母：J—油浸绝缘母；W—户外用。

第四个字母：J—加大容量；B—带保护级；D—供差动保护用。

二、技术数据

附表 13.1 LMJ-10 型电流互感器技术数据

型 号	额定电流比(A)	级次组合	准确度级次	额定二次负荷(Ω)			10%倍数	1 s 热稳定倍数	动稳定倍数 Ku
				0.5 级	1 级	3 级			
LMJ-10	600,800/5	0.5/3	0.5	0.4	0.6		10	65	100
	1 000,1 500/5		3			0.6			60
	600,800/5	1/3	1		0.4		10	65	100
	1 000,1 500/5		3			0.6			60
	600,800/5	0.5/3	0.5	0.6	0.8			65	100
	1 000,1 500/5		3			1.2			60
LMJC-10	600,800/5	1/C	1		0.4		10	65	100
	1 000,1 500/5		C						60
	600,800/5	0.5/C	0.5	0.4	0.8			65	100
	1 000,1 500/5		C						60

附表 13.2　电流互感器技术数据

型号	额定电流比(A)	级次组合	准确级次	二次负荷(Ω)				10%倍数		1 s 热稳定倍数 Kt	动稳定倍数 Ku
				0.5 级	1 级	3 级	D 级	二次负荷(Ω)	倍数		
LFC-10	5/5										45
	7.5/5		0.5	0.6	1.3	3		0.6	14		65
	10/5	0.5/0.5									90
	15/5									75	140
	20～40/5	0.5/3	3		1.2		2.4	1.2	7.5		165
	200/5,400/5										165
	50～150/5,300/5										165
LFC-10	5/5		1		0.6	1.6		0.6	12		90
	7.5/5	1/1									130
	10/5									80	175
	15～30/5	1/3									250
	400/5		3			1.2	2.4	1.2	6		250
$LZBJ_1$-27.5	20/5	0.5/5	0.5	1.2						157	265
	50/5	$0.5/10P_1$			1.6					160	282
	100/5	$0.5/10P_2$	1							160	282
	200/5	$1/10P_1$				0.8 ($10P_1$)		0.8		125	222
	300/5	$1/10P_2$	$10P_1$						30	105	176
	400/5							1.2	10	100	141
	750/5	$10P_1/10P_2$	$10P_2$				1.2 ($10P_2$)			84	94
	1 000/5	$10P_2/10P_2$								63	88
L-35	20～1 000/5	$\frac{0.5}{3}$	0.5	2						65	120
			D					2	20		
LCW-35	15～1 000/5	$\frac{0.5}{3}$	0.5	2	4			2	28	65	100
			3			2	4	2	5		
LCWD-35	15～1 000/5	$\frac{D}{0.5}$	D		1.2	3		0.8	35	65	150
			0.5	1.2	3						
LCWQ-35	15～600/5	$\frac{0.5}{1}$	0.5	1.2	3					90	150
			1		1.2	3		1.2	30		
LCWQD-35	15～600/5	$\frac{D}{0.5}$	D		1.2	3		0.8	35	90	150
			0.5	1.2	3						
L-110	50～600/5	$\frac{0.1/D}{D}$	0.5	1.6						75	135
			D					1.6	15		
LCW-110	(50～100)～(300～600)/5	$\frac{0.5}{1}$	0.5	1.2	2.4					75	150
			1		1.2	4		1.2	15		

续上表

型号	额定电流比(A)	级次组合	准确级次	二次负荷(Ω)				10%倍数		1 s热稳定倍数Kt	动稳定倍数Ku
				0.5级	1级	3级	D级	二次负荷(Ω)	倍数		
LCWD-110	(50～100)～(300～600)/5	$\frac{D}{1}$	D		1.2			0.8	30	75	150
			1		1.2	4		1.2	15		
$LCWD_3$-220	600/5	$\frac{0.5}{D}$	0.5	2					15	35	85
			D				2.4				

附表 14　测量无功电能的接线(牵引负荷三相不对称情况下)

测量方法	接线方式	测量电能值
用单相有功电度表作无功电度表测单相无功(在电压线圈窜入电容C与电阻R)	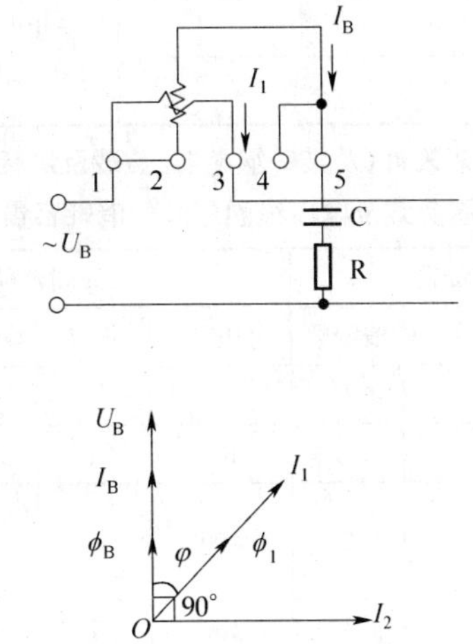	加电容C产生移相,使I_B与U_B同相,串联R的作用,避免引起串联谐振。 I_B产生ϕ_B→在铝盘感生I_2滞后U_B90°。 电流I_1→产生Φ_1(I_1与Φ_B相差φ角)电度表测量值: $A=K\dot{\Phi}_1\dot{I}_2t\cos(90°-\phi)$ $=K\dot{\Phi}_1\dot{I}_2t\sin\phi$ $=K'\dot{I}_1\dot{I}_2t\sin\phi$ $=K'\dot{U}_B\dot{I}_2t\sin\phi$
用3个单相有功电度表测三相无功(跨相接法)	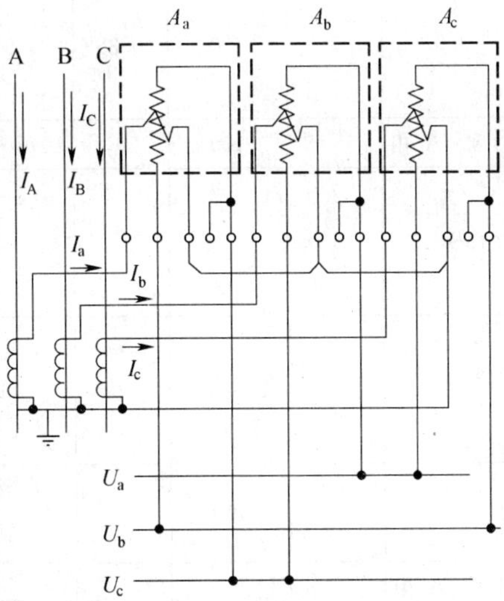	用跨相接法: I_a→与U_{bc}相连; I_b→与U_{ca}相连; I_c→与U_{ab}相连。 则$A_a=U_{bc}I_at\cos(90°-\phi)$ $=U_{bc}I_at\sin\phi$ 同理　$A_b=U_{ac}I_bt\sin\phi$ $A_c=U_{ab}I_ct\sin\phi$ 如三相电流、电压对称 $A_a+A_b+A_c=3U_aI_at\sin\phi$ $=\sqrt{3}U_{ab}I_at\sin\phi$ 故需将总读数除以$\sqrt{3}$,才得实际的三相无功电能,如三相电流、电压不等(不对称),则需将每个电度表除以$\sqrt{3}$后再相加,则为三相无功电能

续上表

测量方法	接线方式	测量电能值
用3个单相无功电度表测三相无功能量（无功表即为正弦表）	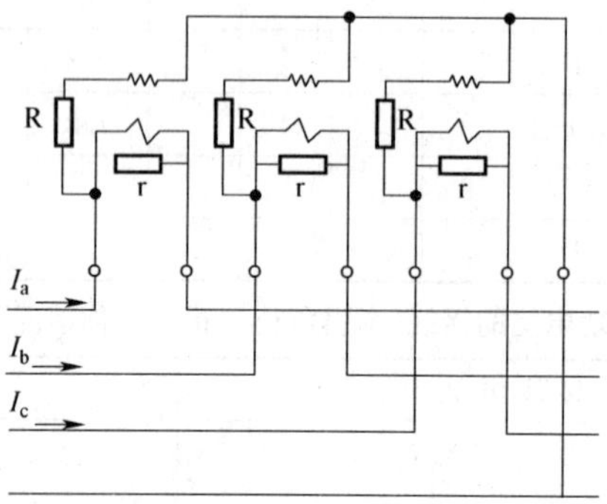	每个单相表 电压线圈串联电阻R 电流线圈并联电阻r 使电压工作磁通 Φ_u 各电流工作磁通 Φ_I 间夹角调整到负载相位角 ϕ，即可得到无功电度 三元件四线无功电度表接线无论电压是否平衡，电流是否对称，直接读测量结果即为三相无功电能

附表15　常用测量表表计（及某些继电器）负载及消耗容量

常用表计串联线圈负载及电压线圈（并联）消耗容量值

测量表计名称	型号	串联线圈负载			并联线圈容量			备注
		欧姆(Ω)	容量(V·A)	线圈数	电压(V)	cosϕ	容量(V·A)	
电流表	1T1-A	0.12	3	1				
电压表	1T1-V				100	1	5	
有功功率表	1D1-W	0.06	1.5	2	100		0.75	两个电压线圈区1.5 V·A
功率因数表	1D1-cosϕ		3.5		100	1	0.75	
有功电度表	DS1	0.02	0.5	2	100	0.38	1.5	两个电压线圈共3.0 V·A
无功电度表	DX1	0.02	0.5	3	100	0.38	1.5	A相、B相、C相 各1
距离保护装置	LH-11		10 V·A/相		100		18 V·A/相	
电流继电器	DL-12 DL-13 2.5～20	0.006～0.01	0.15～0.25					
电压继电器	DJ-111 DJ-111 DJ-131				15～400		1	
功率继电器	GG-11 GG-12		6		100		25 15	
差动继电器	BCH-2		14 V·A/相					

参 考 文 献

[1] 贺威俊,高仕斌,张淑琴,等.电力牵引供变电技术,成都:西南交通大学出版社,1998.
[2] 曹建猷.电气化铁道供电系统.北京:中国铁道出版社,1983.
[3] 范锡普.发电厂电气.北京:中国电力出版社,1995.
[4] 贺威俊.关于加速我国铁路电气化建设及发展的探讨.中国铁路2000年发展论文集.北京:铁道部科技司,1988.
[5] 张节容,钱家骊,王伯翰.高压电器原理和应用.北京:清华大学出版社,1989.
[6] 尚振球,郭文元.高压电器.西安:西安交通大学出版社,1992.
[7] 刘绍峻.高压电器.北京:机械工业出版社,1989.
[8] 林莘.现代高压电器技术.北京:机械工业出版社,2002.
[9] 林莘.永磁机构与真空断路器.北京:机械工业出版社,2003.
[10] 王兆安,黄俊.电力电子技术.4版.北京:机械工业出版社,2000.
[11] 罗斌.直流快速断路器灭弧系统的分析.低压电器.1994,No.4:18-21.
[12] 郭永基.电力系统可靠性原理和应用.北京:清华大学出版社,1984.
[13] 钱清泉.电气化铁道远动技术.北京:中国铁道出版社,1990.
[14] 赖光义.牵引变电所主变压器铜损电量算法推导.中国电机工程学会城网铁道电化干扰学术会议论文集.成都,1987.
[15] 贺威俊,陈小川,高仕斌,等.牵引变电站综合自动化与专家系统应用研究.铁道学报,1993,18,(2),6-10.
[16] 吴命利,黄足平,辛成山.降低电气化铁道钢轨电位技术措施的研究.电气化铁道,2005增刊,30—38.